ERZIEHEN DURCH VERSTEHEN

Ein Blick in die Seele des Hundes

John und Mary Holmes

KYNOS VERLAG

Englische Originalausgabe:
READING THE DOG'S MIND
Training by Understanding
© Ringpress Books Ltd.
Lydney, Gloucestershire

aus dem Englischen übertragen von D. und H. Fleig

© 2000 KYNOS VERLAG
Dr. Dieter Fleig GmbH
Am Remelsbach 30
D-54570 Mürlenbach/Eifel
Telefon: 06594/653
Telefax: 06594/452

Gesamtherstellung: Ringpress Books Ltd.,
Lydney, Gloucestershire

Titelfoto: Sally Anne Thompson

ISBN 3-933228-20-4

WIDMUNG

INHALTSVERZEICHNIS

DANKSAGUNG

Die Autoren bedanken sich für Rat und Hilfe bei **NEIL EWART**. Er ist der *Breeding Manager* der *Guide Dogs for the Blind Association*. Er zeichnet verantwortlich für die Zucht aller Blindenführhunde-Welpen in England, im Zuchtzentrum werden jährlich etwa 1.000 Welpen großgezogen. Zehn Jahre verbrachte Neil als Ausbilder für Blindenführhunde, acht Jahre als *Training Manager* in einem der Zentren dieser Organisation.

HELEN McCAIN war Trainerin von Blindenführhunden, wechselte zur Organisation *Dogs for the Disabled* über, als diese gegründet wurde. Heute ist sie Cheftrainerin von *Dogs for the Disabled*.

TENANT BROWNLEE. Wir betrauern, dass Tenant nach dem Schreiben seines Beitrages verstorben ist. Er war ein allgemein bekannter und respektierter Jagdhundeausbilder, schrieb regelmäßig Beiträge für die Kennel Gazette und andere Magazine.

CLAIRE GUEST ist *Training Manager* der Organisation *Hearing Dogs for Deaf People*. Ihr Hobby ist die Ausbildung ihrer eigenen Springer Spaniels, mit denen sie bei Field Trials beträchtliche Erfolge erzielte.

PETER STOREY ist ein im Ruhestand lebender Polizeisergeant, Senior Home Office Accredited Instructor.

NEVILLE SHARP, BEM, ein im Ruhestand lebender Polizeisergeant, Home Office Qualified Police Dog Training Instructor, Team Leader, Calder Valley Search and Rescue Team.

SALLY ANNE THOMPSON u. a. Unser Dank gilt allen Fotografen, die zu dieser Arbeit beigetragen haben, insbesondere Sally Anne Thompson, Dank an Viv Rainsbury für ihre vorzüglichen Zeichnungen.

EINLEITUNG

»Der Mensch, der unserer menschlichen Rasse die größte Wohltat geleistet hat, ist der primitive Wilde, der als Erster einen Wurf Wolfswelpen zähmte und aufzog.«

Sir Robert Ball LLD FRS

Oft wird mit einigem Wahrheitsgehalt behauptet, dass man keinen Menschen kennt, ohne dass man mit ihm zusammengelebt hat. Aber selbst dann bestehen noch Zweifel, dass wir immer seine Gedanken verstehen, seine Handlungen und das Arbeiten seines Gehirns. Dabei sprechen wir hier über unsere eigene Spezies - den *Homo sapiens* - wie viel schwieriger ist es dann, dass wir eine völlig andere Spezies verstehen, und diese Spezies wiederum uns verstehen lernt? *Canis familiaris* - der Haushund - teilt unsere Wohnungen und unser Leben über tausende von Jahren - und noch immer wird er häufig missverstanden.

HERKUNFT

DNS-Tests jüngerer Zeit haben bewiesen, dass alle Hunde vom Wolf abstammen, die Zähmung bereits etwa vor 135.000 Jahren begann. Erst im zweiten Teil des vergangenen Jahrhunderts haben Wissenschaftler und Verhaltensforscher zu erforschen begonnen, was beim Hund die einzelnen Handlungen auslöst. Seither beginnen Hundebesitzer mehr über das Verhalten, Instinkte und Sinne ihres Hundes zu lernen. Es bedeutet keinesfalls, dass der primitive Mensch nichts von den Wölfen wusste, die aus der Wildnis in das *menschliche Rudel* integriert wurden. Ja auf vielerlei Art stand er diesem wilden Tier näher als der urbanisierte Mensch seinem Hund im zwanzigsten Jahrhundert. Die primitiven Völker standen der Natur sehr viel näher - und der Wolf selbst hatte mit ihnen viele Gemeinsamkeiten. Der Wilde hatte ein eingeschränktes Vokabular, verließ sich zweifelsohne auf Körpersprache - genau wie der Wolf. Beide

Alle Hunderassen gehen auf den Wolf zurück.

- Mensch und Wolf - sind *Rudeltiere*. Und in beiden *Rudeln* besteht eine eindeutige Hierarchie, müssen die Rudelgesetze beachtet werden. Im menschlichen Rudel waren einige die Jäger, andere schützten gegen Feinde; die Frauen zogen die Kinder auf, sammelten Nahrung und bereiteten sie zu.

Die Heranwachsenden - bei Mensch oder Wolf - begleiteten - alt genug geworden - die Jagdexpeditionen, hatten aber an der akuten Jagdstrategie keinen Anteil, bis sie alt und erfahren genug waren, um ein nützliches Mitglied der Jagdgesellschaft zu werden. Und kleine Kinder praktizierten - unbewusst - die Geschicklichkeiten, die sie als Erwachsene brauchten. Sie rangelten miteinander, testeten dabei die Kraft der anderen, sie unternahmen Wettläufe, um ihre Schnelligkeit zu verbessern, sie spielten Verstecken und entwickelten Geschicklichkeiten bei der Spurenlese. Die Wolfswelpen spielten viele ähnliche Spiele, auch sie rangelten mit ihren Wurfgeschwistern, spielten Reißen und Jagen, stürzten sich über die Nahrung, die ihnen die Erwachsenen herbeitrugen. Und schon nach kurzer Zeit begannen sie, kleine Beutetiere wie Insekten und Mäuse zu fangen - oder versuchten es zumindest. In beiden Fällen lernten die Heranwachsenden von den Erwachsenen Disziplin. Zweifelsohne behandeln die meisten Erwachsenen heranwachsende »Babys« und

Der Haushund entstand durch planmäßige Zucht, aber immer noch gibt es einige Hunderassen, die mit dem Wolf eine große Ähnlichkeit verbindet.

Foto: Sheila Atter

»Welpen« auf gleiche Art. Sind sie aber erst einmal älter geworden, führt eine unbeachtete Verwarnung seitens des menschlichen Erwachsenen mit Sicherheit zu einem Klaps hinter die Ohren - oder schlimmerem. Die Wolfswelpen wiederum werden durch sanftes Knurren gewarnt, welches, ignorieren sie noch immer, zu einem plötzlichen, beabsichtigten Schnappen führt.

DOMESTIKATION

Menschen wie Wölfe haben über die Jahrhunderte bewiesen, dass sie beide Überlebenskünstler und Opportunisten sind. Entsprechend überrascht es wenig, dass wir über die Jahrhunderte eine Beziehung aufgebaut haben, welche die zahllosen Veränderungen der Welt bis zum heutigen Tage überlebt hat. Es handelt sich zweifelsohne um die engste Verbindung, die wir Menschen gegenüber irgendeinem unserer Haustiere haben.

Wissenschaft und Technologie geben uns möglicherweise genaue Daten bestimmter Ereignisse, beispielsweise das Alter bestimmter Skelette. Aber wie in der ganzen Frühgeschichte gibt es nur Vermutungen, wann der Mensch sich tatsächlich entschloss, den Wolf ins eigene Leben zu holen - oder wann der Wolf beschloss, mit dem Menschen zu leben. Wolf wie Mensch waren Wettbewerber um die gleiche Beute. Wurde Nahrung selten, mussten beide in neue Jagdgründe abwandern. Zu dieser Zeit war der Mensch Jäger und Sammler, und hungrige Wölfe werden sich häufig rund um das menschliche Lager, wo menschliche Exkremente, Knochen und Nahrungsreste anfielen, aufgehalten haben. Einige von ihnen wurden wahrscheinlich gefangen, getötet und aufgegessen, ihre Felle waren als Kleidung willkommen. Vielleicht wurden Welpen - mutterlose - von den Kindern eingefangen und als Familienhunde oder Nahrungsquelle aufgezogen. Gelang es den Tieren nicht getötet zu werden, wurden sie Mitglied im menschlichen Rudel, erwiesen sich bald auf Jagdzügen als nützlich, auch als Frühwarnsystem, wenn sich feindliche Stämme näherten. Wie aber bereits betont, dies alles ist nur eine Vermutung - nicht bewiesen.

Früheste Nachweise domestizierter Hunde finden wir in einem Grab in Deutschland etwa 14.000 v. Chr. Zu dieser Zeit war der Mensch von der Steinaxt zu Pfeil und Bogen gekommen, die Pfeile ausgestattet mit kleinen Steinschneiden. Dies verbesserte zweifelsohne ihre jagdlichen Fähigkeiten. Dabei erwies sich der gezähmte Wolf als große Hilfe beim Nachsuchen, Töten oder Festhalten verwundeten Wildes.

In jenen Zeiten hatte noch niemand irgendeine Ahnung von genetischen Prinzipien. Der Mensch erkannte aber sicher früh, dass *Gleiches Gleiches bringt*. Und sehr langsam - über die Jahrhunderte - begann er auf bestimmte Eigenschaften zu züchten - beispielsweise Schnelligkeit bei der Jagd, guten Geruchssinn auf der Nachsuche, gutes Gehör für Wachhunde und Ähnliches. Zu jener Zeit gab es verschiedene Wolfsarten quer über die ganze Welt verbreitet. Sie zeigten Unterschiede in Größe, Farbe und Länge des Fells. Als der Mensch immer weiter umher wanderte, wurden diese verschiedenen Typen gemischt. Diese Zucht, verbunden mit menschlicher Auswahl auf den Typ, der gesucht wurde, führte zum langsamen Entstehen des Haushundes. Der russische Fuchszüchter Belyaev unternahm 1979 ein Zuchtexperiment, er züchtete planmäßig Silberfüchse von ruhigem und freundlichem Wesen. Dadurch erreichte er, dass sie auf den Fuchsfarmen in ihren Käfigen leichter zu pflegen waren. Er experimentierte über zwanzig Jahre, wählte sein Zuchtmaterial aus über 10.000 Füchsen verschiedener Zuchtfarmen. Dabei stellte er fest, dass die Tiere sich nicht nur im Wesen, sondern auch körperlich veränderten. Sie wurden nicht nur freundlicher, wedelten mit der Rute, sondern sie entwickelten auch Hängeohren, schwarzweißes Fell und Ringelruten.

HUNDE ÜBER DIE JAHRHUNDERTE

Vor dem fünften Jahrtausend vor Christi gibt es keinerlei Hinweise, dass prähistorische Hunde sich zu eigenen Rassen weiterentwickelt haben. Als die Europäer im 19. Jahrhundert nach Australien kamen, schienen die Ureinwohner eine Beziehung zu dem Dingo zu unterhalten, die wahrscheinlich dem Verhältnis sehr ähnlich war, das die Urmenschen mit den ersten gezähmten Wölfen hatten. Einige Dingos wurden als Familienhunde gehalten, andere gemästet und aufgegessen, wieder andere wurden als Jagdhunde eingesetzt. Der australische Schriftsteller Meggitt zitiert Lumholtz, der 1889 über die Aborigines und Dingos schrieb und dabei sagte: »Sein Herr schlägt ihn nie, droht nur. Er liebkost ihn wie ein Kind, liest die Flöhe ab, küsst ihn auf die Schnauze.« Gleichzeitig wurde aber auch gesagt, dass diese gezähmten Dingos in aller Regel armselig ernährt würden, sich weitgehend ihr Futter selbst suchen müssten.

Im Vergleich mit diesen ersten Hunden vor langer Zeit haben die meisten Hunde des 20. Jahrhunderts heute ein bequemes Leben. Sind sie aber glücklicher? Obgleich die Art, wie sie damals behandelt wurden, uns äußerst grausam erscheint, führten dennoch viele ein interessantes und aktives Leben. Einige von ihnen, beispielsweise die Pekingesen der chinesischen Kaiser, wurden wesentlich besser behandelt als die Sklaven im Palast. Man berichtet, dass sie häufig von weiblichen Sklaven gesäugt wurden, deren unerwünschte Mädchen-Babys zuvor getötet wurden! Die Römer besaßen Jagd- und Kriegshunde, hielten aber auch Schoßhunde. Sie exportierten hunderte von English Mastiffs nach Rom, entweder zum

Kampf in der Arena oder zur Ausbildung als Kriegshunde. Einige der Kriegshunde trugen passende Panzer, mit weicher Unterfütterung, damit die Metallketten sie nicht wund rieben. Sie trugen auch Halsbänder mit Messern, um an den Feinden und deren Pferden großen Schaden anzurichten. Aber auch kleine Haushunde waren recht verbreitet. Der Dichter Martial (ca. 40 - 102 n. Chr.) berichtet über den Hund seiner Freundin: »Issa ist reiner als der Kuss einer Taube. Sie ist zarter als alle jungen Mädchen, kostbarer als Saphire.« Pliny der Ältere (23 - 79 n. Chr.) war von Hunden besonders beeindruckt, berichtet, dass sie die treuesten Tiere seien, völlig unerreicht von allen anderen Tieren.

Hunde vom Mastifftyp waren die traditionellen Kriegshunde. Das Foto zeigt einen Bullmastiff.

Bernhardiner: Ein edler Hund von hoher Klugheit, berühmt geworden als erster Rettungshund im Gebirge.

In der Odyssee von Homer finden wir eine Geschichte, die jeder heutige Ausbilder eines Polizeihundes bestätigen würde. Odysseus verkleidete sich als Bettler und betrat die Außenbezirke seines Territoriums, um seinen Schweinehirten Eumaeus anzusprechen, wobei er plötzlich von laut bellenden Hunden angegriffen wurde. Hätte er nicht die Geistesgegenwärtigkeit besessen, sich auf den Boden zu setzen und sein Gepäck fallen zu lassen, wäre es ihm wahrscheinlich schlimm ergangen. »Alter Mann«, sprach der Schweinehirt, »das ist aber gerade noch gut gegangen. Die Hunde hätten mit dir kurzen Prozess gemacht, und der Tadel wäre auf mich gefallen.« Cicero schrieb: »Hunde bewachen uns pflichtbewusst - sie lieben und verehren ihre Herren; sie hassen Fremde; ihre Geschick-

*Der königliche Favorit
Cavalier King Charles
Spaniel.*

Foto: Carol Ann Johnson.

lichkeit, Spuren zu folgen, ist außergewöhnlich; großartig ist ihre Jagdleidenschaft - was kann all dies anderes bedeuten, als dass sie zum Vorteil des Menschen geschaffen wurden?«

Als Henry VIII von England ein Bündnis mit Karl V von Spanien schloss, schickte er ihm Soldaten und ein Bataillon von 800 Kampfhunden zur Hilfe. Während der Herrschaft von Königin Elizabeth I wurde ein Bataillon von 600 Hunden aus dem Besitz des Earl of Essex ausgesandt, um bei der Unterdrückung des Aufruhrs in Irland zu helfen.

Schlittenhunde waren für das Überleben der Eskimos im froststarrenden Norden unersetzlich, ebenso wie später für die frühen Polarforscher. Obgleich Huskies ausschließlich für die Arbeit geschaffen wurden, ist es interessant, dass der Antarktisforscher Captain Scott in seinem Tagebuch eine sehr aufschlussreiche Bemerkung über diese Hunde hinterließ: »Ein Hund muss entweder fressen, schlafen oder aufmerksam sein - in seiner Forderung nach den Interessen des Lebens ist er nahezu menschlich.«

Im Jahre 1728 schrieb Oliver Goldsmith über die Hunde auf dem Hospiz des Großen St. Bernhards: »Sie besitzen eine Zucht edler Hunde, deren außergewöhnliche Klugheit sie häufig in die Lage versetzt, Reisen-

Der Collie, zum Hüten der Herden gezüchtet.   *Foto: Keith Allison.*

de zu retten, selbst wenn sie drei bis sechs Meter unter den Schneewehen verschüttet sind. Selbst geringfügigste Luftpartikel ermöglichen diesen Unglücklichen die Chance zur Rettung.«

Von den älteren Rassen wurden viele von den Lords und Ladys bei Hofe als Schoßhunde gehalten - beispielsweise Pekingesen, Möpse, Malteser. Besonders hervorzuheben ist King Charles und seine Cavalier Spaniels. Der Hofchronist Pepys schrieb in sein Tagebuch: »Alles, was ich beobachten konnte, war die Torheit des Königs, der mit seinen Hunden spielte und dabei völlig seine Geschäfte vergaß.«

Über Jahrhunderte wurden die Hounds auf der Jagd eingesetzt, mastiffartige Hunde dienten als Wachhunde und kämpften an der Seite der Soldaten. Collies hüteten die Herden, die europäischen Herdenschutzhunde schützten ihre Herden vor Beutegreifern. Dabei leisteten die Hunde immer die Arbeiten, für die sie gezüchtet wurden, und es gab für einen Hund keine größere Belohnung, als diese Arbeiten tun zu dürfen.

DER MODERNE HUND

In der zweiten Hälfte des vergangenen Jahrhunderts ist der Mensch zum Mond geflogen, Computer sind eine Selbstverständlichkeit, jede Wohnung hat elektrische Geräte, Radio und Fernsehen. Die große Mehrheit

Die meisten Hunde sind außerordentlich anpassungsfähig, fügen sich in das Umfeld unserer modernen Gesellschaft ein.

unserer Wohnungen besitzt Zentralheizung, fast alle Familien besitzen ein eigenes Auto. Unsere Hunde sind Gott sei Dank sehr anpassungsfähige Geschöpfe, das müssen sie auch sein, um in unserer modernen Welt zu leben. Zentralheizung löst Flohbefall aus, der wird wieder mit einer erstaunlichen Vielfalt von Chemikalien bekämpft. Hunde haben nicht länger einen schmackhaften Knochen zu benagen, werden dagegen in aller Regel mit Komplett-Trockenfutter ernährt. Der Hund musste sich daran gewöhnen, allein im Haus zu bleiben, wenn sein Besitzer zur Arbeit geht, obgleich alle seine Gene ihn immer noch lehren, dass er ein Rudeltier ist. Viele Hunde verbringen beträchtliche Zeit ihres Lebens in Autos. Immer weniger Hunden gibt man noch die Gelegenheit frei zu laufen, etwas, was nach unserer Überzeugung jeder Hund braucht, man ihm gestatten sollte. Aufgrund der jeweiligen Gesetze und verschiedener »hundefreier Zonen« kann es manchmal schwierig werden, geeigneten Auslauf zu finden. Aber all dies macht es noch wichtiger, dass die Hundebesitzer ihre Hunde verstehen. Selbst wenn wir ihnen dann kein ideales Leben zu bieten vermögen, können und sollten wir doch jede Anstrengung unternehmen, um ihre Bedürfnisse zu erkennen. Umgekehrt schenken sie uns Loyalität und Freundschaft, wofür wir ihnen ein möglichst fröhliches Leben bieten sollten.

Kapitel 1
DIE WELT DES HUNDES

Auf vielerlei Art ist die Welt des Hundes unserer eigenen ähnlich, unterscheidet sich aber in anderer Hinsicht sehr beträchtlich. Obgleich wir die meisten Instinkte und Sinnesleistungen teilen, sind unsere eigenen durch die so genannte Zivilisation verstümmelt worden. Hunde reagieren sehr viel spontaner auf ihre Instinkte und Sinne, sehr viel tiefgreifender als wir. Damit Sie Ihren Hund verstehen, müssen Sie erkennen, wie sehr sein Verhalten durch seine Instinkte beherrscht ist.

SEHVERMÖGEN

Bis vor ganz kurzer Zeit glaubte man immer, dass Hunde ausschließlich in der Lage seien, schwarzweiß zu sehen. Wissenschaftler haben aber inzwischen entdeckt, dass sie auch blau und grün zu sehen vermögen, auch Kombinationen dieser Farben erkennen. Wie auch bei uns Menschen haben einige Hunde ein besseres Sehvermögen als andere, es variiert auch von Hunderasse zu Hunderasse, und in einigen Fällen ist ihr Sehvermögen nicht so gut wie das unsrige. Das Nachtsehvermögen des Hundes ist unserem im Allgemeinen überlegen, meist sind sie aber kurzsichtig. Ihre Fähigkeit, Gegenstände scharf zu sehen, ist eingeschränkt, und die meisten Hunde haben Probleme, stehende Gegenstände zu erkennen. Jedoch ist ihr Gesichtsfeld sehr viel breiter, umfasst in der Regel etwa 200 Grad oder mehr, während das unsrige auf etwa 150 Grad beschränkt ist. Hunde, deren Augen seitlich eingesetzt sind, haben ein breiteres Gesichtsfeld. Hunde mit hervorstehenden oder sehr tief gelagerten Augen haben häufig ein weniger scharfes Sehvermögen. Hunde sind aber in der Lage, die geringste Bewegung zu entdecken, eine Notwendigkeit für jeden Beutegreifer.

NUTZUNG DES SEHVERMÖGENS

Wir haben über viele Jahre mit Hunden gearbeitet und über diesen Zeitraum erlebten wir viele Musterbeispiele, wie Hunde ihr Sehvermögen nutzen - oder auch nicht. Während des letzten Krieges arbeitete Mary in der Armee, besaß einen kleinen Collie namens Honey. Auf Urlaub zu Hause ließ sie Honey oft bei ihrer Mutter, die sie auf Spaziergänge mitnahm. Wenn Honey irgendwo auf der gegenüberliegenden Straßenseite einen Menschen in olivfarbener Uniform entdeckte, stürzte sie sich, wenn man sie nicht stoppte, quer über die Straße. Kam jemand in Luftwaffenblau, ignorierte sie ihn völlig. Der Unterschied zwischen diesen zwei Farben ist geringfügig, aber für den Hund offensichtlich deutlich.

Alle Hunde sind beim Erkennen geringster Bewegungen viel besser als wir.
Foto: Sally Anne Thompson.

Häufig fordern wir einen Hund auf, einen Ball oder einen anderen Gegenstand von einer flachen Oberfläche aufzuheben, beispielsweise von einem Teppich oder kurzem Rasen. Ein erregter Hund wird dabei in der Eile den Gegenstand überlaufen oder daran vorbeispringen, er scheint ihn überhaupt nicht zu sehen. Plötzlich aber nimmt er die Witterung auf, packt das Spielzeug und trägt es zurück. Ein solcher Hund war gar nicht töricht, denn er tut, was seiner Natur entspricht - er nutzt seinen weit überlegenen Geruchssinn anstelle des Sehvermögens.

Viele Hundebesitzer lehren ihre Hunde, einen Ball oder ein Frisbee zu fangen, stellen fest, dass einige Hunde dabei viel besser sind als andere. Bei einigen Hunden macht es die Lagerung des Auges schwierig, einen geworfenen Gegenstand zu fokussieren. Lässt man ihm aber Zeit, hat man Geduld, lernen die meisten Hunde schließlich, erfolgreich zu fangen, besonders wenn das Geworfene etwas wie getrocknete Leber ist!

Wenn wir hinausgehen, um nach unseren Schafen zu sehen, umrundet John häufig die eine Seite, Mary die andere. Dabei nimmt Mary in der Regel unseren Hund Tolly mit. Wenn Mary dann John in einiger Entfernung sieht, schickt sie Tolly zu ihm. Tolly wird in der angewiesenen Richtung losstürmen. Verhält sich John jedoch unbeweglich, gibt es kein Anzeichen, dass sie ihn gesehen hat. Doch plötzlich nimmt sie aus dem Wind seinen Geruch auf und stürzt sich zu ihm. Bewegt sich John dagegen, sieht sie ihn sofort und läuft direkt auf ihn zu.

Blinde Hunde scheinen oft ihren Weg bemerkenswert gut zu finden, führen ein glückliches Leben. John begegnete einmal einem außerordentlich erstaunlichen Musterbeispiel eines blinden Border Collies, der an den Schafen arbeitete. Dieser Hund gehörte dem berühmten *Sheepdog Trial man* Willie Wallace, der Hund war ein bekannter Trial-Sieger und wurde erst im letzten Abschnitt seines Lebens blind. Als Trial-Hund war er erzogen, auf Pfeife und Wortkommandos zu arbeiten. Willie schickte ihn nach draußen rund um die Schafe, wobei er ein klassisches »outrun and fetch« - hinauslaufen und festhalten - dokumentierte. Dabei wurde er ausschließlich über Wort- und Pfeifkommandos kontrolliert, bewegte sich danach rechts oder links, kam näher oder hielt an. Dieser Hund übte eine absolute Kontrolle über die Schafe aus, es war nahezu unmöglich zu glauben, dass er völlig blind war. John glaubt, der Hund konnte die Schafe hören und riechen, aber seine Kontrolle der Tiere war nicht zu erklären.

Auch wenn Hunde beim Entdecken der geringsten Bewegung sehr gut sind, vermögen einige Besitzer nicht zu verstehen, wie ihr Hund erkennt, dass sie im Begriff sind, einkaufen zu gehen, einen Spaziergang zu machen oder gar in die Ferien fahren. Für den Hund ist es jedoch ganz einfach. Zum Beispiel zieht jemand aus der Familie die Autoschlüssel aus

Apportieren macht viel Spaß und bringt aktive Bewegung.

der Tasche, wechselt die Schuhe oder nimmt eine Einkaufstasche in die Hand. Dies sind alles ganz kleine Dinge, aber sie sagen dem Hund genau, was sich jetzt abspielen wird. Es ist noch gar nicht lange her, da traf man im Zirkus oder in Shows Hunde, die »sprachen und zählten«. Diese Hunde schienen zählen, addieren und subtrahieren zu können, schienen

Fragen zu beantworten und entschieden, ob etwas falsch oder richtig sei. Das alles erfolgte durch Bellen, ein Bellen für ja, zwei für nein, und die richtige Anzahl für eine Rechnung. Alles was man zu sehen glaubte war, dass der Vorführer dem Hund Fragen stellte. Tatsächlich übermittelte er ihm aber irgendein kleines Zeichen. Es konnte nur ein winziges Augenzucken sein, ein Kratzen an der Nase, die Hand aus der Tasche nehmen, Berühren eines Ohrs oder andere unverdächtige Bewegungen, der Hund war so erzogen, diese genau zu beobachten.

GERUCHSSINN

Von all den Sinnen des Hundes ist der Geruchssinn bei weitem der wichtigste. Ein Hund ohne Geruchssinn ist weitgehend wie ein Mensch ohne Sehvermögen. Man könnte durchaus sagen, der Hund lebt in der Welt der Gerüche, sein Geruchssinn ist zumindest millionenfach besser als der unsrige.

Der Mensch hat die erstaunlichen Nasenfähigkeiten der Hunde zu vielerlei Aufgaben benutzt. Sie werden ausgebildet um Drogen zu suchen, die sie selbst an Orten wie Benzintanks aufspüren, um verirrte Menschen

Der erstaunliche Geruchssinn des Hundes hat ihm viele Aufgaben gebracht. Hier sucht ein Springer Spaniel nach geschmuggelten Drogen.

Foto courtesy: Metropolitan Police.

zu finden, Explosionsstoffe zu entdecken, Verbrechern nachzusuchen und um Menschen zu finden, die unter Schneewehen begraben sind, um nur weniges zu nennen. Im Vergleich zum Geruchsvermögen des Hundes ist das menschliche sehr schwach. Niemand, selbst nicht der Wissenschaftler, vermag zu verstehen, wie der Hund winzige Mengen von Drogen zu entdecken vermag oder Spuren folgen kann, die schon mehrere Tage alt sind.

Die Struktur der Hundenase ist sehr kompliziert, zur menschlichen Nase recht verschieden. Um seine Nase voll nutzen zu können, muss der Hund sie sauber halten. Eine schmutzige Nase, durch Staub oder andere Formen der Verschmutzung, wäre weit weniger effektiv. Da der Hund kein Taschentuch besitzt, muss er seine Nase durch Lecken reinigen.

Genauso wie Hochfrequenzlärm das Hörvermögen des Hundes zu stören vermag, stoßen sehr starke Gerüche viele Hunde ab. Putzsüchtige Hundebesitzer, die ständig ihre Räume mit stark parfümierten Duftreinigern besprühen, tun ihren Hunden nichts Gutes.

Neugeborene Welpen scheinen über etwas Geruchsvermögen zu verfügen, aber es ist bei weitem nicht so ausgeprägt wie bei älteren Hunden. Im ersten Lebensstadium verlässt sich der Welpe mehr auf die Berührung, aber innerhalb weniger Wochen kann man bei einem Hundewurf beobachten, dass die Hunde nach fremden Gerüchen in der Luft schnüffeln, alle fremden Gegenstände beschnüffeln und auch ihre Nase zum gegenseitigen Erkennen nutzen. Bietet man Welpen die erste feste Nahrung an, werden sie diese in der Regel mit der Nase beschnüffeln, ehe sie probieren. Sind sie mit dem Geruch erst einmal vertraut, wird die Untersuchung des Geruchs schnell aufgegeben und das Futter hinuntergeschlungen. Welpen untersuchen alles Spielzeug oder Fremde durch Abschnüffeln. Sie tun dies, weil ihr Gehirn darauf eingerichtet ist, alle diese verschiedenen Gerüche zu übersetzen. Die Nase wird dem Welpen über sein Umfeld sehr viel mehr sagen als seine Augen und Ohren.

Alle Hunde haben beidseits des Afters Drüsen, die eine Flüssigkeit mit durchdringendem Geruch enthalten. Für uns riechen sie alle gleich - und es ist zudem ein außerordentlich unangenehmer Geruch - aber für den Hund ist jeder Geruch anders. Jeder Hund verfügt über seinen eigenen Individualgeruch, der ihm seinen eigenen »Personalausweis« gegenüber allen anderen Hunden verleiht.

Der Wolf gebraucht diesen ausgeprägten Geruchssinn für vielerlei Aufgaben in seinem Leben. Er ermöglicht ihm, die einzelnen Mitglieder des eigenen Rudels zu erkennen, schnell zu bemerken, wenn fremde Wölfe im eigenen Territorium waren und wie lange dies zurückliegt. Er erkennt, wann eine Wölfin paarungsbereit ist, wo ein anderer Wolf gerade gewesen ist und was er gefressen hat - alle diese Informationen und vieles mehr vermittelt ihm sein scharfer Geruchssinn. Er nutzt ihn auch, um die Fährte von Beutetieren zu verfolgen, zum Aufspüren einer Wasserquelle und als Frühwarnsystem gegen alle Gefahren, besonders gegen seinen Erzfeind - den Menschen.

SOZIALES SCHNÜFFELN

Haben wir erst einmal erkannt, welche entscheidende Rolle der Geruch im Leben eines Hundes spielt, müssen wir unseren eigenen gesunden Menschenverstand nutzen, um gelegentlich Probleme, die hieraus erwachsen, zu lösen. Beispielsweise ist es uns vielleicht unangenehm, wenn unser Hund beim Spaziergang im Park auf einen anderen zutrabt und beginnt, dessen Hinterteil zu beschnüffeln - aber solches Verhalten ist völlig natürlich. Ihn jetzt heranzurufen und ihm zu erklären, dass dies *schmutzig sei*, ist absolut nutzlos und unfreundlich. Was er tut, ist normales hundliches Verhalten bei der wechselseitigen Begrüßung. Wenn sich hier die Besitzer einschalten, führt dies höchstwahrscheinlich zu mehr Schwierigkeiten als wenn man die Hunde sich selbst überlässt. Die meisten Hunde tragen ihre Probleme recht friedvoll aus. Diejenigen, denen dies schwer fällt, sind in aller Regel jene, denen soziale Kontakte mit anderen jungen und älteren Hunden in der eigenen Jugend verweigert wurden. Bei Hunden, die nicht in ihrer Jugend das richtige hundliche Verhalten erlernt haben, kann und wird es häufig zu Problemen der Hunde untereinander kommen. Glücklicherweise lassen sich solche Probleme lösen, indem man den Welpen in einen guten Welpenkindergarten bringt. Dabei ist es wichtig, das Wort *gut* zu unterstreichen. Eine ganze Anzahl wohlmeinender Menschen unterhalten solche Klassen, ohne dass sie wirklich verstehen, was sie tun. Wird dabei ein winziger Yorkshire Terrier durch einen auflaufenden, durchaus gutartigen Labrador Welpen niedergedrückt, wird ein solcher Kindergarten wahrscheinlich nicht viel helfen. Ein guter Welpenkindergarten, von einem erfahrenen und kenntnisreichen Trainer durchgeführt, hilft dagegen, den Welpen einen guten Start ins Leben zu ermöglichen. In solchen Klassen sollte es nicht nur Welpen geben, nützlich wären ebenfalls ein paar ältere Hunde mit wirklich ausgeglichenem Wesen, welche die Welpen lehren, wie sie sich gegenüber älteren Hunden verhalten müssen. Ein kleiner Welpe wird sich ihnen in der Regel mit unterwürfiger Haltung nähern, sich auf den Rücken rollen und seinen Bauch anbieten. Der ältere Hund beschnüffelt ihn, bis er zu dem Entschluss kommt, dass sich der Welpe richtig benimmt - nun kann das gemeinsame Spiel beginnen.

Zwei Hunde treffen sich zum ersten Mal.

Die erste Annäherung führt zum Schnüffeln Nase an Nase.

Als Nächstes wird der Leistenbereich beschnüffelt.

Aufforderung zum Spiel.

Das Spiel beginnt.

Es gibt natürlich einige Situationen, wo man Grenzen setzen muss. Besucht Sie eine hübsch gekleidete Dame, und Ihr freundlicher Irish Wolfhound beginnt, mit seiner großen kalten Nase ihren Rock hochzuschieben, um etwas mehr über sie herauszufinden, können Sie nicht erwarten, dass dies der Dame besonders gefällt. Als Alternative gegenüber dem Hochschieben des Minirocks bringen Sie Ihrem Hund besser bei, sich zu setzen und Pfötchen zu geben - eine zivilisiertere Art der Begrüßung, die der Hund fröhlich akzeptieren wird, denn für ihn ist auch dies eine natürliche Handlung. Wenn Sie ihm aber keine Alternative gewähren, sondern ihn nur anschreien wegen seiner freundlichen, nasenbezogenen Begrüßung, wird am Ende ein völlig verwirrter Hund dastehen. Wenn Sie selbst abwesend waren und der Hund Sie dann begrüßt, wird er mit Sicherheit auch gründlich an Ihnen schnuppern.

Solange Sie ihm dies rund um Füße und Hände erlauben, wird er ganz zufrieden sein. Dabei entdeckt er, ob Sie einen Freund besucht haben - zweibeinig oder vierbeinig - Sie mit der Eisenbahn fuhren oder beim Friseur waren. Er kann Sie nicht fragen, wo Sie gewesen sind, aber seine Nase hilft ihm, dies herauszufinden.

NEUES UMFELD

Ein Spaziergang draußen auf dem Land, am Meer oder in der freien Natur bereitet Ihrem Hund endlose Freude. Genau wie Sie sich umschauen um herauszufinden, was sehenswert ist, schnüffelt Ihr Hund um herauszufinden, was alles an diesem Ort geschieht. Er riecht den Boden, Bäume, Gras, Fußabdrücke, jeden weggeworfenen Abfall, Kot von Hunden und anderen Tieren und noch sehr viel mehr. Vielleicht stößt er auf den Geruch eines Kaninchens oder Eichhörnchens, das sich auf einen Baum geflüchtet hat oder einen in einem Busch versteckten verlorenen Ball. Seine Entdeckungen sind endlos, machen ihm unendlich viel Freude. Manchmal leistet er sogar Detektivarbeit. Einmal ritten wir durch die Wälder, als der uns begleitende Collie plötzlich im Unterholz verschwand. Wir riefen die Hündin heraus, aber sie kam nicht. So ritten wir hinüber um zu sehen, was sie gefunden hatte, und dies war ein Safe, der aus einer sehr bekannten Firma gestohlen war. Wir nahmen Kontakt mit der Polizei auf und der Vorstand der bestohlenen Firma war uns so dankbar, dass er uns ein halbes Dutzend Flaschen Whisky schenkte. Damit wollen wir aber nicht vorschlagen, dass Sie Ihrem Hund jederzeit erlauben sollten anzuhalten und herumzuschnüffeln, wann immer er will, auch nicht, um eine einzige Stelle eine halbe Stunde zu untersuchen. Aber genau wie wir einmal anhalten, um eine Aussicht zu genießen, sollten Sie Ihrem Hund erlauben anzuhalten und ihn ab und zu schnüffeln lassen.

EINSATZ DES GERUCHSSINNS

Polizeihunde, Blindenführhunde, Behindertenhunde und andere Arbeitshunde müssen lernen, dass sie nicht jederzeit beliebig umherlaufen und schnüffeln dürfen. Erst einmal für eine spezielle Aufgabe ausgebildet, müssen sie lernen, sich bei der Arbeit auf ihren Job zu konzentrieren. Damit möchten wir nicht sagen, dass sie keine Chance haben sollten, sich normal zu benehmen, wenn sie außer Dienst sind. Selbst Drogensuchhunde werden hinaus auf die Felder geführt, um sich zu entspannen und frei umherzulaufen.

Gerade aufgrund seiner Fähigkeit, verschiedene Geruchsbilder zu unterscheiden, konnte der Hund für vielerlei Aufgaben ausgebildet werden. Die Hunde, die nach der Ausbildung in der Arbeit bestehen, führen in der

Regel ein fröhliches und lohnendes Leben, leisten einen Job, an dem sie Freude haben, denn bei der Sucharbeit nutzen sie ihren schärfsten Sinn.

Was den Familienhund angeht, kann man ihm mit wenig Mühe seitens des Besitzers »Spiele« beibringen, bei denen er seine Nase gebrauchen und gleichzeitig Spaß daran haben kann. Es gibt nur sehr wenige Hunde, denen man das Apportieren nicht beibringen kann, dafür aber sehr viele, die überhaupt keine Ausbildung benötigen, insbesondere bei den Jagdhunderassen. Wenn ein Hund einmal apportiert, bieten sich endlose Gelegenheiten zum Gebrauch seiner Nase. Kinder spielen gerne Verstecken und man kann den Hund lehren, sie zu suchen. Entweder zu Hause oder auf Spaziergängen können Gegenstände versteckt werden, die der Hund dann suchen muss. Man kann sie auch auf der eigenen Fährte zurückschicken, um Gegenstände zu finden, die man beim Spaziergang »verloren« hat. Dies kann sich einmal als sehr nützlich erweisen, beispielsweise wenn Sie eine Geldbörse oder einen Handschuh oder Ähnliches im Gelände verloren haben. Wir besaßen einmal einen Cocker Spaniel namens Flush. Diese Hündin war nicht nur ein bekannter Filmstar, sondern sie hatte auch eine außergewöhnlich gute Nase. Wenn man einen Grashalm verknotete und ihn auf den Boden warf, war sie durchaus in der Lage, ihn zu finden. Bei einem Arbeitsaufenthalt in London verlor John seine Autoschlüssel im Hyde Park. Glücklicherweise begleitete ihn Flush, die sie schnell wieder fand, jedoch einen weiten Weg zurücklaufen musste, den sie gemeinsam gegangen waren.

Kleine wie große Hunde können sehr gute Nasen haben. Wir hatten eine kleine Chihuahua-Hündin, die nichts lieber tat als ins Unterholz geworfene Tannenzapfen zu suchen, dabei gab es dort ganze Ansammlungen anderer Zapfen. Manchmal dauerte es längere Zeit, aber sie gab nie auf und kam immer mit dem richtigen Zapfen zurück.

Wenn Sie Freude am Wettbewerb haben und einen Jagdhund besitzen, gibt es vielerlei Tests und Prüfungen. Einem Jagdhund das Recht zu verweigern, die eigene Nase zu gebrauchen, grenzt an Grausamkeit.

WÄLZEN

Was das Thema Geruchsvermögen angeht, gibt es ein Problem, worüber Experten und Wissenschaftler sich nicht einig sind. Es ist die Frage, warum sich Hunde wälzen, in - für uns - abscheulichen Substanzen, beispielsweise in Hundekot, Kuhdung, toten Kaninchen und dergleichen. Es gibt verschiedene Theorien, aber niemand weiß es genau. Einige Hunde tun dies überhaupt nie. Haben Sie einen solchen Hund, sollten Sie froh sein. Andere Hunde scheinen jede Gelegenheit, die sich ihnen bietet, zu nutzen. Wenn Sie Ihren Hund genau beobachten, können Sie ihn häufig stoppen, ehe er sich wirklich wälzt. Hierfür gibt es eindeutige Signale, beispielsweise verlängertes Schnüffeln, Absinken des Kopfes und eine Seitwärtsdrehung. Wenn es Ihnen gelingt, genau in diesem Moment *Nein* zu schreien, ehe er sich nach unten bewegt, könnten Sie ihn davon abhalten. Wenn nicht, bleibt nur ein gründliches Bad. Es mag seltsam klingen, aber das Beste, um den Geruch eines Fuchses oder eines Skunks los zu werden, ist Tomatenketchup! Nein - wir haben keinerlei Idee warum, aber es hat sich bewährt.

HÖRVERMÖGEN

Das Hörvermögen des Hundes ist unserem weit überlegen. Ein Mensch mit durchschnittlichem Hörvermögen wird Geräusche bis zu 20.000 Schwingungen pro Sekunde wahrnehmen, Hunde vernehmen aber Geräusche bis zu 35.000 Schwingungen und möglicherweise noch darüber. Sie vermögen auch die Geräuschquellen sehr genau zu lokalisieren, eine Fähigkeit, die dadurch unterstützt wird, dass sie ihre Ohren einzeln bewegen können, eine Geschicklichkeit, die nur wenige

Hunde lokalisieren Geräusche sehr viel genauer als Menschen.
Foto: Sally Anne Thompson.

Menschen besitzen! Für Hunde ist dies eine Hilfe, um die Richtung des Klangs festzustellen. Sie hören auch äußerst leise Töne, beispielsweise wenn ein Kaninchen über Gras hoppelt oder das leiseste Quietschen einer Maus.

Da der Hund Hochfrequenztöne zu hören vermag, verwendet man häufig für die Erziehung so genannte »geräuschlose Hundepfeifen«. Menschen hören diese nur ganz schwach oder überhaupt nicht. Dies kann bei einigen Hunden sehr gut funktionieren, aber andere Hunde mit besonders empfindlichem Gehör können hierdurch schnell erregt werden. Wenn Sie dieses Mittel einsetzen möchten, sollten Sie sich zunächst eine Pfeife ausborgen und feststellen, ob Ihr Hund sich dadurch nicht erregt.

Ein am Herd schlafend liegender Hund springt häufig auf und läuft, mit der Rute wedelnd zur Tür. Mehrere Minuten später fährt sein Herr mit dem Auto vor, er kehrt von der Arbeit zurück, aber niemand anderes hat das Geräusch zuvor wahrgenommen. Wenn Ihr Hund knurrt oder bellt, obgleich alles ruhig erscheint, hört er möglicherweise einen Eindringling hinten im Garten oder jemanden, der sich der Tür nähert oder vielleicht einen Gartenschuppen aufgebrochen hat. Aus diesem Grunde sollten Sie dem Hund nie vorschnell befehlen Ruhe zu geben, nur weil Sie selbst nichts hören können. Zu den wichtigsten Gründen, weshalb man in den bewaffneten Streitkräften Hunde als Wächter einsetzt, zählt gerade ihr feines Hörvermögen.

LAUTE GERÄUSCHE

Beim Sprechen mit Ihrem Hund - bei der Ausbildung oder im Spiel - sollten Sie niemals schreien. Ihr Hund kann perfekt hören, möglicherweise möchte er aber einfach nicht gehorchen und schreien hilft dabei nicht. Tatsächlich macht nichts einen Hund schneller ungehorsam, als wenn jemand laufend seinen Namen schreit oder nach ihm ruft und er dies ignoriert. Sein Name - oder was immer Sie rufen - wird aus seiner Warte nichts anderes als Lärm, an den er sich gewöhnt und den er ignoriert. Es ist schon längere Zeit allgemein belegt, dass nahe bei Flughäfen lebende Menschen, Menschen die in geräuschvollen Fabriken arbeiten oder in Discos tanzen, durch exzessiven Lärm körperliche und geistige Schäden erleiden können. Deshalb sollten Sie sich einmal vorstellen, wie übertriebener Lärm sich auf Ihren Hund auswirkt. Die Klangwellen verursachen einen Druck auf das Trommelfell. Ist der Lärm wirklich nicht erträglich, kann er Schmerzen und Stress auslösen, ja sogar das Trommelfell schädigen.

Eine beträchtliche Anzahl von Hunden fürchtet sich vor dem Donner. Häufig nimmt man an, sie reagieren auf eine Veränderung des atmosphärischen Drucks noch vor dem Gewitter. Aber vor kurzem hörten wir von einem Tierarzt, der berichtete, er hätte eine Hündin die Gewitter hasste, im Alter ertaubte und danach die Gewitter völlig ignorierte, die sie zuvor zum Berserker gemacht hatten. Seiner Auffassung nach hört der Hund so gut, dass er den Donner bereits lange vor dem Menschen wahrnimmt.

VOKALISATION

Wir Menschen haben eine breite Sprache, von der wir reichlich Gebrauch machen, aber auch Hunde besitzen ein umfassendes Repertoire vokaler Klänge - einige weich, andere laut, alle von unterschiedlicher Bedeutung. Das Bellen ist der Klang, der am häufigsten mit dem Hund verbunden wird. Aber es gibt nicht nur eine Vielfalt verschiedener Belllaute, sondern auch viele andere Klänge, mit denen Hunde untereinander und mit Menschen kommunizieren, in gewissem Umfang auch mit anderen Tieren.

HUNDE-KOMMUNIKATION

Welpen lernen bereits im Wurflager untereinander zu kommunizieren, Vokalisation ist einer der Wege, unter denen dies erfolgt. Das Neugeborene nimmt in der Regel einen ersten tiefen Atemzug und dem folgt erst das Schreien, während seine Mutter beginnt, es zu säubern. Bald lernt der Welpe, dass wenn er von seiner Mutter und den Wurfgeschwistern weggekrabbelt ist und seinen Weg nicht zurückfindet, er nur wimmern und quietschen muss, damit in aller Regel seine Mutter ihn packt und wieder zur Milchbar heranholt. Einige Hündinnen *sprechen* mit ihren Welpen. Dies sind weiche, sanfte, grunzende Laute. Sind in einem Wurf von Wildhunden die Welpen etwas älter, scheucht ein scharfes, warnendes Bellen ihrer Mutter sie ins Lager zurück; sind sie zu weit vom Lager entfernt, *erstarren* sie, bis die Gefahr vorüber ist. Beim Heranwachsen beginnen die Welpen im Spiel zu kläffen. Beißt einer zu hart zu, quietscht der andere und beißt in der Regel zurück, so dass das Spiel damit beendet ist.

HEULEN

Nie hat jemand die Frage komplett beantwortet, warum Hunde heulen. Man nimmt an, dass wenn Wölfe zur Jagd aufbrechen, sie oft zu heulen beginnen, um das Rudel zusammenzurufen. Rudel von Hounds heulen oder *singen* in ihren Zwingern. Ein einsamer Wolf wird zu heulen beginnen, um Kontakt zu anderen zu suchen.

Wir besaßen einen Basset Hound namens Bertie, der - freundlich ausgedrückt - keinen besonders hohen Intelligenzquotienten (IQ) besaß! Beim geringsten Anlass machte sich Bertie im nahe gelegenen Wald auf

In Jagdzwingern heulen oder singen die Hounds, möglicherweise ein Rückschlag in wölfisches Verhalten.

die Jagd. Auf der Fährte gab er immer Spurlaut, und da er nie zu weit lief, folgten wir manchmal dem Klang, holten ihn ein und brachten ihn wieder nach Hause. Zu anderen Zeiten verirrte er sich vollständig. Dann pflegte er sich da niederzusetzen wo er gerade war, hob den Kopf und heulte und heulte, bis ihn jemand fand und nach Hause brachte! In seinem Fall war dies eine sehr effektive Methode der Kommunikation.

Vor dem Beginn der Jagd heulen die Wölfe, um das Rudel zu sammeln.

KOMMUNIKATION MIT ANDEREN TIEREN

Hunde haben es nicht nur recht gut geschafft, uns zu verstehen, auch beim Zusammenleben mit anderen Tieren lernen sie schnell, welche Klänge freundlich, drohend oder erschreckend sind. Unsere Katzen hatten nie Schwierigkeiten, die Hundesprache zu erlernen, und eine neue Katze, die an Hunde nicht gewöhnt ist, hat kein Problem, durch lautes Zischen ihnen zu sagen, was sie wirklich denkt. Wenn Rinder von einem Hund getrieben werden, lernen sie schnell, dass ein Bellen bedeutet »mach einen Schritt schneller!« Und wenn sich Schafe auf einem Hügel in dichtem Gebüsch verstecken, machen sie sich rasch auf den Weg, wenn sie hören, dass das Bellen des Schäferhundes näher und näher kommt.

KOMMUNIKATION MIT MENSCHEN

Hundebesitzer lernen die verschiedenen Belltöne ihrer Hunde zu verstehen - oder sollten dies zumindest erlernen. Es gibt ein warnendes Bellen das uns sagt, dass Fremde sich nähern, ein Willkommensgebell für Freunde und oft ein ganz spezielles Bellen zur Begrüßung von Familienmitgliedern. Es gibt ein aufgeregtes Spielbellen, wobei der Hund auch ein nicht drohendes Spielknurren erzeugt, das überhaupt nicht so klingt wie das Knurren, mit dem der Hund warnt, näher zu kommen.

Werden Hunde gestreichelt, ertönen häufig laute Seufzer oder ein weiches Grunzen. Sich unterwerfende Hunde winseln oder wimmern, wenn sie sich einem dominanten Hund gegenübersehen. Viele nervöse oder unterwürfige Hunde wimmern, um die Aufmerksamkeit ihrer Besitzer zu wecken.

Hunde sind beim Verstehen unserer Sprache viel schneller als wir beim Verstehen der ihrigen. Lebt man erst einige Zeit mit einem Hund zusammen, ist es gar nicht schwierig, die verschiedenen Bell- und Knurrlaute zu unterscheiden. Bei der Stubenreinheit erkennen die meisten Hunde schnell, dass wenn sie an der Tür bellen, sie hinausgelassen werden. Bei ziemlich törichten Besitzern bellen sie umsonst, pinkeln auf den Türvorleger und kommen in Schwierigkeiten. Sie sollten sich immer die Mühe machen herauszufinden, was Ihr Hund Ihnen zu sagen versucht.

Kein Mensch möchte einen kläffenden Hund; einem Hund jedoch das Bellen zu verbieten, *»Dampf abzulassen«*, grenzt an Grausamkeit. Es wäre genauso als verlangte man von Kindern im Schulhof, dass sie völlig ruhig sein müssten! Das bedeutet natürlich nicht, dass Ihr Hund bellen kann, wann immer es ihm in den Sinn kommt, es sei denn, Sie gestatten es ihm grundsätzlich. Die beste Gelegenheit zum Bellen bietet ein Spaziergang im freien Gelände mit freilaufendem Hund.

Der einfachste Weg, dem Hund das Bellen zu untersagen ist, indem man ihn lehrt, auf Kommando zu bellen und gleichzeitig wieder aufzuhören. Wir haben schon zuvor gesagt, es gibt keinerlei Grund, einen Hund anzuschreien, denn er hört sehr viel besser als wir. Sprechen Sie immer weich mit ihm, wenn Sie ihm eine Aufgabe stellen, sprechen Sie fest und sicher, aber nicht laut. Es spielt überhaupt keine Rolle was sie ihm sagen - ausschlaggebend ist der Tonfall der Stimme. Sie können ihm sagen, was für ein schlimmer Junge er ist - in scherzendem, freundlichem Tonfall - und er wird mit seiner Rute wedeln. Sagen Sie ihm jedoch er sei ein schlimmer Junge, indem Sie es ihm entgegenknurren - dann wird er dieses Mal ganz genau wissen, dass Sie es ernst meinen. Loben Sie Ihren Hund, bringen Sie viel Begeisterung in Ihre Stimme. Wenn Sie »du bist ein sehr cleverer Hund!« in völlig gleichmäßigem Tonfall sagen, bedeutet dies für den Hund nichts. Je mehr Sie es verstehen, mit Ihrem Hund zu kommunizieren, umso glücklicher werden Sie gemeinsam sein.

GESCHMACK

Über den Geschmackssinn des Hundes ist nicht sehr viel bekannt, außer, dass der Hund weniger Geschmacksknospen hat als wir und damit - verglichen mit uns - einen schwächeren Geschmackssinn. Es wurde bewiesen, dass Hunde über mehr Geschmacksknospen verfügen, die auf Zucker reagieren als auf andere Geschmacksrichtungen. Viele wissen, dass man unsere Hunde auch *Süßzähne* nennt, was aber in keiner Weise sagen sollte, dass zuckerige Nahrung gut für sie sei. In der freien Wildbahn sind Wölfe und Wildhunde darauf aus, süßer Dinge habhaft zu werden, beispielsweise wilde Heidelbeeren, Stachelbeeren und Himbeeren, sie alle enthalten Fruchtzucker, der in Energie umgewandelt wird. Als wir auf unsere heutige Farm zogen, besaßen wir eine große Anzahl von Hunden, die wir zur Bewegung auf eine still gelegte Eisenbahnlinie führten. Deren Ränder waren im Frühsommer von süßen wilden Erdbeeren überzogen. Zu unserem Bedauern gelang es uns selten, auch nur eine zu pflücken, denn die Hunde waren in aller Regel schneller! Die größeren Hunde lernten auch reife Brombeeren abzuzupfen, zum Ärger der kleineren, die nicht so hoch herankamen.

Obwohl Hunde klassisch als Fleischfresser klassifiziert werden, sind die meisten von ihnen Allesfresser. Der Hund ist ein krasser Opportunist, kann buchstäblich alles fressen, was er findet - und tut es auch häufig. Obgleich der Hund im Vergleich zu uns einen schwächeren Geschmackssinn besitzt, verfügt er über einen weit überragenderen Geruchssinn. Der Hund möchte die Futterstoffe riechen ehe er sie probiert, und oft ist geruchsreicheres Futter das für ihn bessere. Ein bereits seit längerer Zeit totes Kaninchen auf einem Spaziergang oder der Inhalt einer Mülltonne - beides ist für ihn akzeptabel.

FÜTTERUNG

Hunde besitzen leider nicht das, was wir unter *guten Tischmanieren* verstehen. Erlegt ein Rudel ein Beutestück, nützt es überhaupt nichts, drumherum zu laufen, zu hoffen, dass schon etwas an Futter übrig bleibt. Ein Wildhund weiß nie, wann das nächste Mahl kommen wird oder was es sein wird. Manchmal stößt er auf ein totes Reh, das ihm eine Mahlzeit gewährt, ohne dass er eigene Energien für die Jagd aufzuwenden braucht. Gehört er einem Rudel an, dessen Jagd erfolgreich mit dem Töten eines großen Beutetieres endet, kann ihm dies Futter für mehrere Tage bringen. Zu anderen Zeiten ist Wild möglicherweise sehr selten, dann muss er Zuflucht nehmen zu Mäusen und Maulwürfen - oder findet überhaupt kein Futter. Der Hundemagen kann große Mengen aufnehmen, erhält er an einem Tag eine große Mahlzeit, ist er durchaus zufrieden, am nächsten Tag gar nichts zu bekommen. Heute rät man uns allgemein, täglich zur gleichen Zeit das gleiche Futter zu verabreichen. Dies ist mit Sicherheit für den Hund nicht natürlich, kann aber auch für den Besitzer Probleme bringen. Wird ein Hund immer genau zum gleichen Zeitpunkt mit dem gleichen Futter gefüttert, was passiert, wenn zufälligerweise das Futter ausgeht oder der Besitzer nicht früh genug nach Hause kommt, um exakt um 18.00 Uhr seinen Hund zu füttern? Der Besitzer wird nervös, der Hund ist voller Erwartung, läuft hin und her, wimmert und wird aufgeregt, weil er nicht versteht, warum sein Futter noch nicht kommt. Sie sollten ihn daran gewöhnen, dass es Zeiten gibt, in denen das Futter nicht rechtzeitig gereicht wird, solange er nur sein Futter erhält, sollten Sie ihn so füttern, wie es Ihnen passt. Wenn er es nicht automatisch um 16.00 Uhr erwartet,

wird er sich freuen, es zu diesem Zeitpunkt oder auch später zu bekommen, wichtig ist nur, dass er es überhaupt erhält. Wir hatten Freunde, die einen Flatcoated Retriever Junghund besaßen. Über lange Zeit fütterten sie ihn viermal täglich genau um 8.00, 12.00, 16.00 und 20.00 Uhr. Kamen sie nicht zur rechten Zeit nach Hause, machten sie sich große Sorgen, meinten der Junghund würde leiden. Für einige Tage wohnte

*Welpen müssen regelmäßig ge-
füttert werden, bei erwachsenen
Hunden ist es aber besser, die
Fütterungszeiten zu wechseln.*

dieser Junghund dann bei uns und sehr bald fand er heraus, dass das Leben immer etwas aufregender ist, wenn man nicht genau weiß, wann man sein Abendessen findet und woraus es besteht.

Als wir mit unseren Hunden für Film und Fernsehen arbeiteten, wurden sie niemals gefüttert, ehe die Tagesarbeit abgeschlossen war. Wurde es sehr spät - was häufig vorkam - wurden sie am gleichen Tag gar nicht gefüttert, dafür erhielten sie am nächsten Tag eine größere Mahlzeit. Es wäre für uns nicht möglich gewesen eine Szene zu unterbrechen, nur weil Fütterungszeit für den Hund war! Weil unsere Hunde daran gewöhnt waren, beunruhigte sie dies nie. Über einige Zeit besaßen wir zudem eine große Hundepension und ließen die Hunde immer einmal wöchentlich fasten - was wir noch heute tun. Die Futtermäkligen fressen dadurch besser, und die Fetten werden möglicherweise etwas dünner.

ERNÄHRUNG

Jedermann hat so seine eigenen Vorstellungen, was für seine Hunde das Beste wäre. Aus diesem Grunde möchten wir uns hier nicht in die Einzelheiten über die heute verfügbaren verschiedenen Hundefutterarten verlieren. Beschränken wir uns darauf, dass wir eine Zerealienmischung füttern mit Fleisch, zusätzlich Fischabfälle, klein gehacktes Gemüse und mehrmals wöchentlich geben wir unseren Hunden einen guten, kräftigen Knochen. Hunde haben über tausende von Jahren Knochen gefressen, heute aber verweigert man ihnen dieses Vergnügen. Knochen halten die Zähne sauber, das ist für den Hund angenehmer und für den Menschen billiger als Hundezahnpasta. Ein Knochen nagender Hund übt einen Großteil seiner Muskulatur, insbesondere die Muskeln von Hals und Kiefer, indem er den Knochen mit seinen Pfoten am Boden hält und das Fleisch abreißt. Wird ein Hund mit Komplettfutter ernährt, steckt er einfach den Kopf in die Schüssel, schlingt alles hinunter - eine der freudigsten Gelegenheiten des Tages ist in Sekundenschnelle vorbei.

Heute empfehlen die meisten Hundeausbilder während der Ausbildung Leckerbissen als Belohnung. Wenn man dieser Empfehlung folgt, darf man nicht vergessen, diese Leckerbissen von der eigentlichen Tagesration wieder abzuziehen. Kleine Stücke gekochter Leber geben eine vorzügliche Belohnung und machen nicht dick. Lassen Sie es nicht einreißen, dass Ihr Hund am Tisch bettelt; wenn Sie ihm dies nicht abgewöhnen können, sollten Sie ihn aus dem Zimmer ausschließen. Und - denken Sie daran - es gibt immer nur eine Belohnung, wenn er es verdient hat.

In der Pferdewelt ist es allgemein bekannt, dass die Fütterung große Bedeutung für die Leistung eines Pferdes hat. Ebenso gilt, dass eine Ernährungsumstellung dazu beitragen kann, einen hyperaktiven Hund ruhig zu machen. Die überwiegende Mehrheit der so genannten *Komplettfutter* hat einen viel zu hohen Proteingehalt. In jüngerer Zeit wurden eigene Futterzusammenstellungen für Arbeitshunde, Rennhunde, Schutzhunde, alte und junge Hunde, Schlittenhunde, Jagdhunde und so weiter entwickelt und auf dem Markt angeboten. Es gibt natürlich einige medizinische Ursachen, weshalb ein Hund Gewicht ansetzt. In der Mehrheit der Fälle gilt aber, es ist immer der Fehler des Besitzers, wenn sein Hund zu fett wird. Jedenfalls braucht Ihr Familienhund alle diese fantasiereichen Futterzusammenstellungen, die in der Regel auch recht teuer sind, nicht. Das altmodische Fleisch sowie Zerealien, Tischabfälle, klein gemachtes Gemüse und Früchte, rohe Knochen, Teigwaren aus Vollmehl, sie alle sind gute Futtermittel. Ist Ihr Hund ein aktiver Typ, hat er viel Auslauf, dann braucht er auch mehr Futter als ein alter, ziemlich ruhiger Typ. Es ist alles eine Frage des gesunden Menschenverstandes. Sieht Ihr Hund gut aus und fühlt sich offensichtlich gut, dann sollte im Allgemeinen auch seine Fütterung in Ordnung sein.

BERÜHRUNG

In mancher Hinsicht sind sich Welpen und Babys sehr ähnlich. Beide können nicht sprechen oder verstehen, was gefährlich ist und was nicht. Beide müssen durch Erfahrung und Ausprobieren lernen, und das Berührungsspiel ist ein sehr wichtiger Teil des frühen Lernens.

Hunde lieben Knochen, sie helfen ihm, die Zähne sauber zu halten, üben die Muskulatur.   *Foto: Marc Henrie.*

Einige moderne Hundetrainer glauben, dass als Belohnung das Streicheln sehr wenig wirksam sei, Berührung sei für Hunde nicht wichtig. Es ist eine Behauptung, der wir widersprechen. Sehr kleine Welpen, deren Geruchssinn, Hörvermögen und Sehvermögen entweder noch gar nicht vorhanden oder nur sehr gering entwickelt sind, nutzen die Berührung, um mit Mutter und Wurfgeschwistern in Kontakt zu bleiben. Andere Trainer - und dies sind sehr viele - meinen, man sollte seinen Hund täglich tüchtig streicheln, das mache ihn glücklich - und warum auch nicht? Auch Ihre Kinder freuen sich über einen liebevollen Klaps, und der Hund ist Teil der Familie, dann sollte auch er an den Zärtlichkeiten seinen Anteil haben.

Eine Studie an Kindern zwischen drei und vier Jahren und ihrer Kommunikation mit Hunden zeigt, dass 67 % aller Interaktionen körperlichen Kontakt einschlossen. Eine weitere Studie zeigte, dass Streicheln das häufigste Verhalten des Menschen beim Umgang mit Hunden ist. Eine Fotostudie aus dem Jahre 1985 (Katcher & Beck) stellte fest, dass über 90 % der Menschen und Tiere sich gegenseitig berührten. Besonders Therapiehunde bereiten viel Vergnügen, helfen Kindern und Erwachsenen, Kranken oder Zurückgezogenen. Es reicht schon, wenn die Hunde mit den Pfoten oder einer kalten Nase die Hände des Menschen anstoßen. Beide genießen die Aufmerksamkeit und die Berührungen, die nun folgen.

IM WURF

Direkt nach der Geburt winden sich gesunde Welpen durch, um sich ihren Weg zur Wärme des Körpers der Mutter und ihrer Milchbar zu bahnen. Wenn sie etwas älter sind, findet man die Welpen häufig zu einer Gruppe zusammengekuschelt, einer auf dem anderen. Wenn einer aufwacht und hungrig ist, bahnt er sich seinen Weg heraus, die anderen fühlen die Bewegung, folgen bald nach. Einmal bei der Milchbar angelangt, pressen und schieben sie mit ihren Nasen, bewegen dabei häufig eine Pfote in einer Art bettelnder Bewegung (Milchtritt) - was dazu führt, dass bei der Mutter die Milch einschießt. Noch weiter herangewachsen, saugen die Welpen häufig von der stehenden Hündin; sie sitzen auf ihren kleinen Hinterteilen und pföteln mit beiden Pfoten, leisten einen Balanceakt. Auch dies wiederum stimuliert den Milchfluss.

Eine säugende Hündin hat immer sehr viel Körperkontakt zu ihrem Wurf. Ein verirrter Welpe wird mit einer Pfote zurückgeholt oder am Genick gepackt und zu seinen Wurfgeschwistern zurückgebracht. Die Hündin leckt sie, säubert sie, solange sie noch sehr klein sind, lässt sie ankuscheln. Wenn sie heranwachsen, spielt sie mit ihnen, diszipliniert sie dabei und lehrt sie korrektes Verhalten, was für jedes Rudeltier sehr

Welpen richten sich auf, um zur Muttermilch vorzudringen - ein natürliches Verhalten, was häufig von ausgewachsenen Hunden angewandt wird, die Aufmerksamkeit suchen. Foto: Sally Anne Thompson.

wichtig ist. Wird ein Welpe im Spiel zu wild oder beißt er zu hart in eine Zitze, versucht Milch zu saugen, wo keine ist, wird die Hündin ihn anknurren, ihn bei der Nase packen und auf den Boden drücken, immer noch knurrend. Wenn sie ihn loslässt, haben meistens auch die übrigen Welpen die Botschaft verstanden und lassen sie in Ruhe - aber sie zeigen sich dadurch nicht verunsichert. Recht bald werden sie zurückkommen. Dabei winkt ein Welpe mit der Pfote, leckt die eigenen Lefzen und windet sich der Mutter entgegen. Die Welpen lernen schnell die richtige Reaktion auf aggressives Verhalten. Nicht viele Züchter erlauben ihren Rüden heute, mit den Welpen zusammen zu sein, aber die, die es taten, haben es als sehr interessant empfunden. Der Rüde ist häufig ein rauerer Lehrer als die Hündin. In der Regel ist er gegenüber den Welpen freundlich und tolerant, wenn sie aber darauf bestehen, ihn zu ärgern, knurrt und packt er sie sehr schnell rund um den Fang, drückt sie auf den Boden, ohne dass er dabei einen Welpen verletzt. Dadurch lehrt er die Welpen, den Rudelführer zu respektieren. Die Welpen fürchten sich nicht vor ihm, aber auf diese Art lernen sie, wie sie sich ihm gegenüber zu benehmen haben. Einige Rüden scheinen ihre Welpen zu erziehen. Wir hörten von einem Rüden, der im Allgemeinen seine Knochen ins Lager trug, den Welpen erlaubte, damit zu spielen. Eines Tages glaubte er offensichtlich, dass sie für die erste Lektion bereit seien. Zu diesem Zeitpunkt waren sie schon älter und spielten auch im Freien. Der Rüde ging mit ihnen, trug einen großen Knochen im Maul, legte ihn in nächster Nähe auf den Boden. Als sie sich darauf stürzten, knurrte er und schnappte, fasste den Ersten beim Fang, ließ ihn wieder los, setzte seine Warnung fort, bis die Welpen erkannten, dass es zu dieser Zeit sein Knochen war, es ihnen nicht gestattet wurde, ihn zu berühren. Dies ist eine Lektion, an die sich die Menschen durchaus erinnern sollten.

GUTE MANIEREN

Hunde brauchen Aufmerksamkeit, besonders die Unterwürfigen berühren die Hand ihres Besitzers mit der Nase oder stoßen ihre Nase direkt in die menschliche Hand. Obgleich dies eine freundliche, Liebe suchende Handlung ist, kann sie sich zur Belästigung auswachsen, wenn man dem Hund nicht beibringt, wann er dies darf und wann nicht. Beispielsweise hatten wir eine alte Collie-Hündin, die sich ganz besonders gern um jeden Besucher kümmerte, liebevoll ihre Nase unter die Teetasse schob, die sie in Händen hielten, was sie bei uns nie tat! Jedenfalls war sie bei unseren Besuchern nicht besonders beliebt. Ebenso wenig gern gesehen ist es, wenn ein riesiger Irish Wolfhound Freundschaft aufzubauen sucht, indem er seine Nase unter den Rock einer Dame schiebt. Glücklicherweise lernen die meisten Hunde von selbst »Pfötchen zu geben« - übrigens die gleiche Handlung, die sie ihrer Mutter gegenüber ausübten. Man kann es den Hunden auch leicht beibringen. Dies ist ein guter Ersatz für das mit der Nase Anstoßen. Und der Hund ist fröhlich, weil er nicht für etwas bestraft wird, was für ihn eine freundliche Geste ist - und auch die Besucher fühlen sich mit Sicherheit viel wohler.

Für den Hund kann es sehr unfreundlich und frustrierend wirken, wenn wir versuchen, alle seine freundlichen Gesten, sein Vergnügen, die Rudelmitglieder willkommen zu heißen, zu stoppen. Ein anderer Fall liegt vor, wenn er Sie bei der Rückkehr von der Arbeit anspringt und Sie ihn dann einfach anschreien. Er weiß bestimmt nicht warum. Lehren Sie ihn sich zu setzen, stattdessen Pfötchen zu geben - und Sie werden sich beide wohl fühlen. Einige Hunde bestehen darauf, Ihre Hände oder Ihr Gesicht zu lecken, wenn sie es irgendwie zu erreichen vermögen. Obgleich einige Hundebesitzer das *Küssen* ermuntern, sind andere - wir eingeschlossen - darüber nicht übertrieben begeistert. Was aber den Hund angeht, versucht er nur, seine Zuneigung auszudrücken. Dies bedeutet, dass Sie sich nicht über ihn ärgern sollten, denn er glaubt, völlig richtig zu handeln. Stattdessen sollten Sie, wenn er die Hand leckt, sie ihm einfach entziehen, beim Gesicht lecken den Kopf abwenden, begleitet von einem gleich-

Der Welpe berührt seine Mutter, um Aufmerksamkeit zu wecken.

Der ausgewachsene Hund zeigt dasselbe Verhalten, um Aufmerksamkeit bei seinem Besitzer zu finden.

zeitigen festen »Nein«! Wenn er auf gleiche Art einen anderen Hund begrüßt, dieser jedoch dann genug hat, ignoriert er ihn einfach, wobei keine schmerzlichen Gefühle entstehen. Je nach Gewöhnung kann Berührung dazu beitragen, einen Hund zu beruhigen, ihn zu ermuntern, ihn aufzufordern, Freundschaft zu schließen und so fort. Es ist bewiesen, dass Massage dazu beiträgt, einen Hund körperlich wie seelisch fit zu halten. Einige Tierschutzvereine haben Mitarbeiter, die in der Tellington Touch Technik ausgebildet sind. Sie haben festgestellt, dass sie hilft, aggressive oder verwirrte Tierheimhunde schneller zu beruhigen.

Außer verbaler Warnungen kann man bei notwendigen Korrekturen auf gleiche Art vorgehen, wie der Hund es von seiner Mutter als Welpe gewohnt ist. Entweder fasst man ihn beidseits der Halskrause, starrt ihm direkt ins Auge und schüttelt ihn, oder man fast ihn rund um den Fang und drückt ihn für wenige Sekunden gegen den Boden.

Hunde sind wie wir in ihrer Veranlagung recht unterschiedlich, einige sind Berührungen gegenüber empfindlicher als andere. Beispielsweise wird ein Whippet empfindlicher sein als ein Staffordshire Bull Terrier. Berührung ist ein sehr wichtiger Sinn des Hundes, man darf ihn, solange er die Regeln beachtet, nicht der Chance berauben, mit anderen Hunden und Menschen zu kommunizieren.

AUSSERSINNLICHE WAHRNEHMUNGEN

Es gab schon immer viele Streitgespräche, ob Hunde über psychische Kräfte, außersinnliche Wahrnehmungen, einen sechsten Sinn, Vorausschau besitzen oder nicht, wie immer man dies nennen mag. Aber selbst die Skeptiker mussten zugeben, dass es bei Hunden Handlungen gibt, die für die Menschen unverständlich sind.

Wie beispielsweise erklären Sie sich die Geschichte eines Foxhound Rudels im West Country, die in ihrem Zwinger *zu singen begannen*, als der Sarg ihres verstorbenen Masters auf dem Friedhof, mehrere Meilen entfernt, ins Grab gesenkt wurde? Dann gab es den amerikanischen Diensthund, der mit seinem Führer auf dem Luftweg zu einer Aufklärungsmission in den Dschungel geflogen wurde. Als die Mission beendet war, wurden die Menschen auf dem Luftweg wieder ausgeflogen, aber der Hund musste zurückbleiben. Niemand erwartete, ihn je wieder zu sehen, aber nach drei Tagen fand man ihn schlafend in der Koje seines Herrn. Er hatte über 30 Meilen einen vom Feind besetzten, unbekannten Dschungel durchquert, um hierher zu kommen. Wie? Wir werden es nie wissen!

Mary arbeitete einmal in einer Tierpension nahe South Down im Süden Englands. In ihrer Freizeit pflegte sie mit mehreren Hunden auf den *Downs* zu laufen, wo es eine prähistorische Figur aus Kalk gab. Keiner der Hunde wagte es je, eine Pfote auf diese Figur zu setzen. Es gibt viele Geschichten über Hunde, die während des Ersten Weltkriegs mit Eisenbahn und Schiff von England nach Frankreich kamen, ihren Weg zu ihrem Herrn in seiner Einheit in der vordersten Linie fanden. Diese Hunde waren im Zwinger oder Hof fest eingeschlossen, als ihr Herr sie verließ, und sie zogen über viele Meilen, ehe sie an die Küste kamen. Während des letzten Krieges hatten viele Air Force Piloten ihre Hunde bei sich im Camp. Diese Hunde warteten in der Regel geduldig, bis die Flugzeuge zurückkamen. Und lange, ehe das Radar die zurückkehrenden Flugzeuge erfasste, liefen die Hunde hinaus, um sie zu begrüßen. Wurde aber ein Flugzeug über Deutschland oder Frankreich abgeschossen, blieb der Hund, dessen Herr das Flugzeug geflogen hatte, häufig hinten zurück.

Sandra Stone, Begründerin der Organisation *Children in Hospital* und *Animal Therapy Association (CHATA)* erzählte uns, wie ein sehr übermütiger Labrador, ein eingetragener CHATA-Hund, in aller Regel stürmisch und wild mit einem gesunden Kind spielte. Brachte man den gleichen Hund aber zu einem ernsthaft erkrankten Kind, hob er vorsichtig eine Pfote, begrüßte das Kind sehr freundlich und legte seinen Kopf auf das Bett. Die *Support Dogs Charity* hat festgestellt, dass eine Reihe von Hunden etwa eine halbe Stunde im Voraus einen Epilepsieanfall erkennt, noch ehe er eintritt. Diese Hunde können dazu erzogen werden, ihren Besitzer rechtzeitig zu warnen, damit Gegenmaßnahmen getroffen werden können. Wie die Hunde dies tun, ist völlig unbekannt, natürlich gibt es verschiedene Theorien.

Die meisten Hundebesitzer können über ihre Tiere Geschichten erzählen, die Rückschlüsse auf ein logisches Denken erlauben. Sie wissen, dass Hunde sehr empfindsam auf menschliche Stimmen reagieren. Kommt es zu einem Streit in der Familie - zum Beispiel mit einem aufsässigen Teenager, wegen Scheidung, Arbeitslosigkeit - können beim Hund Verhaltensstörungen auftreten. Er weiß, etwas ist nicht in Ordnung, aber er vermag nicht zu verstehen, was es ist. Und alle sind viel zu beschäftigt, versuchen die Dinge zu bewältigen, dabei kümmert sich keiner um ihn, was ihn sehr verwirrt. Viele Dinge, die Hunde tun und die ihre Besitzer nicht verstehen, sind keine Folge außersinnlicher Wahrnehmungen, sondern vielmehr die intensive Beobachtung unserer Stimmungen und Handlungen. Obgleich wir unsere Hunde nie vollständig verstehen werden, können wir uns zumindest bewusst machen, wie empfindsam sie sind und ihnen gewisse Zugeständnisse einräumen, wenn unser irrationales Verhalten sie verwirrt.

Kapitel 2
ÜBERWINDEN TRENNENDER GRÄBEN

Kommunikation ist eine wichtige Grundlage zum Aufbau von Beziehungen, dies gilt genauso für die Tierwelt wie für uns Menschen. Wir verfügen über ein komplexes System verbaler Kommunikation, sind aber weniger abhängig von subtileren Formen, wie beispielsweise das Lesen der Körpersprache und des Gesichtsausdrucks, was bei Tieren als eigene Form der Signalsprache verwendet wird. Um die Gräben zu überwinden, mit unseren Hunden kommunizieren zu können, brauchen wir subtilere Wege der Ansprache und kommen dadurch zu einer gemeinsamen Grundlage.

KÖRPERSPRACHE

Der Hund ist nicht nur ein Experte beim Einsatz der Körpersprache, er ist auch intelligent genug, die Körpersprache anderer Arten, einschließlich des Menschen, korrekt zu lesen. Wenn wir lernen könnten, seine Körpersprache genauso gut zu interpretieren wie er die unsrige, gäbe es viel weniger Missverständnisse. Seine Mutter beginnt schon im Wurflager, ihn die Körpersprache zu lehren und hoffentlich setzt sein Besitzer diese gute Arbeit fort, gestattet ihm, sich mit anderen Welpen und erwachsenen Hunden zu sozialisieren. Es ist äußerst wichtig, dass er als Welpe wie Junghund lernt, sich in der Gesellschaft anderer Hunde richtig zu benehmen.

Körpersprache ist ein Zwei-Wege-System. Wir müssen unseren eigenen Hund sorgfältig beobachten, uns nachhaltig zu verstehen

Ein Welpe lernt schnell, dass man eine Katze mit gesträubtem Fell am besten in Ruhe lässt.

Fotos: Steve Nash.

bemühen, was er uns zu sagen versucht. Er hat wenig Schwierigkeiten, die Körpersprache anderer Haustiere zu verstehen, aber der Mensch scheint ihn häufig zu verwirren. Unverändert ist der Hund ein Beutegreifer, schon deshalb muss er schnell verstehen, was seine Beute als Nächstes vor hat. Jeder der ein Rudel von Wölfen oder wilden Hunden auf der Jagd beobachtet, wird schnell feststellen, dass sie ihr Beutetier mit großer Sorgfalt auslesen, niemals angreifen, ehe sich nicht der richtige Augenblick ergibt, und dann als Team arbeiten, um wirklich die Beute zu erlegen. Wären sie hierzu nicht in der Lage, würden sie verhungern.

Unsere eigenen Hunde werden immer mit verschiedenen anderen Tieren aufgezogen. Sie wissen, dass sie das Schaf in Ruhe lassen müssen, haben die Mutterschafe ihre Lämmer, gehen sie ihnen aus dem Weg. Ein altes Mutterschaf, das dem Junghund durchaus gestattet haben mag, auf der Wiese umherzuwandern, ist mit eigenen Lämmern ein völlig anderes Tier. Der Hund braucht wenig Zeit, um dies herauszufinden. Ein starrer Blick, stampfende Vorderläufe und drohende Körperhaltung, das alles übermittelt die Botschaft »Kein Zugang!«.

Die meisten unserer Ponys sind mit Hunden verträglich, nur eines davon liebt es, einen neugierigen Hund zu treten. Und wiederum in erstaunlich kurzer Zeit wissen unsere Hunde, welchem Pony sie am besten aus dem Weg gehen. Katzen haben in kürzester Zeit Kontrolle über die Hunde. Wenn ein Welpe sich daran macht, dieses pelzige Tier zu erforschen, lernt er schnell, dass man einer Katze mit gesträubtem Fell und ausgefahrenen Krallen am besten aus dem Weg geht.

Wenn auch heute die Sinne unserer Hunde nicht mehr so scharf sind wie die des Wolfes, so sind sie dennoch viel ausgeprägter als unsere eigenen. Die geringste Veränderung im Gesichtsausdruck - ein Lächeln, hochgezogene Augenbrauen, Drohen oder Lachen in den Augen, Tränen, ein Grinsen, dies alles registriert der Hund sehr schnell. Nie übersieht er solche Anzeichen, und wenn wir nicht genau aufpassen, passiert es viel zu schnell, dass wir widersprüchliche Botschaften an ihn aussenden, nicht absichtlich, aber es reicht, um ihm nicht eindeutig zu vermitteln, was wir tatsächlich wollen.

Wird der Hund Teil einer Familie, entdeckt er durch verschiedene Ereignisse bald, dass die menschlichen Wesen nicht immer so klug sind, aber er entwickelt eine Art »Gefühlssinn« gegenüber seiner Familie. In aller Regel ist er sehr verstört, wenn er nichts Falsches getan hat, wir ihn aber anschreien, um unsere eigene Frustration zu überspielen, wenn wir etwas völlig Dummes getan haben. Manchmal schleicht er sich ohne Aufforderung auf den Sessel an die Seite seines Besitzers. Befindet dieser sich im Halbschlaf und murmelt sanft: »Runter«, nimmt er keine Notiz, rollt sich einfach ein. Hat er die Situation falsch beurteilt, genügt in der Regel ein Blick, damit er seine Meinung ändert. Er weiß genau, wenn wir traurig sind, und mancher Hundebesitzer, der weinend da sitzt, fühlt plötzlich eine kalte Nase, die sich in seine Hand bohrt oder eine Pfote, die voller Teilnahme sanft auf seinem Knie ruht. Kinder erleben häufig, dass der Familienhund ihnen viel länger wohlwollend zuhört als ein Erwachsener, dass der Hund ein Geschöpf ist, dem man zuverlässig alle Geheimnisse anvertrauen kann.

ERKENNEN DER ZEICHEN

Oft bitten uns Hundebesitzer um Rat über ihre Hunde, viele von ihnen sagen:»Ich weiß überhaupt nicht, warum er es tat - es gab gar keinen Grund für ihn!« Es gibt aber immer einen Grund. Wenn sich der Besitzer entschließt, genau zurückzudenken, wird dieser Grund auch in aller Regel gefunden. Entweder hat der Besitzer nicht erkannt, dass der Hund ihn warnte, oder er übermittelte ihm ein wirres Signal oder manchmal auch ein völlig falsches. Wenn Ihr Hund etwas völlig Unerwartetes oder Untypisches tut, müssen Sie unbedingt erforschen, warum.

Viele Dinge, die wir unseren Hunden nie beibringen, lernen sie aus Erfahrung. Mary liest abends häufig ein Buch, ist es Zeit um zu Bett zu gehen, legt sie das Buch hin und nimmt ihre Brille ab. Sofort stehen unsere Hunde auf, laufen zur Tür, bereit zum letzten Spaziergang, das alles, ohne dass ein einziges Wort gesprochen wird. Wenn wir Veränderungen nur auch so schnell erkennen würden, das Leben würde für unsere Hunde sehr viel einfacher.

Obgleich die meisten Verhaltenssignale für alle Hunde die gleichen sind, haben einige Hunderassen, durch den Menschen *gestaltet*, Schwierigkeiten, sich so auszudrücken, wie sie es gerne möchten. Ein Old English Sheepdog könnte verunsichert, unterwürfig oder dominant ausschauen, aber wie können wir seine Augen oder seine Körperhaltung bei all dem Haar entdecken, wie sollen wir es sehen? Ein Bloodhound könnte ein plötzliches Geräusch hören, anhalten und aufmerksam um sich schauen - kann er das? Seine Ohren sind viel zu lang und schwer, um angehoben zu werden. Hunde mit kurzen Ruten, bei einigen Rassen nur Stummel, können zwar mit ihrem ganzen Hinterteil wackeln, es ist aber bestimmt nicht das Gleiche wie eine Rute, mit der sie ihre Gefühle ausdrücken können. Eine Rute kann hoch oder tief getragen werden, steif oder schlapp, langsam wedeln, schneller werden, ganz schnell wedeln - so viele Signale aussenden, wozu ein rutenloser Hund wirklich nicht in der Lage ist.

Körperhaltung und Ausdruck spiegeln die Gefühle des Hundes. Dieser Hund zeigt sich positiv und fröhlich, weil er gelobt wird.

Niedergeschlagen und verloren, der Hund erhält gerade eine Ermahnung.

Ein Hund hat keine Moral. Wer immer sagt, sein Hund zeige Schuldgefühl - was viele Hundebesitzer behaupten - irrt sich. Nehmen wir an, als der Besitzer das letzte Mal nach Hause kam, entdeckte er, dass sein Hund seine Pantoffeln angekaut hatte. Wenn aber niemand dem Hund beigebracht hat, Pantoffeln nicht anzukauen, wie sollte man erwarten, dass er weiß, dass dies falsch war? Der Hund lief dem Besitzer mit den Überresten der Pantoffel im Fang entgegen. Was geschah dann? Höchstwahrscheinlich schrie ihn der Besitzer an, schüttelte ihn durch, gab ihm einen Klaps und sperrte ihn nach draußen in den Garten.

Alles was der arme Hund wollte war, seinen Besitzer willkommen zu heißen. Also was passiert, wenn der Besitzer das nächste Mal nach Hause kommt? Ob der Hund etwas angekaut hat oder nicht, er zeigt Unterwürfigkeit und Furcht - aber kein Schuldgefühl. Er hört den Schlüssel in der Wohnungstür, läuft möglicherweise weg und versteckt sich oder kriecht dem Besitzer auf dem Bauch entgegen, die Ohren zurückgelegt, manchmal noch gleichzeitig urinierend. Und dadurch kommt er noch in größere Schwierigkeiten, obgleich er doch nur versucht, seine Unterwerfung zu demonstrieren. Dies ist die typische Haltung eines Hundes, der nicht weiß, warum er bestraft wurde.

Ein Hund sollte nur bestraft werden, wenn er weiß, dass er etwas falsch gemacht hat. Wird ein Hund wegen Fehlverhaltens fair korrigiert, wird er sich in aller Regel seinem Besitzer nach kurzer Zeit annähern, um die Ordnung wieder herzustellen. Er nähert sich mit einem unsicheren Blick in den Augen, aber mit erhobenem Kopf, wahrscheinlich leichtem Rutenwedeln. Möglicherweise nimmt er die Hand seines Besitzers in den Fang oder bietet ein Pfötchen an. Nie sollte ein Hund aus Furcht gehorsam sein müssen. Wurde der Hund richtig aufgezogen, hat er Disziplin erlernt, kann er verstehen, warum er korrigiert wird und wird dies auch akzeptieren.

Obgleich Hunde nicht auf die gleiche Art wie wir denken und reagieren, haben wir keinen Zweifel, dass viele Hunde denken und auch für sich selbst Handlungen ausarbeiten. Direkt nach der Geburt beginnen sie aus Erfahrung zu lernen, nicht durch formalen Unterricht. Sie lernen, dass eine bestimmte Handlung eine Belohnung bringt, es sich lohnt, sie zu wiederholen, bei einer anderen Handlung, wie der Berührung eines Elektrozauns, etwas Unangenehmes damit verbunden ist.

Wir haben auf den Feldern, wo unsere Schafe weiden, Elektrozäune. Ganz ohne unsere Hilfe haben die Hunde nicht nur gelernt, dass es unklug ist, den Zaun zu berühren, sie lernten auch, dass wenn der Zaun nicht »tickt«, er keinen »Biss« hat.

Ein anderes Beispiel des Kommunikationsverständnisses zwischen Welpen und Menschen ergab sich, als wir ein Mädchen zur Hilfe in unserem Zwinger hatten. John verstand überhaupt nicht, warum ein ganzer Wurf Corgi Welpen in seinen Zwinger lief, wenn wir sie mit Hilfe von Futter lockten.

Eines Tages beobachtete er, dass dieses Mädchen sie vom anderen Ende eines langen Auslaufes rief. Und während sie rief, ging sie auf sie zu, wobei die Welpen alle da saßen und auf sie warteten. Sie nahm sie dann nacheinander hoch, trug sie zurück in ihren Zwinger und ohne es zu wissen, hatte sie ihnen beigebracht, dass gerufen werden bedeutete: »Setz dich und warte auf mich.«

AGGRESSION UND DOMINANZ

Oft werden Aggression und Dominanz verwechselt. Ein dominanter Hund hat volles Selbstvertrauen, er braucht nicht aggressiv zu sein. John besaß einmal von der Royal Air Force eine pensionierte Deutsche Schäferhündin, die auf Angriff ausgebildet war. Ihr Name war Agate, und sie hatte zuvor bei einer recht vernünftigen Familie gelebt, wo sie viel

Ein Grollen und ein offenes Anstarren.

Der Fang ist geöffnet, zeigt entblößte Zähne, die Ohren stehen aufrecht.

Angespannt und drohend, die Zähne entblößt, Fangwinkel nach vorne gezogen.

Freude am Spiel mit den Kindern hatte, die sie liebten. Bedauerlicherweise musste die Familie umziehen, konnte sie nicht mitnehmen,
was sowohl der Familie, als auch der Hündin sehr zu schaffen machte. Sie
fand aber bei uns ein gutes Leben, und wir setzten sie bei der
Demonstration von Polizeihundearbeit ein. John nahm sie überall mit,
und mehr als einmal, als er an der Bushaltestelle wartete, kam jemand aus
der Nachbarschaft vorbei und fragte: »Ist denn dieser Hund harmlos?«
Die Antwort lautete immer, das sei sie, solange niemand ihren Besitzer
bedrohe. Aber Agate hatte sich angewöhnt, Fremde mit ihren Augen zu
fixieren, stand da und starrte sie an, wodurch diese sich immer etwas
bedroht fühlten. Sie hätte aber ohne Provokation niemals gebissen, war
mit Sicherheit nicht aggressiv.

Ein weiteres gutes Beispiel von Dominanz war ein Maremma Hütehund namens Jason, den wir einmal hatten. Zu dieser Zeit lebte bei uns
ein gemischtes Rudel, das wir für Film- und Fernseharbeiten einsetzten.
John war nach London zu Filmarbeiten gereist, hatte Jason und den
winzigen Papillon namens Tiggy mitgenommen und lief mit ihnen durch
den Hyde Park. Tiggy war ziemlich weit voraus gelaufen, als ein großer,
brauner Standard Pudel auf sie zukam. Sie geriet in Panik und lief
Richtung John zurück. Jason - unser unumstrittener Rudelführer zu
Hause - rannte sofort nach vorn und Tiggy lief hinter ihn. Jason hielt
einfach an, stand still, er war ein großer, imponierender Hund, reckte sich
zur vollen Körpergröße, streckte Kopf und Rute und starrte den Pudel an.
Der Pudel blieb stehen, nach und nach senkten sich seine Augen und
seine Rute, er versuchte, sich so klein wie möglich zu machen, drehte
dann langsam ab und machte sich aus dem Staub. Kein Knurren, kein
Bellen - einfach nur ein dominanter Hund, der die richtige Körpersprache
einsetzte um zu sagen: »Lass sie in Ruhe oder ...!« In der Regel wollen
Hunde keinen Kampf. In der Wildnis wird, wann immer möglich, eine
Konfrontation vermieden. Kämpfen schwächt das Rudel. Hätte aber der
Pudel die Körpersprache von Jason missverstanden, hätten die Folgen
ganz anders ausgesehen.

NERVOSITÄT UND SCHEU

Eine natürliche Zurückhaltung, die man häufig bei einigen Rassen und
einigen Einzeltieren beobachtet, wird sehr oft mit Nervosität verwechselt, obgleich es sich um etwas ganz anderes handelt. Ein Sprichwort
besagt, dass Hunde und Menschen sich oft sehr ähneln. Einige Menschen
sind vom Typ »Hallo Nachbar, freue mich dich zu sehen«, andere sind
reservierter, brauchen lange, ehe sie Freundschaft schließen. Hunde
verhalten sich genauso.

Ein nervöser Hund kann auf verschiedene Art reagieren. Angeleint und nicht in der Lage, der erkennbaren Bedrohung zu entfliehen, könnte sich der Hund am Boden kauern, hinter dem Besitzer verstecken, die Rute eingeklemmt, Ohren zurückgelegt, manchmal sogar wimmernd oder urinierend, wenn er echte Angst hat. Zeigt er zu Hause Ängstlichkeit vor Fremden, wird er wahrscheinlich hysterisch kläffen und bellen, nähert man sich ihm, stürzt er sich

Der Kopf ist gesenkt, die Ohren flach zurückgelegt.

in die nächstgelegene Deckung und harrt dort, wimmernd oder nervös knurrend aus. In dieser Situation wird er sich von keinem berühren lassen. Holt man ihn aus der Ecke, könnte er durchaus aus Angst zubeißen.

Ein reservierter Hund, der richtig sozialisiert wurde, verhält sich völlig anders. Er nähert sich ungern einem Fremden, gestattet ihm aber in aller Regel ihn zu streicheln, zeigt darauf aber keine Reaktion. Am liebsten möchte er allein gelassen werden und ignoriert oft Menschen, die er nicht kennt. Wir hatten einmal einen Saluki namens Fahmi, er gehörte zu unserem Demonstrationsteam und war ein fantastischer Springer. Lärm, Verkehr, Gruppen, Menschenmengen, sie alle beunruhigten ihn nie. Er war bereit, Mary überallhin unangeleint zu folgen, wenn notwendig auch mitten über einen Jahrmarkt. Wenn Menschen die Hand

Fangwinkel und Lefzen sind zurückgezogen.

In einem Welpenwurf findet man häufig verschiedene Charaktere. Der mutigere Welpe wird als Erster herankommen, während der furchtsame zurückbleibt.

ausstreckten, um ihn zu streicheln - er war ein sehr hübscher Hund - lief er einfach weiter. Wenn jemand Mary ansprach und versuchte, ihn zu berühren, pflegte er einfach zur Seite zu treten und den Fremden zu ignorieren. Nahezu jedermann, der mit diesem Hund zusammentraf, erklärte, wie schade es sei, dass er so nervös wäre. Aber Fahmi war nie in irgendeiner Weise nervös, es war aber immer schwierig, dies Menschen zu erklären.

Es ist sehr unwahrscheinlich, dass der reservierte Hund beißt, während der nervöse Hund nur manchmal einen Ausweg hat. Für ihn sind Fremde eine Bedrohung und er warnt sie, ihn in Ruhe zu lassen. Es gibt aber immer wieder so genannte Hundeexperten, die glauben, nicht gebissen zu werden. Wenn ein solcher Experte sich dem nervösen Hund nähert, warnt dieser ihn mehrfach, ihn nicht zu berühren. Wird der Sicherheitsabstand daraufhin unterschritten, wird er unweigerlich zubeißen. Dies ist eine Handlung, die ihn in unserer heutigen Welt der

Hundefeindlichkeit leicht das Leben kosten könnte, wobei er lediglich versucht hat, seine Haltung und Absichten klar zu machen.

Einige Hunde, in aller Regel die unterwürfigen, scheinen zu *grinsen*, indem sie ihre Lefzen zurückziehen, man könnte dies als eine Art Verlegenheit bezeichnen. Dies ist in der Regel der Fall, wenn dieser Hund beim Spielen einen Freund trifft oder wenn der Hund nicht ganz sicher ist, ob er das Richtige getan hat. Findet er erst heraus, dass diese Geste seinen Besitzer amüsiert, macht er sie häufiger, manchmal sogar auf Kommando. Viele Menschen aber denken, er knurre, behaupten von ihm, er sei bösartig.

INTELLIGENZ

Keine der hundlichen Eigenschaften wird so häufig missverstanden wie seine Intelligenz. Allgemein betrachtet man einen Hund, der das tut, was sein Besitzer wünscht, als intelligent, tut er es nicht, ist er dumm! In Wirklichkeit haben sich Hundebesitzer, die so denken, überhaupt nicht um die Ausbildung ihres Hundes gekümmert, es versäumt, ihrem Hund das beizubringen, was sie von ihm möchten. Sie sind jedoch einfach zu stupide, um dies zu erkennen!

Der Wolf ist ein äußerst intelligentes Tier. Er gebraucht seine Intelligenz für zwei Ziele - Futter ausfindig zu machen und zu jagen - und der Gefangennahme oder Tötung durch seine Feinde zu entkommen. Der Hund hat ein hohes Maß an Intelligenz geerbt, es wird aber allgemein nicht erkannt, dass auch er seine Intelligenz für zwei

Konventionelle Unterordnungsarbeit lässt sich mit dem Armeedrill vergleichen, ist jedoch keinesfalls ein Weg zu einem intelligenten Hund. Foto: Steve Nash.

Intelligenz ist nicht einfach zu erkennen. Handelt es sich hier um Intelligenz oder Training?

Foto: Arthur Sidey.

Hauptaufgaben einsetzt - erlernen, was sein Besitzer versucht ihm beizubringen - und Wege zu finden, um sich den Wünschen seines Besitzers zu entziehen. Hohe Intelligenz macht einen Hund nicht immer leicht erziehbar. Viele *Problemhunde* sind äußerst intelligent, selbst wenn man das Gleiche nicht unbedingt auch von ihren Besitzern sagen kann! Intelligenz ist schwierig festzustellen, insbesondere wenn man einem Hund zum ersten Mal begegnet. Wissenschaftler führen alle Arten von Tests durch, um den Intelligenzquotient (IQ) der verschiedenen Hunde zu ermitteln. Solche Tests werden im Allgemeinen unter künstlichen und kontrollierten Verhältnissen durchgeführt, ihre Ergebnisse sind deshalb nicht immer auf Hunde übertragbar, die unter normalen Verhältnissen leben.

Manchmal trifft man in Magazinen und Tageszeitungen auf abgedruckte Tabellen, welche im Vergleich die angebliche Intelligenz verschiedener Hunderassen zeigen. Eine dieser Tabellen, auf die wir gestoßen sind, wurde von einem Ausbilder für Unterordnungstraining zusammengestellt. Grundlage seiner Erkenntnisse waren die Siege der einzelnen Hunderassen bei Wettbewerben - mit Sicherheit dokumentiert dies keine Intelligenz des Autors. An der Spitze der Liste stand der Border Collie, an letzter Stelle der Afghane. Wir fragen uns, wie viele Afghanen er eigentlich für diesen Überblick studiert hat? Unterordnungswettbewerbe testen nicht die Intelligenz eines Hundes, getestet wird vielmehr seine Bereitschaft, bestimmten einfachen Kommandos zu gehorchen. Mit Ausnahme des Apportierens und der Geruchsunterscheidung sind alle Unterordnungsübungen negativ. Einem Hund beizubringen, bei Fuß zu gehen, in Position Sitz oder Platz zu bleiben, bedeutet in Wirklichkeit, ihn zu lehren, nicht wegzulaufen und sich seiner Freiheit zu erfreuen. Die Standard-Unterordnungsübungen lassen sich mit dem Kasernenhofdrill der Armee vergleichen - diese sind wichtig, wenn Menschen sofort und genau auf eine breite Skala von Kommandos zu reagieren haben. Es gibt aber glücklicherweise nur wenige, die behaupten, dass der beste Mann auf einem Paradeplatz automatisch auch der beste Soldat im Kampf wäre.

Von den hunderten von Hunden, die wir über die letzten fünfzig Jahre im eigenen Besitz hatten, ragen zwei in unserem Gedächtnis als am wenigsten intelligent heraus. Beides waren Border Collie Hündinnen, und beide waren hervorragende Hütehunde, hatten auf Prüfungen gewonnen. Auf der anderen Seite war einer der intelligentesten Hunde unser Saluki Fahmi. Er hatte keinerlei Ehrgeiz Obedience Champion zu werden, allerdings versäumte er seine Qualifikation als Companion Dog auf einer Arbeitsprüfung nur um einen einzigen Punkt. An sonnigen Tagen pflegte Fahmi seine Zwingerdecke hinaus in den Zwingerauslauf zu tragen und legte sich darauf nieder. Und genau das ist es, was wir als Intelligenz bezeichnen. Man hat ihn dies nie gelehrt, noch konnte er es bei irgendeinem anderen Hund beobachten - alles tat er allein nach eigener Vorstellung. Daraus ergibt sich einmal wieder die Frage, ob Hunde in der Lage sind zu denken, ein Thema, zu dem es sehr viele Argumente gibt. Fand Fahmi zufällig heraus, dass, wenn er die Unterlage aus dem Zwinger trug, es für ihn viel bequemer wurde, als sich auf den blanken Beton zu legen oder sagte er zu sich selbst, dass der Beton sehr viel behaglicher werde, wenn er das Tuch mit nach draußen nehme und sich darauf lege? Wir glauben, er dachte nach - in bestimmtem Umfang, aber es wird sicherlich Wissenschaftler geben die behaupten, dies alles wäre rein zufällig. Auch wenn es nur zufällig war, dokumentiert es trotzdem hohe Intelligenz, denn er wiederholte diese Handlung wann immer ein warmer, sonniger Tag war.

Neben den zwei außerordentlich törichten Border Collies, die ich schon erwähnte, hatten wir andere Hunde der gleichen Rasse, die eine recht bemerkenswerte Intelligenz zeigten. Einer davon war Floss, Johns Hund, als er noch als Schäfer und Betreuer von Rindern auf der Farm seines Vaters arbeitete. Eines Tages sah er ein Schaf mit Lamm am anderen Ende eines Feldes von 40 Acre. Mutterschafe mit kleinen Lämmern lassen sich selten von Hunden treiben. John dachte aber, er wollte Floss einfach eine Chance geben, ehe er den ganzen Weg auf sich nahm, um sich zu vergewissern, dass alles in Ordnung ist. So schickte er Floss los, die rund um das Schaf rannte und hinter ihm anhielt. Auf Kommando marschierte sie dann los, ständig das Schaf fixierend (eyeing). Schafe bewegen sich bei einigen Hunden bereitwilliger als bei anderen. Hierbei handelt es sich um die anerkannte Kraft (power) - wie man es in Hütehundkreisen bezeichnet - und Floss war reichlich damit gesegnet. Das Schaf stampfte mit den Läufen, schnaubte verächtlich und weigerte sich zu bewegen. Da unternahm Floss etwas, was sie nie zuvor in ihrem Leben getan hatte - sie verbellte das Schaf, was wiederum auslöste, dass das Schaf seinen Kopf nach unten richtete, den Hund attackierte, der ausweichend weglief. Floss hielt an und bellte erneut das Schaf an, das sie wiederum attackierte. Selbstverständlich führte Floss das Schaf weg von der Stelle, an der John stand. Bald sah es so aus, als ob ein noch weiterer Weg gegenüber dem Ausgangspunkt bevorstände.

Aber plötzlich änderte Floss ihre Taktik, so dass sie sich immer zwischen dem Schaf und ihrem Boss bewegte. Sie setzte das Bellen fort, lief weg, aber diesmal führte sie das Schaf in die richtige Richtung. Nach und nach erreichten sie John. Zu diesem Zeitpunkt war das Schaf so wild, dass es kaum noch Notiz davon nahm, dass er da stand. Er brauchte sich nur zu bücken und fasste es beim Horn.

Hier haben wir einen Hund mit sehr starkem Hüteinstinkt, das Schaf zu seinem Führer zu bringen. Ihre Ausbildung war darauf ausgerichtet, diesen Instinkt noch zu verstärken. Aber Floss ließ alle Ausbildung und ihren Instinkt beiseite. Anstatt das Schaf zu treiben, gestattete sie, dass das Schaf sie in die Richtung jagte, in der sie es haben wollte. Als Lamm und Schaf Floss gegenüber standen, versuchte sie gar nicht, beide in gewöhnlicher Art zu treiben - sie reizte sie durch Bellen und führte Schaf und Lamm in die Richtung, die sie wollte.

Es besteht wenig Zweifel, dass Floss aus Ärger das Schaf anzubellen begann. Die Frage lautet, arbeitete sie eine Alternativmethode aus, um das Schaf in die gewollte Richtung zu bekommen, obgleich dies völlig im Widerspruch zu Hüteinstinkt und Ausbildung stand? Floss konnte für die meisten Aufgaben, die man von einem Hund verlangen kann, ausgebildet werden. Aber natürlich konnte sie nicht sprechen und es uns somit auch nicht erklären. Wir glauben, dass Floss und Fahmi nachdachten - in gewissem Umfange - aber es gibt unverändert jene, die dem nicht zustimmen. In einer Hinsicht jedoch fühlen wir uns bestätigt. Es gibt nur eine kleine Minderheit von Hunden, die zu einem derartigen Verhalten in der Lage sind. Viele Hunde, deren Besitzer sich einbilden, ihr Hund könnte denken, werden dadurch sehr verwirrt, weshalb all unsere Ausbildung auf der Annahme aufgebaut werden muss, dass Hunde nicht denken, selbst wenn wir uns - manchmal - sicher sind, dass sie es dennoch tun.

INTERPRETATION VON KLANG

Wir wissen, dass Hunde untereinander und mit anderen Arten kommunizieren, indem sie Körpersprache und Stimme nutzen. Wie wir selbst stimmlich mit unseren Hunden kommunizieren, kann große Unterschiede bewirken in der Beziehung, die wir mit ihnen haben.

Das hundliche Hörvermögen ist sehr genau, weshalb sehr selten die Notwendigkeit besteht zu schreien. Wenn Sie es sich zur Gewohnheit machen ruhig zu sprechen, können Sie im Notfall Ihre Stimme anheben und dadurch die Aufmerksamkeit Ihres Hundes erlangen. Wenn Sie dagegen den ganzen Tag mit ihm herumschreien, wird er sich einfach an diesen Lärm gewöhnen.

Einige Trainer nutzen so genannte »lautlose Hundepfeifen«. Sie arbeiten in einem sehr hohen Frequenzbereich, und wir haben festgestellt, dass Hunde mit empfindlichem Gehör hierdurch leicht erregt und verwirrt werden. Wir besaßen einmal eine Border Collie Hündin, die uns beim Erklingen der Pfeife den Eindruck vermittelte, dass dieser hochtönige Lärm ihren Ohren wehtat.

Worte kümmern einen Hund überhaupt nicht - aber Klänge tun es. Es ist genauso einfach, einem Hund beizubringen sich hinzulegen, indem man das Wort »Steh« benutzt oder durch Pfeifton, als durch das Kommando »Platz«. Hundebesitzer die glauben, dass ihr Hund jedes Wort, das sie sprechen, verstehen, irren - der Hund versteht ausschließlich den Ton, den sie auslösen, ihren persönlichen Stimmklang.

Als Rudeltiere lieben Hunde es, an allen Aktivitäten ihres eigenen *Familienrudels* teilzunehmen. Wenn beispielsweise Kinder umherrennen, mit dem Ball spielen und schreien, wird sich der Hund höchstwahrscheinlich nur zu gerne daran beteiligen und erregt bellen. Das ist eine völlig natürliche Reaktion. Wenn Sie einen Spaziergang

Welpen lernen schnell, auf jeden Klang zu reagieren, wenn dies mit einer Belohnung verbunden ist.

Foto: Sally Anne Thompson.

Der Hütehund hat gelernt, auf einen anderen Klang zu achten, in diesem Fall den Klang der Pfeife.

Foto: Keith Allison.

unternehmen und während der Spielzeit an einem Schulsportplatz vorbeigehen, wird es dort sehr lebhaft zugehen. Wahrscheinlich wird Ihr Hund sich auch gerne diesem Spiel anschließen, was man ihm in solchen Fällen natürlich nicht erlauben darf. Wenn er zu bellen beginnt, dann schreien Sie ihn ja nicht an - er wird sonst nur denken, dass Sie seine Begeisterung teilen. Stattdessen sollten Sie ihm ganz ruhig sagen, sich still zu verhalten und mit ihm weitergehen. Beruhigt er sich nicht, sollten Sie auf alle Fälle weitergehen. Korrigieren Sie ihn wenn er bellt, loben Sie ihn wenn er sich ruhig verhält. Bald wird er es selbst leid sein!

Bei der Erziehung von Tieren kann man nahezu jeden Klang einsetzen. Eine moderne Methode ist der Einsatz des *Clicker*, eines kleinen, in der Hand gehaltenen Gerätes, das beim Daraufdrücken klickt und die Aufmerksamkeit des Hundes auf sich zieht. John kannte einmal einen sehr erfolgreichen Ausbilder und Wettbewerber in Unterordnungs-übungen, der mit gleicher Wirkung das Klappern mit einer Kette in der Tasche einsetzte. Tiere reagieren auf nahezu jeden Klang, den sie mit irgendetwas Angenehmem oder auch Unangenehmem verbinden. Delphine und Killerwale werden unter Einsatz von Clickern oder Pfeifen trainiert, Hühner auf das Klappern mit einem Eimer, Kühe laufen zum Tor wenn sie hören, dass der Traktor ihr Futter bringt. Und Fische haben gelernt, auf den Klang einer Glocke zur Oberfläche zu schwimmen. Unsere Schafe laufen zu den Futtertrögen wenn sie hören, dass die Futterkisten in der Scheune geöffnet werden. Sie mischen sich dabei fröhlich unter unsere Hunde, aber beim Klang eines fremden Bellens laufen sie schleunigst zum anderen Ende des Feldes.

Alle Hunde sollten den Klang ihres eigenen Namens mit etwas Angenehmem verbinden, denn sie reagieren auf einen Klang, den sie mit schlechten Erfahrungen verbinden, mit Angst. Wenn ein Hund zum Beispiel einmal in einen Verkehrsunfall verwickelt war, kann er sich vor dem Geräusch quietschender Bremsen fürchten. Unser eigener Chihuahua, in der Regel eine mutige kleine Hündin, wurde versehentlich einmal durch einen Sicherheitsgurtverschluss beim Freimachen am Kopf getroffen. Jetzt springt sie jedes Mal hoch, wenn der Gurt geöffnet wird und sie das Geräusch hört. Trainer von Schäferhunden benutzen häufig Pfeifen, da dieser Klang auf Distanz besser vernommen werden kann als die menschliche Stimme. Hinzu kommt, dass mit einem Hund, der an bestimmte Pfeifentöne gewöhnt ist, im Falle eines Besitzerwechsels leichter gearbeitet werden kann.

Fremde mit harten Stimmen, so freundlich sie es auch meinen, können nervöse Hunde in Furcht versetzen. Ein Mensch mit weicher, ruhiger Stimme schließt häufig mit dem gleichen Hund auf Anhieb Freundschaft.

Ein Hund - insbesondere ein dominantes Tier - der sich weigert, irgendeinem Familienmitglied zu gehorchen, das ihn »bittet« etwas zu tun, reagiert anders, wenn ein anderes Familienmitglied ihm in ganz festem Ton »sagt«, was gewünscht ist.

Hunde lieben es, wenn man mit ihnen spricht. Einige moderne Ausbildungsmethoden gebrauchen die menschliche Stimme über die Dauer des Ausbildungsprogrammes überhaupt nicht - das sehen wir als sehr fehlerhaft an. Hunde kommunizieren untereinander mit der Stimme. Um das Beste aus dem eigenen Hund zu machen, sind wir sicher, dass Sie mit ihm sprechen sollten - Sie werden beide Ihre Freude daran haben.

Kapitel 3
DER RUDELINSTINKT

Kein Tier kann erzogen werden, so viele verschiedene Aufgaben für den Menschen zu leisten wie der Hund. Man nimmt an, der Grund für diese hohe Ausbildungsfähigkeit sei eine überlegene Intelligenz des Hundes. Das ist aber nicht der Fall. In Wirklichkeit kann außergewöhnliche Intelligenz ihn in der Ausbildung sehr schwierig machen - manchmal ist dies der Fall - besonders wenn dies mit einem törichten Besitzer zusammenfällt!

DER RUDELFÜHRER

Die Hauskatze ist in jeder Faser ebenso intelligent wie ihr hundlicher Gegenspieler, trotzdem kann man ihr nicht beibringen, so viele Dinge zu leisten wie der Hund. Ursache hierfür ist, dass die Katze keinen Rudelinstinkt hat. Katzenliebhaber bevorzugen häufig Katzen gegenüber Hunden aufgrund ihrer Unabhängigkeit. Dies wiederum ist natürlich der Grund, warum sie so schwer erziehbar sind. Trotzdem kann man sie in sehr viel höherem Maße trainieren, als im Allgemeinen angenommen wird.

In der freien Wildbahn leben Hunde in gut organisierten Rudeln mit einer klar abgegrenzten Hierarchie, an deren Spitze der Führer steht. Katzen wiederum sind in der Regel Einzelgänger. Einer dominanten Katze in einer Gruppe gehorchen die anderen nicht - sie gehen ihr vielmehr aus dem Weg.

Glücklicherweise ist der Hund bereit, ja sogar bestrebt, einen Menschen als Rudelführer zu akzeptieren. An dieser Stelle lohnt es sich darauf hinzuweisen, dass keine der zahlreichen Aufgaben, welche Hunde so

Hunde lieben es, ihren Besitzern auf vielerlei Art zu helfen.
Foto: Brian McGovern.

sorgfältig ausführen, ohne Hilfe des menschlichen Führers erfolgt. Deshalb müssen alle, die ihren Hund erziehen und eine angenehme Partnerschaft aufbauen wollen, die eigene Rolle als Rudelführer verstehen. Es besteht keine Notwendigkeit, sich genauso wie ein Hund zu verhalten, wichtig ist aber zu verstehen, wie sich Hunde gegenüber den anderen Rudelmitgliedern verhalten, insbesondere wie eine Hündin ihre Welpen erzieht und wie der Rudelführer das Rudel kontrolliert. Die meisten Menschen wissen, dass der Rudelführer das dominante Rudelmitglied ist. Es gibt aber viele Missverständnisse hinsichtlich Dominanz, da sie häufig mit Aggression verwechselt wird. Einige dominante Hunde sind aggressiv, diese sind aber bei weitem nicht die besten Rudelführer.

Über viele Jahre unterhielten wir ein *Rudel* von 20 - 25 Hunden, die alle für Film- und Fernseharbeiten erzogen wurden. Wir besaßen viele unterschiedliche Rassen, dementsprechend war dies kein orthodoxes Rudel, wie wir es in der freien Wildbahn antreffen. Trotzdem lebten und arbeiteten die Hunde miteinander, bildeten ihre eigene Hierarchie. Natürlich wählten sie keinen Rudelführer - dies war unsere Aufgabe, und wir führten diese Rolle nach bestem Vermögen aus. Das wurde durch die Tatsache erleichtert, dass es nahezu immer einen hundlichen *zweiten Chef* gab.

Über einen Zeitraum von über fünfzig Jahren hatten wir eine ganze Anzahl solcher zweiter Führer, es war sehr interessant, das unterschiedliche Verhalten dieser *Zweiten* zu beobachten. War dieser vierbeinige Führer abwesend - gleich aus welchem Grund - trat immer eine Zeitspanne der Unruhe im Rudel auf, während der wir viel sorgfältiger sein mussten, um die Ordnung aufrechtzuerhalten. Sehr häufig gab es einen jüngeren Hund, der bereits einige Zeit auf die Situation wartete und nur zu gerne bereit war, die freie Stelle auszufüllen. Manchmal gab es zwei oder sogar drei, die den Job anstrebten, was zu Raufereien führte. Dann mussten wir sehr klar zeigen, dass selbst wenn der hundliche Führer nicht anwesend war, es noch immer einen zweibeinigen Führer gab, der das Sagen hatte.

Die verschiedenen Führer zeigten verschiedene Aggressionsgrade, häufig unternahmen sie Anstrengungen, die Rudelmitglieder so zu beeindrucken, dass sie ihren Status nicht überschritten. Einer unserer wirklich besten Führer war der große Maremma namens Jason, den wir bereits erwähnten. Er war ein sehr kompetenter Führer voller Selbstvertrauen, und wie bei allen guten Führern bestand keinerlei Notwendigkeit, dass er seine Stellung betonte. Ein Blick reichte, um jeden sich entwickelnden Ärger zu stoppen. Bereits als Jungtier war Jason recht dominant, als er ausgewachsen war, kam es mehrfach dazu, dass er John auf die Probe stellte. In jenen Tagen war John noch jünger und fitter, regelte schnell das Problem, worauf sich keine weiteren Unruhen mehr ergaben.

Im Wolfsrudel hat der Rüde oder *Alpha-Rüde* in der Regel noch einen oder zwei *Assistenten*. Dies sind jüngere Rüden, die ihn eines Tages herausfordern werden, um seine Position zu übernehmen. Aber bis dies geschieht, sorgt der Rudelchef im ganzen Rudel für Ordnung und Disziplin. Anfangs warnt er den Schuldigen durch seine Körpersprache, insbesondere durch Gesichtsmimik und durch Knurren. Dies bringt in aller Regel den erwünschten Effekt, wenn nicht, wendet er einige recht klare positive Korrekturen an - und dann hat sich die Angelegenheit!

DIE ALPHA-HÜNDIN

Im Wolfsrudel gibt es auch eine Alpha-Hündin, die von allen anderen Rudelmitgliedern mit großem Respekt behandelt wird. In der Regel ist sie die Einzige, die Welpen haben darf, deren Vater der Alpha-Rüde ist. Alle Rudelmitglieder helfen bei der Aufzucht des Wurfes, wobei manche Hündinnen selbst Milch bilden und die fremden Welpen säugen. Wenn die Welpen heranwachsen, spielen die anderen Rudelmitglieder mit ihnen und disziplinieren sie. Oft lässt

Die Hündin erzieht ihren Welpen, lehrt ihn korrektes Sozialverhalten.

man ein oder mehrere Rudelmitglieder zu Hause als *Babysitter*, während der Rest des Rudels zur Jagd geht.

Wenn eine Hündin mit ihren Welpen spielt, gestattet sie ihnen, sie zu beißen, aber nie zu hart. Beißt ein Welpe zu fest in das mütterliche Ohr, beginnt diese zunächst zu knurren, um den Welpen zum Auslassen zu bringen, was meist auch schon ausreicht. Lässt der Welpe jedoch nicht los, wird das Knurren lauter und sofort darauf folgt ein kurzes Zuschnappen. Dies erschreckt den Welpen mehr als es ihm wehtut. Trotzdem läuft er häufig schreiend weg, als wäre er ernsthaft gebissen worden. Nach sehr kurzer Zeit aber kehrt er zu seiner Mutter zurück, die ihn dann leckend liebkost. Sehr schnell lernt der Welpe, das Knurren mit der Korrektur zu verbinden, achtet sorgfältig darauf, nicht zu hart zu beißen. Dies ist ein ganz einfaches Beispiel, wie ein Welpe in der Natur korrigiert wird, etwas Falsches nicht zu tun und wie er belohnt wird, wenn er das tut, was er sollte. Andere Tiere disziplinieren ihre Nachzuchten auf ähnliche Art. In einem Fernsehprogramm über Tiere beobachteten wir eine Gruppe von Pavianen, die einem Pfad im Urwald folgten. Mehrere der Weibchen trugen Jungtiere auf ihren Rücken. Ein Baby sprang auf den Boden hinab. Ohne auch nur anzuhalten, nahm die Mutter es mit einer Hand auf, schüttelte es und warf den Kleinen wieder über die Schulter auf ihren Rücken. Der Kleine wagte nicht, erneut herunterzuspringen!

Die meisten der höheren Tiere disziplinieren ihre Nachzuchten mehr oder weniger hart, und wir glauben, dies ist völlig natürlich und gerechtfertigt. In jüngeren Jahren verloren diese Prinzipien innerhalb unserer Gesellschaft an Sympathie, nicht allein, wie wir unsere Hunde disziplinieren, sondern auch die Art, wie wir unsere Kinder erziehen. Wir beanspruchen bei weitem nicht, hart in der Kindererziehung zu sein, noch haben wir irgendeine Absicht, zu dieser Frage Ratschläge zu erteilen. Grund für diese Erwähnung ist, dass wir glauben, dass die Haltung gegenüber Hunden der gegenüber Kindern sehr ähnlich ist.

ERZIEHUNG

In der Vergangenheit wurden Hunde häufig - aber bestimmt nicht immer - nach Methoden ausgebildet, die wir heute als hart, ja sogar grausam ansehen. Wir sind hocherfreut, dass diese Methoden in großem Umfang - wenn auch nicht völlig - durch neue Methoden ersetzt wurden, welche humaner und in aller Regel erfolgreicher sind. So sehr wir aber diese Veränderung begrüßen, uns erscheint, dass das Pendel zu weit zurückgeschwungen ist, noch immer viel zu weit in die entgegengesetzte Richtung schwingt. Die altmodische Korrektur und Belohnung wurden ersetzt durch positive und negative Verstärkung. Heute sieht man es als

Hunde lieben es, mit ihrem menschlichen Rudelführer spazieren zu gehen.
Foto: Sally Anne Thompson.

unfreundlich - wenn nicht sogar als grausam - an, wenn man den Hund dazu anhält etwas zu tun, was man von ihm will - oder noch wichtiger - dem Hund etwas verbietet bzw. unterbindet, was er momentan gerne möchte. Ein sehr bekannter Verhaltensforscher schrieb ein Buch über die Hundeerziehung mit dem Untertitel »Sage nie Nein«. Sein Rat über das Lehren des Kommandos *Platz* lautet, abzuwarten, bis der Hund sich aus eigenem Antrieb selbst niederlegt - dies bezeichnet er als *negative Verstärkung*. Der Rat lautet weiter, dass beim Niederlegen des Hundes das Kommando *Platz* erteilt werden soll. Sofort wenn der Hund sich niederlegt, wird er tüchtig gelobt - *positive Verstärkung*. Durch Wiederholung dieses Prozesses sollte nach und nach der Hund in Beantwortung des Kommandos sich legen. Für alle diejenigen, die genügend Zeit haben oder einen lethargischen Hund besitzen, der sich gern hinlegt, kann diese Methode sehr gut sein. Wir selbst haben aber nicht so viel freie Zeit, und es gibt einfach Hunde, die sich ungern hinlegen, solange es noch irgendetwas Interessantes zu tun gibt. Wir wissen, dass Hunde ohne Korrekturen erzogen werden können und erzogen wurden, wir kennen aber auch viele Hundebesitzer, die es versucht haben und mit der gleichen Methode Schiffbruch erlitten. Wir vermögen nicht zu akzeptieren, es sei unfreundlich, ein Tier auf gleiche Art zu behandeln, wie die eigene Mutter dies tun würde. Ja, wir gehen sogar noch weiter, wir glauben, dass es unfreundlich wäre, einen Welpen nicht nach den Prinzipien der Mutter zu behandeln, selbst wenn die Methoden der Anwendung dieser Prinzipien unterschiedlich sein mögen. Viele Hunde werden als Folge von Verhaltensstörungen getötet, ganz einfach deshalb, weil ihre Besitzer auf dem »Sage nie Nein Prinzip« bestanden.

Das Gehirn eines Wolfes ist so programmiert, dass er als Rudelmitglied leben kann, den Gesetzen des Rudels gehorcht, ganz gleich wie seine Stellung in der Hierarchie sein mag. Rebellion gegen diese Regeln hat drastische Konsequenzen bis zum Ausstoß aus dem Rudel oder Tod.

Unser Haushund akzeptiert den Menschen als Führer, vorausgesetzt er benimmt sich auch wie ein Führer! Über tausende von Jahren der Domestikation wurden Hunde immer für bestimmte Aufgaben gezüchtet. Für die meisten dieser Aufgaben war es wichtig, dass der Hund gut ausbildungsfähig war. Hunde, bei denen es zu schwierig oder unmöglich war, sie zu erziehen, wurden ausgemerzt. Das Ergebnis ist, dass, mit wenigen Ausnahmen, die Mehrheit aller Hunderassen es tatsächlich genießt, wenn sie zu Gehorsam ausgebildet und beschäftigt wird. Dies führt uns zu der Frage der Dominanz, einem Problem, das bis zur Entwicklung der Verhaltensforschung unbekannt war. In der ersten Ausgabe von »The Family Dog«, die John 1957 schrieb, erwähnte er das Wort Dominanz überhaupt nicht. Aber die heutigen Verhaltenstherapeuten bestehen auf der Behauptung, Dominanz sei die häufigste Ursache der meisten Verhaltensstörungen. Das mag durchaus sein, aber echte hundliche Dominanz wird einfach zu häufig mit menschlicher Aggression verwechselt.

WER IST DOMINANT?

Dominanz ist ein relativer Begriff. Für alle, die einen Großteil ihres Lebens mit der Arbeit mit Tieren verbracht haben, ist es durchaus vertraut, dass ein Tier, das sich einem Menschen gegenüber dominant zeigt, sich einem anderen gegenüber völlig unterwirft. Dies gilt besonders für Hunde, und es ist durchaus nicht selten, einen Hund zu finden, der bestimmten Familienmitgliedern gehorcht, anderen wiederum keinerlei Respekt zeigt. Dies beweist, dass einige Familienmitglieder dominanter sind als andere. Hierin liegt die Antwort, warum Dominanz, die vor dreißig Jahren noch kein Problem darstellte, heute zum großen Problem wurde. Es liegt nicht daran, dass die Hunde dominanter geworden wären als früher, sondern an dem hohen Prozentsatz von Hundebesitzern, die zu schwach sind, die es zulassen, dass sie von ihren eigenen kleinen Kindern und ihren Hunden untergeordnet werden! Verhaltenstherapeuten haben hiervon profitiert, aber wir haben Schwierigkeiten, einige der Ratschläge, die sie geben, zu verstehen. Sie sagen, es sei sehr wichtig, von Anfang an als Rudelführer aufzutreten, aber ein acht Wochen alter Welpe in fremder Umgebung

braucht keinen Führer - er sehnt sich nach seiner Mutter! Dies ist der Grund, warum Frauen so viel besser Welpen aufziehen als Männer. Obwohl dies so ist, empfinden wir, dass viele, wenn nicht die meisten Probleme ursächlich bedingt sind. Entweder, weil man Korrektur nicht anwendet oder weil man sie nicht zur rechten Zeit wählt. Wir wissen auch, dass einige Anhänger der »Erziehung nur durch Belohnung« nicht immer das praktizieren, was sie predigen!

Schon von früh an sollten Welpen gebürstet werden. Das lehrt sie, sich zu unterwerfen und verstärkt die Bindung zum Besitzer.
Foto: Sally Anne Thompson.

Wie bereits gesagt, Dominanz wird oft mit Aggression verwechselt. Es gibt aber viele Beispiele, in denen eine Eigenschaft ohne die andere auftritt. Ebenso Beispiele, in denen beide kombiniert sind, was in aller Regel zu Ärger führt. Das erste Anzeichen aggressiver Dominanz zeigt sich, wenn ein Welpe sein Futter verteidigt. Viele Hundebesitzer sehen dies als natürlich an, übersehen jedoch die Tatsache, dass viele Handlungen, welche völlig natürlich sind, im Hinblick auf die heutige Gesellschaft trotzdem weder erwünscht noch erlaubt sein können. Dies ist aber nicht der wichtigste Gesichtspunkt. Das Problem ist nicht, dass der Welpe sein Futter verteidigt, bei einigen Welpen eine völlig natürliche Handlung, sondern dass er sich in den meisten Fällen dabei durchsetzt. Wenn der Mensch seine Hand nach dem Futter ausstreckt und sie dann wieder zurückzieht, wenn der Welpe die Lefzen hochzieht oder knurrt, übermittelt er das klare Signal, dass der Welpe der Stärkere ist. Deshalb sagt der Welpe zu sich selbst: »Prima, das war ganz leicht, ich werde es wieder tun.« Das tut er dann auch, und wenn wieder das Gleiche passiert, gewinnt er großes Selbstvertrauen. Er erkennt bald, dass wenn er etwas nicht mag, er nur zu knurren oder ein böses Gesicht zu ziehen braucht, und das Ganze ist erledigt. Es mag mit der Futterschüssel beginnen, kann sich aber schnell auf Spielzeug, einen Teppich, den Lieblingssessel, ja sogar das menschliche Bett ausdehnen. Für uns ist es völlig erstaunlich, welch hohe Anzahl von Menschen, selbst *Macho-Männer*, uns sagen, dass ihr Welpe ihnen nicht gestattet, sein Lager, die Futterschüssel oder was auch immer, zu berühren. Ein acht Wochen alter Welpe - ein Hundekind - wir sind sprachlos! Wohin so etwas führen kann zeigt uns ein Paar, von dem wir gehört haben. Sie besaßen einen Spaniel, der sich, wenn es ihm in den Sinn kam - und das erfolgte häufig - auf die Matte der Eingangstür legte. Solange er hier lag, konnten weder der Ehemann noch die Frau durch die Vordertür hinein- noch hinausgehen.

Wir haben uns angewöhnt, einen Welpen zu streicheln, wenn er frisst, zumindest wenn er damit beginnt. Er muss von Anfang an wissen, dass jedes Familienmitglied das Recht hat, hinzuzutreten, die Futterschüssel während er frisst wegzunehmen, wann immer es will. In der Regel lassen wir unseren Welpen sich setzen, stellen dann die Schüssel auf den Boden, lassen ihn etwas warten und erlauben ihm dann zu fressen. Wenn Sie ihn jetzt zärtlich streicheln, mit ihm sprechen, werden die meisten Welpen so mit dem Fressen beschäftigt sein, dass sie es nicht einmal bemerken. Wenn er aber knurrt, sollten Sie sofort zurückknurren »*Nein!*«, ihn fest, aber dennoch freundlich mit einer Hand am Nackenfell packen und mit der anderen die Futterschüssel wegnehmen. Lassen Sie ihn sich setzen, erst wenn er wieder ruhig ist, wird er gelobt und die Futterschüssel kommt zurück auf den Boden. Streicheln Sie in wieder, und wenn er sich gut benimmt, erhält er einen zusätzlichen Leckerbissen in seine Schüssel. Hat er sich an das Streicheln gewöhnt, nehmen Sie ihm seine Schüssel weg, lassen ihn sich setzen, geben ihm die Schüssel mit einem kleinen Leckerbissen darin zurück. Es ist immer sehr wichtig, dass Welpen wie ausgewachsene Hunde jedermann nahe der Futterschüssel akzeptieren, insbesondere wenn Kinder im Haus leben.

Der Welpe, der auf diese Behandlung nicht anspricht, ist entweder von Natur aus sehr aggressiv, was es notwendig macht, ihm zu zeigen wer der Boss ist - oder es ist ihm zuvor erlaubt worden, sich durchzusetzen.

Hier ist es angezeigt darauf hinzuweisen, dass aufbrausende Menschen sehr selten dominante oder aggressive Hunde haben. Wir möchten mit Sicherheit nicht schlechtes oder unkontrollierbares Aufbrausen empfehlen, aber durchaus eine schnelle Reaktion. Dies ist die Art von Menschen, die, wenn ein Welpe nach ihrer Hand schnappt, nicht dastehen und überlegen was zu tun ist oder sich aufmachen, um eine Zeitung zusammenzurollen oder nachschauen, was in einem Buch steht oder einen Verhaltenstherapeuten anrufen! Wir sprechen von Menschen, die einem Welpen, wenn er zu beißen versucht, eine Ohrfeige verabreichen - diese verletzt den Welpen nicht, versetzt ihm aber einen kräftigen Schreck. Dies ist weitgehend die gleiche Behandlung, welche auch seine Mutter anwenden würde, sie gebraucht nur ihren Fang anstatt die Hand. Selbst ein aggressiver Welpe wird das gleiche Verhalten wahrscheinlich nicht wiederholen.

Wenn diese Tendenz, etwas zu bewachen, nicht mit dem ersten Auftreten korrigiert wird, wird sie in naher Zukunft mit Sicherheit zu Problemen führen. Mit dem Heranwachsen des Welpen wird auch das Problem größer. In vielen Fällen entwickelt es sich so stark, dass der Hund gefährlich wird und eingeschläfert werden muss. Eine Folge, die sich daraus ergibt, dass man ihm etwas »völlig Natürliches« gestattet hat.

WIE VIELE HUNDE?
Obgleich selten erwähnt, haben Menschen einen Rudelinstinkt, der dem des Hundes recht ähnlich ist. Wir haben eine ähnliche Hierarchie aufgebaut, sprechen sogar von »top dogs« und »underdogs«. Während die Mehrheit der Menschen recht glücklich ist, wenn sie geführt wird, gibt es auch viele, die sich laufend darum bemühen, zum »top dog« zu werden. Es gibt solche, die mit fairen Methoden oder auch durch zweifelhafte den »top dog« vom Podium stürzen, in der Hoffnung, seine Position zu übernehmen. Eine »Gang« von Schulkindern richtet allerhand Unheil an, wobei keinem der Kinder so etwas alleine in den Sinn käme. Das Gleiche gilt für zwei Hunde, die als Einzeltiere höchstwahrscheinlich nie Schwie-

rigkeiten machen, jedoch ein völlig anderes Bild bieten, wenn sie sich zusammenschließen und ein Rudel bilden. Man sollte meinen, zwei Hunde wären doppelt so schwierig zu kontrollieren wie jeder der Hunde allein. In Wirklichkeit ist es beträchtlich schwieriger als das, weil der Jagdinstinkt den Rudelinstinkt noch verstärkt.

Dies wirkt sich für den Liebhaberbesitzer auf verschiedene Arten aus. Die meisten Hunde sind völlig glücklich, auf eigenem Grund und Boden zu bleiben und verlassen den Garten nicht, selbst wenn die Tür offen steht.

Obgleich dieses Rudel seine eigene Hierarchie aufgebaut hat, ist der Jagdführer unverändert der »top dog«. Jeder Hund wird einzeln beim Namen gerufen, wenn es an die Fütterung geht.

Der Welpe liebt es, mit seinem älteren Freund zu spielen, genauso wichtig ist es, dass der Besitzer gleichfalls mit ihm spielt.

Der Rudelinstinkt

Wenn aber der gleiche Hund sich mit dem Nachbarhund zusammenschließt, besteht höchste Wahrscheinlichkeit, dass die beiden zusammen auf Entdeckungstour gehen. Das Unheil, das zwei sich gut benehmende Hunde anrichten, wenn sie gemeinsam losziehen, ist schwer abzuschätzen. Viele Hundebesitzer halten zwei Hunde in dem Glauben, dass bei Abwesenheit des Besitzers sie sich wechselseitig Gesellschaft bieten. Dies ist eine sehr gute Idee, die wir auch selbst praktizieren. Es ist nur zu wahr, dass man einen Hund niemals sich selbst überlassen sollte. Aber auch wenn ein Hund seinem Besitzer zusätzliche Lebensqualität schenkt - oder schenken sollte - es gibt nur wenige Menschen, die in der Lage oder bereit sind, ihr ganzes Leben einem Hund zu widmen. Auf jeden Fall - der Hund selbst ist in aller Regel viel glücklicher, im Garten herumzustrolchen oder in der Sonne oder im Schatten zu liegen - wie immer er es auswählt - als durch die Straßen nachgezogen und vor den Geschäften angebunden oder allein im Kombi gelassen zu werden. Zwei Hunde zusammen werden noch fröhlicher sein und haben sehr viel mehr Bewegung, wenn sie eine halbe Stunde auf beschränktem Raum miteinander spielen, als wenn ein Hund angeleint über eine Stunde oder mehr spazieren geführt wird. Es müssen aber mehrere Probleme beachtet werden, wenn zwei Hunde im Haushalt leben. Als Erstes besteht die Wahrscheinlichkeit, dass sie ihr eigenes Rudel bilden. Anstatt den Menschen zu akzeptieren und eine enge Beziehung zu ihm aufzubauen, könnte einer der Hunde die Stellung des Führers übernehmen und der andere zu seinem *Diener* werden. Dies ist recht wahrscheinlich, wenn man zwei Welpen gemeinsam kauft. Sie werden sehr gute Freunde, und der dominantere wird zum Führer, der andere zu seinem Gefolgsmann. Für den Menschen kann dies bedeuten, dass er ausschließlich jemand ist, der das Rudel mit Futter und einem bequemen Lager versorgt! Unser Rat lautet immer, niemals mit zwei Welpen gleichen Alters zu beginnen. Unabhängig ob sie aus dem gleichen Wurf stammen, die Wahrscheinlichkeit, dass sie sich untereinander enger verbinden als mit dem Menschen, ist hoch. Beginnen Sie mit einem Welpen und warten Sie, bis dieser sich Ihnen sehr angeschlossen hat, ehe Sie einen zweiten kaufen.

Einige Hundeliebhaber, die eine Hündin besitzen, verfallen auf die Idee, es wäre hübsch, einen Wurf zu züchten und einen der Welpen zu behalten. Wenn man sich aber nicht sehr darum bemüht, dass der Welpe seine Zuneigung von der Mutter auf den Menschen überträgt, ist die natürliche Bindung in aller Regel beim älter werdenden Welpen umso stärker. Nach unserer Erfahrung gilt dies mehr für Rüden-Welpen als für ihre Schwestern. Dies ist aber eine rein persönliche Beobachtung, keine wissenschaftliche Tatsache. Das Risiko, dass so etwas eintritt, verringert sich, wenn man den Welpen stets als Einzeltier behandelt. Führen Sie ihn allein spazieren - spielen Sie mit ihm, führen Sie seine Grundausbildung getrennt von seiner Mutter durch. Es ist durchaus eine gute Idee, ihn getrennt von seiner Mutter schlafen zu lassen, in einem anderen Zimmer oder in einem Käfig.

Viele Hundeliebhaber sind beunruhigt, wenn sich bei einem Hund das Alter bemerkbar macht und sie denken über Ersatz nach. Sollen sie sich einen Welpen kaufen oder warten, bis der alte Hund gestorben ist? Diese Frage ergibt sich meist deshalb, weil der alte Hund möglicherweise gegenüber einem Neuankömmling im Haushalt ablehnend sein kann. Nun, das ist durchaus möglich, aber in fast allen Fällen, die uns bekannt sind, wurde der Neuankömmling für den alten Hund zu einer neuen Lebensquelle. Dabei sprechen wir ausschließlich von einem einigermaßen gesunden älteren Hund, nicht von einem, der kurz vor dem Tod steht. Vorsicht ist immer angezeigt, wenn man einen Welpen mit einem alten Hund zusammenbringt, richtiger gesagt, mit jedem erwachsenen Hund. Sie müssen den Hunden gestatten, ihre Rangordnung untereinander auszumachen, weniger versuchen, Freundschaft zu erzwingen. Niemals darf der alte Hund das Gefühl haben, Sie schützten den Welpen. Wenn ein alter Hund einen übermütigen Welpen anknurrt oder nach ihm schnappt, sollte dies durchaus akzeptiert werden. Der alte Hund lehrt nur den Junghund, seine älteren und besseren Rechte zu respektieren. Der Neuankömmling muss lernen, was Knurren bedeutet, um darauf reagieren zu können. Er wird eine unterwürfige Haltung einnehmen, den Kopf abwenden, sich auf den Rücken rollen und Ähnliches. Ganz selten wird ein ausgewachsener Hund einen Welpen ernsthaft angreifen und verletzen. Solche Hunde sind überaggressiv, meist raufen sie auch mit anderen Hunden. Oft liegt die Ursache darin, dass sie als Welpe nicht mit anderen Hunden sozialisiert wurden, nie Gelegenheit hatten, korrektes hundliches Verhalten zu lernen. Lebt ein solcher Hund in Ihrer Nachbarschaft, sollten Sie nie einen Welpen mit ihm zusammenbringen.

Kapitel 4
DER JAGDINSTINKT

Wie schon erwähnt, gibt es viele Hinweise die darauf hindeuten, dass der erste praktische Nutzen, welchen der Hund dem Menschen leistete, seine Hilfe bei der Jagd auf Nahrung war. Nicht nur, dass der Mensch Hunde zur Jagd ermunterte und ausbildete, er züchtete Hunde, die auf der Jagd besser waren als ihre wilden Vorfahren. Lange vor Mendel und seinen genetischen Theorien scheint es, dass der Mensch die Regel erkannte »Gleiches bringt Gleiches«. Besaß jemand eine Hündin, die sehr gut auf der Jagd war, hielten sie Umschau nach einem ebenso guten oder gar besseren Rüden, um beide zu paaren. Durch diesen einfachen Vorgang wurde der Jagdinstinkt beim Haushund zuweilen sogar stärker als beim wilden Vorfahren. Ein Wolf jagt, wenn er hungrig ist, hat er seine Beute gemacht, frisst er so viel er kann, ruht dann aus um das Gefressene zu verdauen. Und er macht sich nicht erneut auf die Jagd, ehe er wieder hungrig ist.

MENSCHLICHE JAGDLEIDENSCHAFT

Viele domestizierte Hunde jagen selbst, wenn sie gerade gefressen haben - vielleicht nicht so erfolgreich - aber ebenso begeistert. Ein Greyhound wird einem Dummy-Hasen rund um die Rennbahn ein- oder zweimal wöchentlich nachjagen, ohne ihn je einzufangen. Dies ist das Ergebnis sorgfältiger Zuchtwahl auf bestimmte Aufgaben, Spezialistenbildung für den gleichen gemeinsamen Zweck.

Wir haben Hunde zur Jagd nach dem Auge gezüchtet, beispielsweise Salukis und Greyhounds. Andere jagen auf den Fährten, beispielsweise Bloodhounds und Foxhounds. Wir haben Hunderassen, die für die Jagd gezüchtet wurden, aber trotzdem unter Kontrolle gehalten werden können, während andere Rassen ausschließlich zur Jagd gezüchtet wurden. Hat beispielsweise ein Greyhound oder Saluki einmal hinter einem Hasen die Jagd aufgenommen, ist es schwierig - in aller Regel unmöglich - ihn anzuhalten. Andererseits wird ein Spaniel, der ein Kaninchen aus dem Gebüsch aufgescheucht hat, sich auf Kommando setzen und beobachten, wie es wegläuft. Dies ist in erster Linie die Folge seiner Erziehung, aber auch ein Ergebnis der Zucht, die ermöglicht, Hunde auf diese Art zu erziehen. Es wäre mehr als ungewöhnlich, wenn man einen Greyhound oder andere Windhunde anträfe, die Ähnliches gelehrt werden könnten.

Obwohl der Mensch heute nicht mehr wegen des Überlebens jagt, ist die Jagdleidenschaft der menschlichen Rasse so stark wie je. Auf den ersten Blick scheint dies manchmal nicht der Fall zu sein. Die Flinte des Großwildjägers wurde durch die Kamera ersetzt; anstelle der Trophäen wilder Tiere, die an der Wand hingen, bringt der Fotograf Bilder und

Der Greyhound wurde planmäßig für die Jagd nach dem Auge gezüchtet, der künstliche Hase ist für ihn genügend Anreiz.

Foto: Steve Nash.

Filme mit, welche manchmal im Fernsehen vorgeführt werden, so dass alle ihre Freude daran haben. Trotzdem ist auch der *wildlife* Fotograf unverändert ein Jäger, benutzt seinen Jagdinstinkt auf die gleiche Art wie seine primitiven Vorfahren auf der Suche nach Nahrung. Keine Hundemeute in der Verfolgung eines Fuchses zeigt mehr Aggression und Enthusiasmus als eine Meute von Reportern und Fotografen bei der Verfolgung einer *Berühmtheit*. Sie zeigen keine Gnade oder Rücksicht auf ihre *Beute*, noch gegenseitiges Verständnis. *Cops and Robbers - Räuber und Gendarm* - entweder in Wirklichkeit oder in der Fantasie, haben schon immer Menschen jeden Alters fasziniert, dank unserem eigenen Jagdinstinkt, der Sucht nach der »Beute«.

Das extremste Beispiel menschlicher Jagdinstinkte, die häufig außer Kontrolle geraten, findet man unter den Menschen, die für ein Verbot der Jagd eintreten. Die Jagdsaboteure und andere Aktivisten verfolgen ihre Beute - jene die jagen - mit jener Begeisterung und Bösartigkeit, die man auf gleiche Art weder beim Menschen noch bei Hounds auf der Jagd beobachtet. Im Verfolgen ihrer Ziele sehen sie nichts Böses, wenn sie dabei Menschen wie Tiere verletzen oder gar töten. Durch Saboteure wurden schon Pferde verletzt, Hounds geblendet oder getötet!

DER HAUSHUND UND SEINE INSTINKTE

Wir sind überzeugt, dass der Jagdinstinkt ebenso stark, möglicherweise stärker im *menschlichen Tier* verankert ist als im Hund. Menschen, die ihr Leben lang Hunde gehalten haben, fragen sich manchmal, warum ihr Hund, von dem sie annahmen, er würde nicht einmal einer Fliege etwas tun, plötzlich die Katze des Nachbarn hetzt. Für die meisten heutigen Hundebesitzer ist der Jagdinstinkt ihres Hundes selten erwünscht, wird aber oft zur Verantwortung. Nahezu alle Fälle, in denen Haustiere angegriffen, Autos gejagt und zuweilen Kinder von Hunden gebissen werden, sind Folge des Jagdinstinkts. Er schlummert in jeder Rasse, fehlt aber manchmal beim Einzeltier.

Glücklicherweise gibt es noch eine andere Seite der Medaille. Heute sind wenige Menschen darauf angewiesen, dass ihre Hunde Futter erjagen, trotzdem ist der Jagdinstinkt für viele Aufgaben nützlich. Es gibt quer durch die Welt hunderte verschiedener Rassen des Haushundes, sie reichen vom riesigen Irish Wolfhound bis zum winzigen Chihuahua. Wenn man sich alle diese verschiedenen Hunderassen ansieht, fällt es schwer zu glauben, dass sie einen gemeinsamen Ahnherrn - den Wolf - haben.

Wenn wir aber das Verhalten der Haushunde aller Rassen mit dem des Wolfes vergleichen, stoßen wir auf viele Ähnlichkeiten. Ein Übersehen dieser Grundtatsache ist Ursache vieler Probleme mit Hunden.

FEHLEN VON INSTINKTEN

Man könnte Instinkt auch die treibende Kraft nennen, welche das Tier veranlasst, etwas ohne vorherige Erfahrung oder Ausbildung zu tun. Der erste Instinkt, der Überlebensinstinkt, zeigt sich beim neugeborenen Welpen. Deshalb sucht er rundherum, bis er eine Zitze findet, an der er dann instinktiv saugt. Gleichzeitig schauen wir auf die Mutter, die nie zuvor einen Welpen geboren oder auch nur gesehen hat, aber sofort mit der Reinigung beginnt und die Nabelschnur mit erstaunlicher Genauigkeit durchtrennt. Dies ist eine andere Instinkthandlung, hat mit Intelligenz überhaupt nichts zu tun. Junge Hündinnen sind als Mütter genauso gut wie ältere, manchmal sogar besser.

Bei Rassen, bei denen Kaiserschnittgeburten verbreitet auftreten, ist es nicht ungewöhnlich auf Hündinnen zu treffen, die nur wenig, wenn überhaupt, mütterliche Instinkte zeigen. Dies ist weniger überraschend, wenn man daran denkt, dass diese Hündin nie einen Welpen auf natürliche Art geboren hat - möglicherweise selbst nicht natürlich geboren wurde, vielmehr nach einer Operation aufwacht und sich umgeben von quietschenden, schwächlichen Geschöpfen findet, die überall herumkrabbeln.

Es wäre ebenfalls sehr ungewöhnlich, wenn irgendein Instinkt völlig fehlte, aber auch das kommt vor. Gelegentlich fehlt einem neugeborenen Welpen der Sauginstinkt, manchmal weigert sich eine Hündin, ihre Welpen trinken zu lassen. In der freien Wildbahn sterben solche Welpen einfach, und da sie sich so nicht fortpflanzen, wird es unter Wildhunden kaum zum Problem.

Beim domestizierten Hund ist dies etwas anderes. Nur wenige Menschen lassen einen Welpen sterben oder merzen ihn aus, zum Teil aus Sentimentalität oder - noch wahrscheinlicher - weil der Züchter glaubt, der Welpe habe auf Ausstellungen gute Chancen. Es gibt Menschen, die sich auf die künstliche Aufzucht von verwaisten Welpen spezialisiert haben. Die meisten Menschen sehen dies als eine wertvolle und tierfreundliche Aufgabe an. Wahrscheinlich ist aber, dass diese handaufgezogenen Welpen sich in aller Regel zu erwachsenen Hunden auswachsen, deren Nachzuchten wiederum nur überleben können, wenn sie mit der Hand aufgezogen werden. Aus diesem Grund sind solche Abnormitäten unter Haushunden nicht selten.

Gelegentlich fehlt es auch an anderen Instinkten. Wenn auch selten, so kommt es doch vor, dass ein Hütehundwelpe, über Generationen aus guten Arbeitstieren gezüchtet, absolut keinen Hüteinstinkt zeigt. Dies ist aber kein echtes Problem. Der Schäfer kann solch einen Hund ganz einfach an einen Liebhaber verkaufen, wo der Arbeitsinstinkt in aller Regel ohnedies eher ein Nachteil wäre.

HÜTEINSTINKT

Ein Instinkt ist entweder vorhanden oder er fehlt - er ist in den Genen verankert. Er kann verstärkt oder abgeschwächt, aber nicht hinzugefügt oder weggenommen werden. Man kann ihn jedoch ableiten, manchmal in ganz unerwartete Kanäle. Die auffälligste Abweichung findet man in Hütehunden; hier wurde der Jagdinstinkt in einen Hütehundinstinkt weiter entwickelt. Dies führt dazu, dass der Hund rund um die Herde läuft und sie zurück zum Führer treibt. Einige denken, es sei Folge einer außergewöhnlichen Intelligenz, dass der Hund genau weiß, was sein Führer möchte und sich folgsam aufmacht, um die Schafe zu ihm zu treiben. Das ist aber nicht so. Wenn die Wolfsmeute ein Karibu jagt, überholen die schnelleren Rudelmitglieder die Beute und treiben sie den langsameren entgegen, die hinten nachfolgen - genauso wic dcr Hütchund cin Schaf treibt, das aus der Herde ausgebrochen ist. Natürlich erwartet man von einem Hütehund nicht, dass er Schafe angreift, aber viele tun das, und ohne richtige Erziehung würden es noch mehr versuchen.

Die Mehrheit junger Hütehunde muss im Verlauf der Ausbildung für *gripping - Schnappen* - korrigiert werden. In ländlichen Bereichen geht die größte Gefahr für Schafherden von Hütehunden aus, und der größte Schaden wird ausgelöst, wenn zwei oder drei nicht ausgebildete Hunde eine Meute bilden und sich ähnlich verhalten wie ein Rudel Wölfe.

Ein Border Collie beim »Fixieren - eyeing« eines Schafes.
Foto: Keith Allison.

Instinkte können in erster Linie durch planmäßige Zucht, zum Zweiten durch mangelnden Einsatz gestärkt und abgeschwächt werden. Der Hüteinstinkt wurde jedoch - obwohl vom Jagdinstinkt abgeleitet - in einem solchen Maße verstärkt, dass die meisten Hütehunde auf ziemlich einfache Art so erzogen werden können, dass sie hüten, ohne die Schafe anzugreifen.

Die Popularität von Preishüten - *sheepdog trials* - ist Folge einer praktisch neuen Hunderasse, bekannt als Border Collie. Durch sorgfältige, planmäßige Zucht und einem rechten Maß an Inzucht hat man Hunde mit großartigem *eye and style - Auge und Stil -* gezüchtet. Sie verhelfen diesen Hunden die Trials - Prüfungen - zu gewinnen, aber viele von ihnen haben einen völlig anormalen Hüteinstinkt. Sie hüten alles, was sich bewegt, von der Katze auf dem Herd bis zum Doppeldeckerbus. John besaß eine sehr gut gezüchtete, rassegerechte Arbeitshündin. Wenn man einen Holzstamm über den Boden rollte, pflegte diese Hündin ihn zu umrunden und bei »12.00 Uhr« Position zu beziehen. Überließ man sie sich selbst, blieb sie den ganzen Tag hier sitzen. Solches Verhalten ist nicht normal, mit Sicherheit kein Anzeichen für Intelligenz. In Wirklichkeit handelt es sich um ein Beispiel, wie Intelligenz durch den Instinkt überdeckt werden kann.

Neben diesem starken Hüteinstinkt wurde der Border Collie darauf gezüchtet, auf Kommando sofort zu reagieren. Jeder normale Farmer oder Schäfer sendet einfach seinen Hund hinaus, um die Schafherde zusammenzutreiben, wartet am Tor darauf, dass er sie zurückbringt. Vom *trial dog* erwartet man dagegen, dass er eine kleine Schafgruppe rund um einen speziell ausgesteckten Parcours manövriert. Hierfür muss der Hund sofort und bedingungslos auf eine breite Skala von Kommandos reagieren. Diese Hunde wurden hierfür über Generationen gezüchtet. Ein Hund, der alleine denkt, kann auf dem Bauernhof ein großer Vorteil sein, auf dem *trial field* wird er zum Nachteil.

Die Fähigkeit des Border Collies, auf Kommando zu gehorchen, in Verbindung mit seinem außergewöhnlichen Willen, immer etwas zu tun, hat dazu geführt, dass diese Rasse für vielerlei Aufgaben ausgebildet wird. Sie ist wahrscheinlich die vielseitigste aller Hunderassen. Es gibt aber eine Aufgabe, für die sie völlig unbrauchbar ist, nämlich als Familienhund. Border Collies bestechen auf Unterordnungswettbewerben, bei denen mit Ausnahme des Apportierens und der Geruchsunterscheidung alle Aufgaben negativ angelegt sind. Jeder Versuch des Hundes, selbst zu denken, führt in der Regel zu Punktabzügen.

Inzwischen wurden viele Border Collies als Familienhunde gekauft. Recht häufig ist die Folge ein Desaster für Hund wie Besitzer. Ein frustrierter Border Collie ist ein sehr unglückliches Geschöpf, das leicht sogar verrückt werden kann.

INSTINKTVERSTÄRKUNG

Wir haben es bereits gesagt, Instinkte lassen sich stärken und abschwächen - durch selektive Zucht und mangelnden Einsatz. Ein Hütejunghund mit normalem Hüteinstinkt zeigt im Allgemeinen diesen Instinkt frühestens im Alter von vier bis fünf Monaten. Wir kannten einige, die bis zum Alter von über einem Jahr keine Anzeichen eines Hüteinstinktes zeigten, danach aber vorzügliche Arbeitshunde wurden. Ziemlich häufig tritt der Hüteinstinkt ganz plötzlich und unerwartet auf. Ein Junghund mag den Schäfer auf seinen täglichen Runden begleitet haben, ohne jede Aufmerksamkeit den Schafen gegenüber, doch plötzlich, eines Tages, macht er sich aus eigenem Antrieb auf den Weg und umrundet einige der Schafe. In der Schäfersprache nennt man dies *starting to run - zu laufen beginnen* - und bis dies auftritt, ist es völlig sinnlos auch nur zu versuchen, den Hund auszubilden. Beim ersten Mal, wenn der Junghund den Schafen nachläuft, mag dies ziemlich zögerlich erfolgen, vielleicht läuft er ihnen nach, kommt dann zu seinem Führer zurück, um bestätigt zu bekommen, dass dies in Ordnung ist, was er gerade tat. Durch Ermunterung und Bestätigung entwickelt sich sein Hüteinstinkt recht schnell. Wenn ein Junghund zögerlich beim

Den arbeitenden Hütehund sollte man ermuntern »to run«, wenn es Anzeichen gibt, dass sein Instinkt erwacht ist.

Foto: Keith Allison.

Hinauslaufen ist, kann man ihn bestärken, indem man einen älteren, ausgebildeten Hund nachschickt. Hier verstärkt der Rudelinstinkt den Hüteinstinkt. Wenn aber der Junghund nicht ohne einen älteren Hund hinauslaufen mag, ist es recht unwahrscheinlich, dass er je ein guter Arbeiter wird. Eine andere Möglichkeit besteht darin, dass er nicht aus eigenem Antrieb läuft, was ihn wiederum vollkommen nutzlos macht, solange kein anderer Hund dabei ist.

Es ist Instinkt - keine Intelligenz - was einen jungen Hütehund veranlasst *start to run*. Dumme Hunde können ebenso begeistert sein wie clevere. Haben sie einmal damit begonnen, muss man sie lehren, wie und auf welche Seite sie laufen müssen, wann sie sich von wilden Schafen fern zu halten, wie sie sich dickköpfigen anzunähern haben und vieles mehr. Natürlich ist es sehr viel einfacher, alle diese Bewegungen einem intelligenten Hund beizubringen als einem dummen. Soll der Hund ein Hütehund werden, ist es wichtig, dass vom ersten Anzeichen an sein Hüteinstinkt verstärkt wird. Er wird dann schnell zunehmen, häufig mit erstaunlicher Geschwindigkeit. Lässt man die Entwicklung nicht zu, könnte sich der Instinkt abschwächen und möglicherweise völlig verschwinden. Auf Farmen großgezogene Hütehundjungtiere bringen sich häufig in Schwierigkeiten, wenn sie Hühner jagen oder sogar töten oder wenn sie zwischen eine gerade getriebene Herde geraten. Farmer sind nicht gerade durch ihre Geduld oder Fähigkeit bekannt, Hunde zu verstehen. Manchmal bestrafen sie den Junghund schwer, obgleich er nur das tut, was ihm seine Natur gebietet. Oft weigert sich ein so behandelter Junghund später, wenn er es dann tun soll, die Schafe zu umrunden. So ist er nicht nur von der Jagd nach Hühnern kuriert, sondern man hat ihm ebenso das ganze Hüten ausgetrieben. Obgleich manchmal möglich, so ist es doch sehr schwer, bei einem auf diese Art misshandelten Junghund den Hüteinstinkt neu zu wecken.

Genau das Gleiche gilt hinsichtlich des Apportierens, eine weitere Version des ursprünglichen Jagdinstinkts. Viele Jungtiere, insbesondere der Retriever-Rassen, nehmen von selbst Gegenstände auf und bringen sie ohne Ausbildung oder Ermunterung zu ihren Besitzern. Dies ist völlig in Ordnung, bis der Junghund die auf dem Boden liegenden besten Schuhe aufnimmt. Nach einem gründlichen Kauen trägt er sie zu Ihnen, in Erwartung gelobt zu werden. Was aber geschieht tatsächlich? Er wird angeschrien, als böser Hund beschimpft und ausgeschlossen. Später werfen Sie ihm einen Ball, den er immer so gerne apportierte. Dieses Mal kann es passieren, dass er zwar nachläuft und ihn aufnimmt, wird er ihn aber zurückbringen? Das ist unwahrscheinlich. Er ist nicht so dumm und weiß genau, was ihm letztes Mal passiert ist, als er Ihnen etwas zutrug.

Der einzige Weg, einen Welpen daran zu hindern, etwas aufzunehmen, was Sie nicht wünschen, besteht darin, diese Gegenstände außerhalb seiner Reichweite zu halten.

Das Alter, in dem diese Instinkte erstmals auftreten, variiert enorm zwischen den Hunderassen und auch zwischen den einzelnen Tieren. Border Collies mit einem außergewöhnlich starken Hüteinstinkt zeigen schon früh das *eyeing* und hüten ihre Wurfgeschwister bereits im Alter von fünf oder sechs Wochen. Retriever-Welpen heben oft alle Arten von Gegenständen auf, tragen sie umher ohne irgendwelchen erkennbaren Grund - sie tun dies einfach aus dem Instinkt heraus. Es wäre falsch anzunehmen, dass ein Junghund, der für eine bestimmte Aufgabe gezüchtet wurde und den erwünschten Instinkt nicht zeigt, für überhaupt nichts gut wäre. Unser jüngstes Beispiel hierfür ist Tolly, ein Nova Scotia Duck Tolling Retriever, den wir im Alter von sieben Wochen kauften. Der Züchter sagte uns, dass er in zwei Dingen absolut sicher sei, der Welpe würde apportieren und er wäre ein begeisterter Schwimmer. Nun, Tolly zeigte absolut keine Neigung, irgendetwas aufzunehmen und hatte ebenso eine völlige Abneigung, sich die Pfoten nass zu machen! Wurde ein Ball geworfen, schaute sie ihm nach, wo er wohl blieb, machte aber keinen Versuch, nachzufolgen und ihn aufzunehmen. Doch eines Tages - sie war nahezu fünf Monate alt - nahm sie völlig unerwartet einen Ball auf, der geworfen wurde. Sie wurde sofort gelobt, und vom ersten Apportieren des Balls entwickelte sie sich schnell weiter, apportierte bald alles, was man von ihr verlangte. Heute ist sie ein arbeitsfreudiger Retriever, sucht nach versteckten Gegenständen im dicken Unterholz und apportiert auch aus dem Wasser.

INSTINKT UND UMWELT

Die Instinkte wurden von den Ahnherrn des Hundes durch die Gene übertragen. Ihre Entwicklung während der Wachstumszeit des Hundes ist abhängig von zwei Faktoren - der anfänglichen Stärke des Instinkts und der Umwelt, in der der Hund sich entwickelt. Letzteres könnte wiederum abhängig von der Art Besitzer sein, zu dem der Hund gekommen ist.

Man kann einen Vergleich zu einer wachsenden Pflanze ziehen; sie beginnt mit einem Sämling, und man muss Sorgfalt üben, um die Sämlinge nicht zu zertrampeln, obgleich einige von ihnen eine erstaunliche Belastung auszuhalten vermögen. Dies gilt insbesondere für Unkrautsamen, sie scheinen immer stärker und kräftiger zu sein, als die Pflanzen, die wir zu kultivieren versuchen. Dennoch ist es in der Regel möglich, Unkraut der widerwärtigsten Art im Jugendstadium zwischen Finger und Daumen herauszuziehen. Hat sich die Pflanze erst einmal etabliert,

Wurzeln geschlagen, kann es sehr schwierig, manchmal unmöglich sein, sie auszurotten. Auf gleiche Art sind nützliche Pflanzen, wenn sie erst einmal Wurzel gefasst haben, viel robuster. Dies bedeutet, dass Hundebesitzer, die Vorteile aus den Instinkten ziehen möchten, beispielsweise Hüten oder Apportieren, diese von Anfang an fördern müssen. Es bedarf der Geduld abzuwarten, bis sie zum weiteren Entwickeln bereit stehen, außerdem einer sehr guten Beobachtungsgabe, um zu erkennen, wie sich die ersten Anzeichen entwickeln.

Nicht jedermann möchte bestimmte Instinkte stärken - es ist eine traurige Tatsache, dass einige der Merkmale, welche der Mensch sorgfältig über Jahrtausende erhalten und gestärkt hat, heute Ursache für mehr Probleme mit Hunden sind als andere Auslöser zusammen. Zu viele gesunde Hunde werden täglich getötet, einfach, weil sie sich wie Hunde verhalten, als Haushunde, die der Mensch zu seinem eigenen Nutzen geschaffen hat. Während die Instinkte, die erwünscht sind, zu ihrer Entwicklung gefördert werden müssen - wie erwünschte Sämlinge - müssen im selben Stadium die unerwünschten unterdrückt werden, ähnlich den Unkrautsamen.

Ein einfaches Beispiel. Unterstellen wir, ein Hund, der normalerweise Menschen gegenüber freundlich ist, erblickt erstmals einen Jogger. Da er niemals irgendjemand beobachtet hat, der sich so benimmt, läuft er ihm nach, kehrt aber bald zu seinem Besitzer zurück. Wenn er das nächste Mal einen Jogger sieht, läuft er los um ihm schneller nachzukommen, zeigt mehr Enthusiasmus, verbellt ihn möglicherweise noch. Und wiederum kann es das nächste Mal sein, dass er gar versucht, ihn durch Beißen anzuhalten.

Dies hat überhaupt nichts mit Aggression zu tun oder dass der Hund einen bestimmten Jogger nicht mag. Es ist einfach der Jagdinstinkt, der den Hund veranlasst, ein *Tier* einzufangen, das vor ihm wegläuft. Jedes Mal, wenn er so etwas tut und ihm dies gestattet wird, wird der Jagdinstinkt stärker. Je nach dem angeborenen Instinkt beim betreffenden Hund wird sich dieser so schnell verstärken, dass er nur noch durch Anleinen des Hundes unter Kontrolle gehalten werden kann. Wird auf der anderen Seite der Hund beim ersten Mal, wenn er dem Jogger nachläuft, korrigiert, könnte es sein, dass er es das nächste Mal nicht wieder tut. Wenn doch, erfolgt jedes Mal die Korrektur.

Es gibt nur sehr wenige Hunde, denen man nicht beibringen könnte, dieses Verhalten aufzugeben. Die Mehrheit wird mit der Zeit an allen Joggern das Interesse verlieren. Es ist in aller Regel leicht, schlechte Gewohnheiten als »Knospe« abzuknipsen, aber schwierig - manchmal unmöglich - diese abzubrechen, hat sie sich erst einmal voll entwickelt.

SUCH UND HILF

Fest steht, der Hüteinstinkt ist eine sehr große Ableitung des Jagdinstinkts. Der Mensch hat auf vielerlei Art Vorteile aus dem Jagdinstinkt des Hundes gezogen. Den auffälligsten beobachtet man beim Polizeihund, welcher der Fährte des Kriminellen folgt und ihn festhält. Dies ist genau dasselbe Verhalten, wie wir es beim Wolf beobachten, der die Fährte seiner Beute aufspürt, nachfolgt und nach Möglichkeit das Tier einfängt und tötet. Damit soll natürlich nicht gesagt werden, der Polizeihund sollte den Kriminellen auffressen! Er muss jedoch in der Lage sein, ihn festzuhalten, bis Hilfe in Form des Polizeihundeführers kommt.

Eine andere Nutzung des Jagdinstinktes findet man bei den Rettungshunden. Diese Hunde haben sich als recht hilfreich beim Aufspüren von Opfern von Bomben und Naturkatastrophen, die unter Trümmern verschüttet wurden, erwiesen, sowie zum Aufspüren von Menschen, die im Gebirge abgestürzt sind oder sich verirrt haben. Hunderte von verschütteten Menschen wurden während des Zweiten Weltkriegs in London und anderen Städten Englands durch Hunde gerettet. Einige dieser Hunde wurden durch ihre Besitzer ausgebildet und eingesetzt, sie waren Freiwillige für diese gefährliche und oft aufopferungsvolle Aufgabe. Eine von ihnen kannten wir sehr gut, die inzwischen verstorbene Margaret Griffin. Ihr wurde für ihren Einsatz während des Blitzkriegs in London die *British Empire Medal* verliehen. Oft half John als *Scheintäter* bei der Ausbildung ihrer Deutschen Schäferhunde und lernte sehr viel von ihr. Ihre Ausbildungsmethoden würden allerdings mit Sicherheit in heutiger Zeit nicht viel Zustimmung finden. Bei der Ausbildung von Rettungshunden war das *Opfer* noch nicht mit einem *Futterbeutel bewaffnet*, wie es heute die Praxis ist. Er trug einen gepolsterten Arm und wenn der Hund ihn aufspürte, sprang er auf und lief weg. Nicht sehr weit - denn schnell wurde er eingefangen und hatte einen ziemlichen Kampf mit dem Hund durchzustehen, woran der Hund sich erfreute - denn dies war seine Belohnung. Margaret hielt nichts davon *Mannarbeit* spielerisch zu lehren, wie dies heute allgemeine Praxis ist; wenn ihre Hunde angriffen, war es ernst. Ihre Hunde standen aber unter so strenger Kontrolle, dass sie, handelte es sich um ein echtes Opfer, sofort ins *Platz* gelegt werden konnten. Sie blieben in dieser Haltung, während die Rettungsmannschaften ihre Arbeit erfüllten.

Der Erfolg der Ausbildungsmethoden von Margaret Griffin erwies sich, als eine ihrer Hündinnen - Crumstone Irma - nicht weniger als 200 Menschenleben rettete. Ihr wurde die *Dicken Medal* zugesprochen - das *Victoria Kreuz* des Hundes. Zu den Vorzügen von Irma gehörte, dass sie niemals einen toten Körper markierte. Das erlaubte natürlich den Rettern, sich auf die Menschen zu konzentrieren, welche noch lebten. Bei einem Einsatz hatte eine Bombe einen ganzen Wohnblock völlig zerstört. Irma durchsuchte methodisch die Trümmer, markierte mehrere Opfer, die gerettet wurden. Als sie einen bestimmten Fleck markierte, betonte der Luftschutzhelfer, hier könnte kein Opfer liegen. Er besaß eine vollständige Liste aller Bewohner der Apartments und hatte alle durchgezählt. Margaret gehörte jedoch nicht zu denen, die *Nein* als eine Antwort ansahen. Sie bestand darauf, dass nicht nur jemand verschüttet sei, sondern dass dieser auch noch lebte. Alle weiteren Argumente abschneidend fragte sie, ob Irma sich bisher im Einsatz je geirrt habe. Niemand konnte sich erinnern, dass sie je Fehler gemacht habe und so wurde ein Bagger herbeigeschafft. Er legte einen *Anderson shelter* frei, eine verstärkte Stahlbox, groß genug, dass mehrere Menschen hineinkriechen und sich hinlegen konnten. In dieser Box fand man eine Mutter mit ihren zwei Jungs. Bedauerlicherweise war die Mutter tot, aber die beiden Kinder, eins nur wenige Wochen alt, das andere über zwei Jahre, lebten. Sie waren vom Hund gerettet worden, vor dem sie sonst wahrscheinlich weggelaufen wären und der sie hätte einfangen können.

Ironie des Schicksals: Zum Ende des Krieges versuchte Margaret Griffin sehr beharrlich die Behörden davon zu überzeugen, ein eigenes Team von Rettungshunden aufzubauen. In der Hoffnung, sie könne sich daran beteiligen, hielt sie mehrere Hunde im Training. Aber ihre Bitten fanden taube Ohren! Heute haben wir Rettungshunde quer durch die ganze Welt, die helfen, Katastrophenopfer aufzufinden.

(Nähere Einzelheiten Kapitel 10: Arbeitshunde).

Kapitel 5
DER
SCHUTZINSTINKT

Der Schutzinstinkt ist in keiner Weise auf Hunde oder höher stehende Säugetiere beschränkt. Insekten und Fische schützen ihr Eigentum und ihre Familien mit einer Wildheit, die von keinem Hund übertroffen wird. Natürlich hat auch der Mensch einen eigenen Schutzinstinkt, aber anders als die Tiere, gibt er sich nicht damit zufrieden, nur sein privates Eigentum zu schützen - am liebsten möchte er noch das Eigentum anderer für sich gewinnen.

DIE WURZELN

Wolfsrudel und andere Wildhunde besitzen ihr eigenes Territorium, welches sie durch Urin und Kot rund um einen Mittelpunkt markieren. Für fremde Wölfe heißt dies *Betreten verboten, Zutritt auf eigenes Risiko.* Irgendwo in diesem Territorium liegt eine Höhle, in der die Welpen aufgezogen werden, hier liegt das Hauptquartier des ganzen Rudels. Je mehr sich ein Eindringling diesem Lager nähert, umso wilder wird er in aller Regel attackiert.

Es scheint wahrscheinlich, dass einige der Welpen, welche die Ureinwohner einfingen und zähmten, nun deren Höhle als ihr eigenes Lager ansahen und versuchten Fremde herauszuhalten, zweibeinige wie vierbeinige. Dieser Instinkt pflanzte sich vom Wolf zum Haushund fort und hat sich für den Menschen bis zum heutigen Tage als besonders wertvoll erwiesen. Wie bei den anderen Instinkten hat der Mensch auch hier sorgfältig und planmäßig gezüchtet, dabei Rassen mit ausgeprägterem Schutzinstinkt als dem ihrer wilden Vorfahren hervorgebracht. Der Mensch züchtete aber auch Hunderassen mit abgeschwächtem Schutzinstinkt. Bei allen Rassen, sowie innerhalb der Einzeltiere, variiert die Stärke dieses Instinkts außerordentlich.

SCHUTZ DES HAUSES

Die überwältigende Mehrheit der Hunde wird einige Anstrengungen unternehmen, ihr eigenes Zuhause zu schützen. Sie sollten aber nicht erwarten, dass ein Hund Schutzinstinkte zeigt, ehe er Ihre Wohnung als seine eigene Wohnung akzeptiert. Das dauert bei einigen Hunden viel länger als bei anderen. Junghunde zeigen in der Regel wenig Neigung zum Bewachen, bis sie sich *erwachsen* zu fühlen beginnen. Das Alter, in dem dies eintritt, variiert stark.

Sie sollten Ihren Hund durchaus zum Bellen ermuntern, wenn jemand an der Tür läutet, ihm aber nicht erlauben, fortwährend zu bellen. Ein verbreiteter Fehler ist es, den Hund anzuschreien, Ruhe zu geben - dabei denkt er, dass Sie ihn unterstützen und bellt umso mehr. Hunde, die sich beim Öffnen der Tür hinausstürzen und hinter dem Fremden nachbellen, sind als Wachhunde völlig nutzlos. Hat der Fremde böse Absichten, kann er Sie leicht ins Haus zurückstoßen, vor dem Hund die Tür schließen und so verhindern, dass dieser wieder hinein kann.

Deshalb sollten Sie vor dem Öffnen der Tür dem Hund befehlen, an Ihrer Seite zu bleiben. Dabei spielt es keine Rolle, ob er liegt, sitzt oder steht, solange er da bleibt. Wir haben aber festgestellt, dass die meisten Hunde am besten bleiben, wenn sie im *Platz* liegen. Ein Fremder, der

Die überwiegende Mehrheit der Hunde - auch der kleinen - schützen ihre Besitzer und deren Eigentum.

einen Hund hinter der Tür bellen hört, wird in aller Regel nicht versuchen einzudringen, erst recht nicht wenn er sieht, dass der Hund ruhig neben seinem Besitzer liegt und ihn fest im Auge behält. Möglicherweise hat Ihr Hund nicht die Absicht Sie zu schützen, aber mit größter Sicherheit blickt er dem Besucher entgegen. Für alle, die den Hund nicht kennen, wirkt dies recht bedrohlich. Besitzen Sie einen ziemlich großen Hund, ist es vielleicht besser, ihn neben sich stehen zu haben und ihn dabei am Halsband festzuhalten. Dies erweckt den Eindruck, dass Sie den Hund festhalten, um sicher zu sein, dass er den Fremden nicht angreift.

Der Hund sollte nicht nur unter Kontrolle stehen, sondern diesen Eindruck unbedingt auch nach außen vermitteln, er darf keinesfalls weiter bellen. Es gibt nichts Lästigeres als eine Unterhaltung mit jemandem zu führen, während der Hund ständig mit kleinen Unterbrechungen bellt und währenddessen sein Besitzer ihn anschreit, Ruhe zu halten. Dies kann zu einer sehr unangenehmen Gewohnheit werden. Man sollte sich der Hilfe eines Freundes bedienen, um dem Hund hier einige Lektionen zu erteilen. Halten Sie Ihren Hund an der Leine und - wenn dieser Freund an der Tür läutet - erlauben Sie dem Hund zu bellen; loben Sie ihn tüchtig dafür. Gehen Sie mit ihm angeleint zur Tür, dort angekommen sagen Sie ihm, er solle Ruhe halten. Hört er nicht auf Kommando auf, sagen Sie es ihm erneut und versetzen ihm gleichzeitig einen Leinenruck. Dies sollte weiteres Bellen stoppen. Sind Sie sicher, dass er aufhört, können Sie ihn erneut loben. Wenn nicht, fassen Sie ihm rund um den Fang, halten ihn für wenige Sekunden geschlossen und befehlen erneut Ruhe. Warten Sie danach wieder, bis er ruhig ist, ehe Sie ihn belohnen. Öffnen Sie die Tür nicht, bevor er sich ruhig verhält.

Wenn Ihr Hund Fremde nicht ins Haus lassen will, versuchen Sie es erneut mit Hilfe eines Freundes, der Ihren Hund nicht kennt, aber etwas von Hunden versteht. Sorgen Sie dafür, dass Ihr Helfer einige Leckerbissen hat, lassen Sie dann Ihren Hund an der Tür sitzen und behandeln Sie ihn genau wie zuvor empfohlen. Achten Sie darauf, dass der Hund ruhig neben Ihnen sitzt, so dass Ihr Helfer ihm einen Leckerbissen anbieten kann. Es erweist sich auch durchaus als nützlich, dem Hund beizubringen, Besucher durch Pfötchen geben zu begrüßen. Ziel ist es, dem Hund einzuprägen, dass ein Läuten oder Klopfen an der Tür immer mit Bellen beantwortet werden darf. Wenn Sie aber sagen »Alles in Ordnung«, muss der Hund auch wissen, dass der Fremde eintreten kann.

BEWACHEN VON AUTOS

Viele, ja die meisten Hunde bewachen das eigene Auto. Als wir noch unseren Lebensunterhalt im Filmgeschäft verdienten, mussten unsere

Hunde gegen alle und jeden freundlich sein. Einer unserer besten Film-
hunde war Tuck, eine Border Collie Hündin. Im Studio musste sie
jedermanns Freund sein, als aber ein Künstler, der mit ihr im Studio
arbeitete, sich daran machte, mit ihr im Auto auf dem Parkplatz zu
sprechen, erlebte er eine große Überraschung. Sie war tatsächlich ein sehr
energischer Wächter, meinte es auch genauso wie sie es zeigte. Obwohl
wir uns bemühten zu erklären, warum sie dies tat, konnten es nur wenige
verstehen. Wir hoffen aber, dass die Leser dieses Buches begreifen, dass
sie ganz einfach das, was sie als ihr Eigentum und das ihres Besitzers
ansah, verteidigte und schützte.

In der heutigen Zeit des Autodiebstahls kann ein Hund, der das Auto
bewacht, ein großer Vorteil sein. Selbst ein kleiner Hund kann die
Aufmerksamkeit wecken, die ein Autodieb nicht möchte. Aber keinem
Hund sollte es erlaubt sein, nach jedermann zu bellen, den er sieht. Der
Hund sollte nur durch Bellen warnen, wenn jemand direkt auf das Auto
zugeht. Ein Hund, der im Auto zurückgelassen wird und bellt, unabhängig
davon, ob irgendeine Gefahr droht, ist kein Wächter, sondern ganz einfach
lästig. Ein Hund, der Passanten oder andere Autos verbellt, während sein
Besitzer das Auto fährt, ist überhaupt nicht zu entschuldigen, leider aber
heute eine übliche Erscheinung. Wie alle schlechten Gewohnheiten muss
diese zudem noch gefährliche so schnell wie möglich abgestellt werden.

Ein Hund wird einen kleinen Raum intensiver verteidigen als einen
großen. Als wir eine Hundepension betrieben, war es nicht ungewöhnlich,
wenn wir einen sehr freundlichen Hund in einen Zwinger brachten und
nach kurzer Zeit zu ihm zurückkamen, feststellten, dass er jeden bedrohte,
der sich näherte. Viele Besitzer von Hundepensionen haben ähnliche
Erfahrungen gemacht; einige Hunde können dabei sehr bedrohlich
wirken. Öffnet man die Zwingertür, wird in aller Regel ein Hund heraus-
kommen, der in den meisten Fällen genauso freundlich sein wird wie
zuvor, ehe man ihn in den Zwinger brachte. Grund für dieses Verhalten ist,
dass der Hund - schon etwas beunruhigt über das fremde Umfeld - den
Zwinger als sein neues *Lager* adoptiert hat, das er zu schützen versucht.

BEWACHEN VON EIGENTUM
Der Instinkt, Eigentum oder persönlichen Besitz zu schützen, kann zu
Schwierigkeiten führen, wenn beispielsweise Ihr Hund entscheidet, dass
ein bestimmter Lehnsessel genau der Platz für ihn ist, um zu schlafen und
den er mit niemandem teilen mag! Hier haben wir ein typisches Beispiel
von Dominanz, die oft durch den Besitzer noch verschlimmert wird, der
daneben steht und versucht den Hund zu überreden, den Sessel zu
verlassen. Schlimmer noch ist der Besitzer, der losschreit und den Hund

bedroht. Höchstwahrscheinlich versteht ein dominanter Hund dies als Herausforderung, auf die er antworten muss.

Wenn dieses Problem bei Ihrem Hund auftaucht, strecken Sie die Hand aus; falls er nach ihr schnappt, dürfen Sie sie auf keinen Fall zurückziehen. Das würde dem Hund nur bestätigen, dass er der Boss ist und eine Situation schaffen, die sich sehr schnell verschlimmert.

Fürchten Sie gebissen zu werden, was beim ersten Versuch sehr unwahrscheinlich ist, ziehen Sie dicke Ledergartenhandschuhe über, packen Sie den Hund am Halsband oder Nackenfell und ziehen Sie ihn aus dem Sessel, dann setzen Sie sich selbst darauf. Lassen Sie ihn fühlen, dass Sie ärgerlich sind, übertreiben Sie es aber nicht. Sie sollten ihm vermitteln, dass Sie von seinem törichten Verhalten völlig unbeeindruckt sind, vergessen Sie aber nicht, hinterher wieder freundlich zu ihm zu sein.

Hunde müssen in der Öffentlichkeit ein Halsband tragen, Ihr Hund sollte dies auch zu Hause tun. Dies ist besonders wichtig, insbesondere wenn Sie einen neuen Hund haben; dadurch können Sie ihn anfassen und in Situationen, wie gerade beschrieben, korrigieren, ohne ihn selbst zu packen.

SCHUTZ DES WURFES

Eine Reihe von Hündinnen mag es nicht, wenn Fremde sich ihre Welpen ansehen, sie erweisen sich dabei oft als sehr ablehnend, besonders solange die Welpen noch sehr jung sind. Dies ist völlig natürlich, denn instinktiv bewachen und schützen sie ihre Welpen.

Die richtige Stellung eines Hundes, aus der er seinen Besitzer zu schützen vermag.

Aber nicht alle Hündinnen verhalten sich so, wie wir bereits gesagt haben; in einigen der heutigen Ausstellungshunde haben sich die Instinkte abgeschwächt. In einem Welpenalter von vier bis fünf Wochen jedoch, sollte jede Hündin gestatten, dass ihre Welpen - in Anwesenheit ihres Besitzers - betrachtet werden.

Unser erster Australian Cattle Dog, Honey, war ein guter Wachhund. Diese Rasse ist für ihren Schutzinstinkt bekannt, aber sie liebte es sehr, ihre Welpen allen und jedem zu präsentieren, solange einer von uns dabei war. Solange die Welpen noch winzig waren, pflegte sie sich auf die Seite zu legen als wollte sie sagen: »Sieh, was ich hier habe, sind sie nicht hübsch!« Wir haben aber große Zweifel, ob ein Fremder, der sich alleine an die Wurfkiste wagen würde, ein so freundliches Willkommen erlebt hätte. Alle ihre Welpen entwickelten sich zu erstklassigen Wachhunden, aber keiner war übermäßig aggressiv.

DER GUTE WÄCHTER
Einige Hundefreunde haben völlig falsche Vorstellungen davon, wie ein guter Wachhund auszusehen hat. Wenn ihr neuer Welpe bis zum Alter von

Einige Hündinnen lieben es, ihre Welpen zu zeigen, andere wiederum können in Anwesenheit von Fremden recht ablehnend sein.

Foto: Keith Allison.

etwa vier Monaten Fremde nicht anbellt, sind sie enttäuscht. Aber ein vier Monate alter Welpe, der Fremde anbellt, ist in aller Regel nervös oder aggressiv. Solche Hunde bellen, weil sie Angst haben und versuchen, den Fremden wegzujagen. Zieht sich der Fremde aber nicht zurück oder nähert er sich dem Junghund, ist es höchstwahrscheinlich, dass dieser wegläuft. Solche Welpen wachsen sich in aller Regel zu Hunden aus, welche sich um den Fremden herum nach hinten bewegen, ihn ins Bein beißen und sich schnell davon machen! Bedauerlicherweise ist dies auch die Art von Hunden, die - in die Enge getrieben, möglicherweise von einem Kind, das sich mit ihnen befreunden will - recht bösartig beißen.

Ein aggressiver Junghund, der seinen Boden im Alter von vier Monaten verteidigt, wird mit großer Sicherheit zu einem sehr aggressiven, je nach Größe, recht gefährlichen Hund, wenn dieses Problem nicht schnell beseitigt wird. Achten Sie darauf, Aggression und Dominanz nicht zu verwechseln. Ein mutiger, extrovertierter Junghund kann seinen Besitzer - oder einen Besucher - herausfordern. Er ist aber nicht notwendigerweise aggressiv, sondern testet nur das Wasser um herauszufinden, wie weit er gehen kann; aber auch dies muss natürlich kontrollierbar bleiben.

Alle Junghunde sollten zu jedermann freundlich sein. Es gibt aber auch einige Hunderassen, die sich reservierter verhalten als andere. Das macht es schwierig, beim Ansehen eines Wurfes herauszufinden, welche Hunde gute Wachhunde werden und welche nicht. Der beste Ratgeber ist die Ahnentafel, also jene Hunde, von denen der Welpe abstammt - und dies gilt besonders für die Hündin. Nicht nur dass die Welpen ihre Gene erben, sie werden auch durch ihr Verhalten in den ersten Wochen stark beeinflusst. Bei einer aggressiven Hündin ist zu erwarten, dass sie auch aggressive Welpen hat, selbst wenn der Vater ein freundlicher Hund ist.

Häufig glaubt man, dass ein Hund, der sich Fremden gegenüber freundlich verhält, als Wachhund nutzlos ist. Das ist aber keineswegs immer der Fall. Wie wir schon wissen, sind die Sinne und Reflexe des Hundes sehr viel genauer als unsere eigenen. Instinkte, insbesondere der Schutzinstinkt, sie können durch Stimulanzien aktiviert werden, die so geringfügig sind, dass wir sie nicht zu erkennen vermögen. In den Tagen, als unartige Kinder eine Tracht Prügel erhielten, mussten einige Eltern sehr aufpassen, dass der Familienhund nicht in der Nähe war, denn mancher machte sich höchstwahrscheinlich daran, das Kind zu schützen. Judy, eine Border Collie Hündin, die bei uns bis ins hohe Alter lebte, war ein wirklich gutartiger Hund, freundlich zu jedermann. Wenn wir aber so taten, als würden wir uns gegenseitig angreifen, stürzte sie sich heran, um das *Opfer* zu schützen. Dabei gebärdete sie sich völlig wild, bellte und sprang den *Aggressor* an, machte uns also deutlich, dass dies aufzuhören hatte. Nie biss sie uns, aber wir zweifelten keine Sekunde daran, dass wenn irgendein Fremder einen von uns angegriffen hätte, sie ihn schwer gebissen hätte.

Es ist oft schwierig vorauszusagen, welche Reaktionen ein Hund unter ungewöhnlichen Umständen zeigt, selbst wenn wir ihn recht gut kennen. Viele Hundefreunde sind sicher, dass ihr Hund viel zu freundlich ist, um ihnen im Falle eines Angriffs zu helfen. Wir glauben aber, dass die Mehrheit der vernünftigen Hunde aller Rassen sich bemühen wird, ihren Besitzer zu schützen, wenn sie die Gefahr als wirklich gegeben sieht.

AUSBILDUNG ALS SCHUTZHUND

Die meisten Hunde haben eine Art *siebten Sinn*, durch den sie sich völlig anders verhalten, wenn sie einer echten Gefahr gegenüber stehen. Als die Sicherheitsoffiziere erstmals begannen Hunde einzusetzen, trainierte John eine ganze Reihe von Hunden auf Angriff, kaufte sie extra für diese Aufgabe. Einmal bot man ihm einen Boxer-Rüden an, der einem Paar gehörte, das ein Einzelhandelsgeschäft hatte und in der Wohnung darüber wohnte. Wenn Buster hörte, dass jemand das Geschäft betrat, wäre er - hätte er eine Chance gehabt - am liebsten die Treppen hinuntergestürzt, um den Eindringling zu stoppen. Dies erwies sich für das Geschäft als nicht besonders gut.

In dieser Zeit lehrten wir die Hunde den Angriff aus dem Spiel, was heute bei den Polizeikräften allgemeine Praxis ist. Als Erstes ermunterte man den Hund im Spiel, an einem alten Sack festzuhalten. Zeigte er hier große Begeisterung, wurde der Sack um den Arm des *Scheintäters* gewickelt und der Hund wurde angefeuert zuzufassen und festzuhalten. Tatsächlich reagierte der Hund vorwiegend über den Jagdinstinkt, weniger über den Schutzinstinkt. Ein Krimineller, dessen Arm von vierzig Kilo Hund umfasst wird, hat aber wenig Gelegenheit, sich über Instinkte Gedanken zu machen. Aus irgendeinem Grund wollte Buster ein solches Spiel nicht betreiben, hatte keinerlei Neigung, ein Stück Sack anzugreifen. So nahm John Zuflucht zu der alten Methode, bei der der Hund gereizt wird, um ihn ärgerlich zu machen, in der Hoffnung, er würde dann den ihn Ärgernden in den Arm beißen. Auch hierbei hatte er kein Glück. Buster zeigte einfach keine Reaktion. Wir hatten aber keinerlei Grund, den vorherigen Besitzern nicht zu glauben, waren sicher, dass der Hund schützen würde, wenn wir nur etwas finden konnten, was ihn aus der Reserve lockte.

So entschied sich John, eine realistische Szene aufzubauen. Er versicherte sich der Hilfe eines Freundes, der häufig die Rolle des *Scheintäters* übernahm und darin viel Erfahrung hatte. Nahe dem Besitz

Ausgebildete Schutzhunde brauchen Mut, müssen immer unter Kontrolle stehen.   *Foto: Alan Jones.*

gab es einen alten, leeren, ziemlich baufälligen Schuppen, an dem ein Weg vorbei ging. Der *Scheintäter* war mit einem gut gepolsterten Anzug ausgestattet und sah dadurch einem Monster ziemlich ähnlich. Als die Dämmerung hereinbrach, ging er zu dem Schuppen und versteckte sich dort, ohne dass ihn der Hund zuvor überhaupt gesehen hatte. Er ging durch die Felder zum Schuppen, damit auf dem Weg keine Spur zurückblieb. Alles sollte für Buster eine große Überraschung werden.

John wartete bis es nahezu völlig dunkel war; das war sehr wichtig, denn ein Hund ist einer Gefahr im Dunkeln gegenüber viel mutiger als bei Tageslicht. Er leinte Buster an und ging zügig über den Weg Richtung Schuppen. Als sie sich näherten, machte der *Scheintäter* ein Geräusch, nicht laut, aber laut genug, dass Buster es hören konnte. Buster stoppte sofort seine Schritte, sträubte das Nackenfell und begann zu knurren. John lobte ihn und ermunterte ihn sogleich mit einem aufgeregten »Was ist denn los, wo ist er?!« Aber zu diesem Zeitpunkt brauchte Buster überhaupt keine Ermunterung mehr, zerrte vielmehr an der Leine. Als Nächstes befahl John dem *Scheintäter* herauszukommen. Dieser kam heraus, schrie und drohte mit einem hoch erhobenen Stock. Urplötzlich verwandelte sich dieser Hund, der zuvor den Eindruck erweckte, er könne keiner Fliege etwas zu Leide tun, in ein völlig anderes Tier. Er biss den *Scheintäter* und hätte ihn mit Sicherheit schwer verletzt, wäre dieser nicht so gut geschützt gewesen. Von dieser Minute an hätte Buster jedermann angegriffen, der seinen Führer bedrohte, blieb aber dabei Menschen gegenüber, die keine Bedrohung darstellten, unverändert freundlich. Später kam Buster nach Zypern und bewachte dort eine Familie mit Kindern, die um ihre Sicherheit fürchteten, da es zu dieser Zeit einige Unruhen gab.

DAS MENSCHLICHE ELEMENT

Wie alle anderen Instinkte kann man auch den Schutzinstinkt stärken und abschwächen. In erster Linie ist dies abhängig von der Stärke des Instinkts beim Einzelhund, zum Zweiten von den persönlichen Umständen und Anforderungen des Hundebesitzers. Vielleicht sollte man daran erinnern, dass ein überfreundlicher Hund mit wenig oder keinem Schutzinstinkt in Zeiten der Not wenig Hilfe bietet, aber es ist so oder so wenig wahrscheinlich, dass sein Besitzer einmal in Schwierigkeiten gerät. Auf der anderen Seite - wenn Ihr Hund irgendeinen beißt, der versucht, Ihren Geldbeutel zu stehlen, sind Sie zunächst rechtlich in der Gefahr, wegen des Schadens des Angreifenden noch verfolgt zu werden. Der Übeltäter könnte mit einer Verwarnung davon kommen, Sie selbst sind aber für umfangreichen Schadensersatz haftbar, möglicherweise könnte der Hund sogar zum Einschläfern verurteilt werden. (Diese Passage schildert die englische Rechtslage. Zum Studium deutscher Rechtsprobleme empfehlen wir »Friedrich und Jutta Wienzeck: *Hunde im Paragraphendschungel*, Kynos Verlag).

Es ist durchaus verbreitet, dass Hunde andere Hunde, die sich ihrem Besitzer nähern, abweisen, einige greifen auch an oder versuchen es zumindest. Solche Hunde schützen in Wirklichkeit ihre Besitzer gegen fremde Hunde. Unwissend ermutigt die Mehrheit der Hundebesitzer noch solches Verhalten. Sie streicheln ihren Hund, sagen ihm in besänftigendem Tonfall, er soll sich nicht beunruhigen, der andere Hund würde ihn nicht angreifen - und noch einigen Unsinn mehr! In Wirklichkeit loben Sie dadurch den Hund, ermutigen ihn das zu tun, was Sie im Grunde gar nicht wollen. In den meisten Fällen ist es die Schuld des Besitzers, wenn sich ein Hund so verhält.

Besitzer junger Hunde sind in der Regel besorgt, der andere Hund könne ihren Hund beißen. Im gleichen Augenblick, wenn sie einen fremden Hund sehen, wird der Hund angeleint oder - wenn schon angeleint - die Leine verkürzt. Dem folgt häufig sehr viel Lob und besänftigendes Sprechen, sie versichern dem Junghund, dass alles in Ordnung ist. Häufig schreit der Hundebesitzer den anderen Hund an, scheucht ihn weg, auch wenn dieser sehr freundlich ist. Später wundert er sich, dass der eigene Hund, der in der Regel am liebsten mit dem anderen Hund gespielt hätte, anfängt, Hunde als Bedrohung zu empfinden. Das Problem wäre jedoch leicht zu vermeiden, wenn man den Ratschlägen über Sozialisierung des Junghundes folgen würde.

Es ist eine traurige Tatsache, dass viele Hunde beschuldigt werden, bösartig zu sein, obwohl sie in Wirklichkeit nur ihrem Instinkt folgen, ihren Besitzer zu beschützen. Ein Tier kann wirklich nicht anders, als seinen Instinkten zu folgen. Wichtig ist es, diese Instinkte zu kontrollieren, manchmal für sie ein anderes Ventil zu schaffen. Es macht aber keinen Sinn zu versuchen, solche Instinkte *herauszuprügeln*. In primitiven Menschen treffen wir noch viele Instinkte an, die bei der Mehrheit der so genannten zivilisierten Bevölkerung verloren gingen, aber wir alle werden noch von Mitgliedern des anderen Geschlechts angezogen, die meisten von uns jedenfalls! Wenige Menschen wissen genau, warum sie sich von einer bestimmten Person angezogen fühlen, auch wenige werden je wissen, wohin diese Anziehungskraft sie führen wird - manchmal zum großen Glück, manchmal zur Tragödie. Was immer daraus werden wird, es trifft uns trotz der Tatsache, dass wir in der Lage sind, über unser Tun nachzudenken. Der arme Hund, der nicht auf die gleiche Art wie wir zu denken vermag, folgt einfach seinem Instinkt. Zu viele Menschen glauben, dass er richtig und falsch zu unterscheiden vermag, ohne den Versuch zu unternehmen, ihn dies zu lehren.

Wichtig ist daran zu denken, dass die Reaktion des Hundes Menschen gegenüber, im Vergleich gegenüber anderen Hunden, sehr verschieden ist. Politiker scheinen nicht in der Lage zu sein, diese Tatsache zu erkennen. Dies beweist die Gesetzgebung, die so genannte *Kampfhunde* diskriminiert, insbesondere Pit Bull Terrier. Es ist durchaus zuzugeben, dass in früheren Zeiten diese Hunde zum Angriff, ja sogar zum Töten anderer Hunde gezüchtet wurden, sich die Aggression jedoch nie gegen Menschen richtete. Fest steht, würden sie Menschen angreifen, wäre es völlig unmöglich, sie beim organisierten Hundekampf anzufassen und nach den Kampfrunden zu trennen. Die überwältigende Mehrheit dieser Hunde ist in Wirklichkeit sehr leicht auszubilden, freundlich gegenüber Kindern und Erwachsenen und hat selten viel Schutzinstinkt. Die Probleme bestehen darin, dass sie es lieben zu kämpfen, große Freude daran haben, sich in ein Stück Seil oder einen kräftigen Stock zu verbeißen um hin und her geschwungen zu werden. Natürlich ist es ziemlich einfach, solche Hunde abzurichten, alles - einschließlich Menschen - auf Kommando anzugreifen. Und wenn sie angreifen, können ihre enorm kraftvollen Kiefer auch ziemlich schwere Verletzungen verursachen. Die Haltung dieser Hunde erfordert zwingend einen verantwortungsbewussten Hundebesitzer und sehr sorgfältige Erziehung.

Die Reaktion eines Hundes auf Kinder ist oft von seinen Reaktionen gegenüber Erwachsenen völlig verschieden. Einige Hunde beten Kinder geradezu an, andere dagegen tun dies eindeutig nicht. Manchmal ist diese Haltung gar nicht Fehler des Hundes. Wenn man uns fragt, ob ein bestimmter Hund oder eine bestimmte Rasse *gut gegenüber Kindern* ist, lautet unsere übliche Antwort: »Sind die Kinder dem Hund gegenüber freundlich?«

Kapitel 6
DIE RICHTIGE RASSEWAHL

Die Auswahl des richtigen Hundes für einen bestimmten Lebensstil verdient sehr viel mehr Nachdenken als die meisten Menschen aufbringen. Sie wählen sich einen Lebensgefährten, hoffentlich für die nächsten 10 bis 15 Jahre. Unterläuft ihnen dabei ein Fehler, werden weder Mensch noch Hund glücklich. Aber so viel Sorgfalt Sie aufbringen, es gibt viele Fälle, in denen der falsche Hund ausgewählt wurde oder sich die Lebensumstände so verändert haben, dass man dem Hund nicht mehr die Lebensqualität zu bieten vermag, die er verdient. Wenn so etwas eintritt, sollten Sie nicht - wie so viele Hundebesitzer - über Jahre das Problem fortsetzen. Es ist schwer zuzugeben, dass der eigene Hund - als Welpe ins Haus gekommen - heute nur noch wenig Freude bringt und mit einem anderen Besitzer sehr viel glücklicher wäre. Oft entwickelt sich ein Hund, der »ein quadratischer Block in einem runden Loch« zu sein scheint, in einem neuen Zuhause zu einem völlig anderen Tier. Wenn Sie nicht zusammen passen, sollten Sie dem Hund eine neue Chance geben - Sie beide werden dadurch glücklicher.

DIE FALSCHEN ENTSCHEIDUNGSGRÜNDE

Ehe Sie sich für einen Hund entscheiden, sollten Sie einige Züchter und kleine Hundeausstellungen besuchen, sich dabei viele verschiedene Rassen ansehen. Die Hunde stehen im Besitz von Menschen, die Ihnen nur zu gerne etwas über die Rasse erzählen. Besuchen Sie Leistungsprüfungen, wo man Hunde bei ihrer Arbeit beobachten kann, lassen Sie sich Zeit - es lohnt sich. Lesen Sie Bücher über die Rasse, aber mit einiger Vorsicht! Die meisten Autoren - aber bestimmt nicht alle - sind glühende Anhänger der auserwählten Rasse, übertreiben die Vorzüge, sind jedoch den Fehlern gegenüber blind.

Zu viele Menschen wählen ihren Hund aus den falschen Beweggründen heraus. Sie besuchen eine Hundeausstellung, sehen einen Hund im Fernsehen und mögen diese Rasse. Sie hat die richtige Größe, hübsches,

Lernen Sie über die einzelne Hunderasse so viel wie möglich, ehe Sie einen Hund kaufen.

glänzendes, langes Fell von der richtigen Farbe, optisch ein wunderschöner Hund, also genau das, was Sie wollen. Ist dies aber wirklich wahr? Viele Käufer wissen überhaupt nichts über die Rasse. Es kommt viel weniger auf das Aussehen des Hundes an als darauf, wie er mit den Menschen harmoniert - das allein zählt!

Manchmal haben Hundebesitzer gerade ihren alten Freund verloren und kaufen übereilt einen Welpen der gleichen Rasse. Haben sie Glück, finden sie einen charmanten Welpen, der in vielerlei Hinsicht dem Hund, den sie verloren haben, ähnlich ist. Aber Hunde sind Einzelwesen! Sie können nicht wie ein leeres Frühstückspaket beliebig ausgetauscht werden. Auch ein Welpe der gleichen Rasse kann zwar dem alten Hund in vielerlei Art ähneln, aber keine Wiedergeburt sein. Uns haben Hundefreunde erzählt, dass ihr neuer Welpe Dinge tut, die der alte Rusty nie getan hatte und uns um Hilfe gebeten. Armer kleiner Welpe, er ist immer er selbst - also Vorsicht! Ein Beispiel schlechter Hundewahl war unser Nachbar, der zu einer Pferdeausstellung ging und mit einem übermütigen Border Collie-Welpen zurückkam. Warum? Er hatte dessen Vater dort gesehen und glaubte, dieser sei der sich am besten benehmende und intelligenteste Hund, den er je gesehen habe. Das kann durchaus sein, aber für ihn erwies sich der Welpe als eine Katastrophe. Er lässt sich nicht leicht erziehen, läuft weg, verhält sich anderen Hunden gegenüber aggressiv und hat auch den Besitzer gebissen. Etwas Denken und Überlegen, mehr Herausfinden über die Rasse würde viel Herzeleid und Unglücklichsein für Hund wie Besitzer ersparen.

TIERHEIMHUNDE

Wenn Sie sich einen Hund aus einem Tierheim holen, vollbringen Sie zweifelsohne eine gute Tat. Vielleicht haben Sie Glück und finden dabei einen echt hübschen Hund, aber es kann auch zu Schwierigkeiten kommen. Es ist nicht immer möglich, viel über die Geschichte des Hundes zu erfahren. Die Mitarbeiter im Tierheim können Ihnen lediglich sagen, wie sich der Hund im Zwinger verhält und wie er gegenüber Menschen und anderen Hunden auftritt. Viele Tierheime in England haben heute Verhaltenstherapeuten, mit denen Sie sprechen können, die Ihnen die möglicherweise auftretenden Probleme erklären und mit denen Sie diskutieren können, ob der Hund zu Ihnen passt - oder nicht. Obgleich es zu Problemen kommen kann, erweisen sich viele dieser Hunde als gute Familienhunde. Kommt es zu unerträglichen Schwierigkeiten, sind die meisten Organisationen bereit, den Hund zurückzunehmen.

ARBEITSRASSEN

Wir wissen bereits, dass alle Hunde zwar die gleichen Grundinstinkte besitzen, ihre Stärke aber zwischen den Rassen und den jeweiligen Einzeltieren sehr stark variiert. In den meisten so genannten Arbeitsrassen hat der Mensch durch planmäßige Zucht die Instinkte, die für die jeweilige Aufgabe nützen, verstärkt. Dies ist am deutlichsten bei

Jagdhunden zu erkennen, hier unterscheiden sich Leistungshunde - *Field Trial strains* - sehr stark von Ausstellungshunden. Dies besagt nicht, dass für die Ausstellung gezüchtete Hunde nicht arbeiten - sie sind hierfür durchaus geeignet - jedoch werden sehr wenige einmal ein *Field Trial Champion.*

Möchten Sie einen Jagdhund als Gefährten und Familienhund, dann kaufen Sie unbedingt einen aus einer Ausstellungslinie. Bei vielen Arbeitsspaniels - beispielsweise Springer Spaniels - ist der Arbeitsinstinkt so stark entwickelt, dass er alles andere verdrängt. Diese Hunde arbeiten erfolgreich als *Suchhunde*, spüren Drogen oder Sprengstoffe auf. Tatsächlich wurden viele dieser Hunde von Privatleuten zur Verfügung gestellt, weil sie sich als zu aktiv und erregbar erwiesen haben. Werden diese Hunde aber erzogen, ihre Nase zu gebrauchen, bringen sie unendliche Ausdauer und Begeisterung für diese Arbeit mit.

Die meisten Jagdhunde sind sehr ausbildungsfähig. Sie wurden über lange Zeiträume zur Arbeit mit dem Menschen gezüchtet, zu einer vom Menschen vorgegebenen Arbeit. Fast alle haben eine natürliche Apportierveranlagung, weswegen das Apportieren zu den besten Belohnungsmethoden bei Retrievern oder Spaniels zählt.

Die meisten Spaniels und Retriever haben also einen ausgeprägten Apportierinstinkt. Welpen dieser Rassen nehmen höchstwahrscheinlich alles und jedes auf, was sie sehen, bringen es dann meist triumphierend heran, wedeln mit der Rute und zeigen ein breites Grinsen. Dies ist oft der Zeitpunkt, wo Hund und Besitzer sich missverstehen. Der Hund tut etwas, was ganz seiner Natur entspricht, zudem möchte er damit seinem Besitzer gefallen. Richtig ist, gestern brachte er seinen Ball und sein Lieblingsspielzeug und wurde dafür tüchtig gelobt, heute jedoch bringt er

Der English Springer Spaniel ist ein unermüdlicher Arbeitshund mit großer Ausdauer. Apportieren ist für ihn das Ventil, um seine Energie auszuleben. Foto: Steve Nash.

Der Golden Retriever ist ein populärer Familienhund.

Foto: Carol Ann Johnson.

einen neuen Hut, der gedankenlos auf einen Sessel geworfen wurde oder ein ziemlich empfindliches Halstuch, was mit all dem Schlabber nicht besser wird. Also wird er ausgeschimpft und ihm das kostbare Stück aus dem Fang gerissen. Zurück bleibt ein sehr erregter und verwirrter junger Hund. Wenn Sie wirklich möchten, dass Ihr Hund fröhlich apportiert, dürfen Sie ihn niemals ausschimpfen wenn er etwas bringt - selbst nicht bei einem mausetoten Kaninchen! Vorbeugen ist immer besser als heilen, und der einfachste Weg aus diesem Problem lautet, nichts herumliegen zu lassen, was der Welpe auflesen könnte. Seien Sie fair, es ist ein Babyhund, der sein Bestes tun möchte.

Lehren Sie ihn richtig zu apportieren und Sie werden dabei viel Freude haben. Er kann lernen Ihnen die Zeitung, Ihre Hausschuhe, seine Decke und vieles mehr zu bringen. Außerdem kann man seinem Hund beibringen, verlorene Gegenstände wiederzufinden. Beginnen Sie damit, seinen Ball in hohem Gras zu verstecken und ihn dann suchen zu lassen. Auf einem Spaziergang können Sie einen Gegenstand unbemerkt fallen lassen und ihn dann auf Ihrer Fährte zurückschicken, um den Gegenstand zu finden. Für den Hund ist dies alles ein Spiel, bei dem er seine Nase einsetzen und seinen Bringtrieb ausleben kann. Er hat eine Aufgabe zu erfüllen, denn untätige Hunde sind selten glücklich. Das alles tut er für Sie, seinen Rudelführer und nicht um sich selbst zu amüsieren.

HOUNDS
Die Jagdhunderassen werden in England in zwei Gruppen unterteilt: Windhunde - beispielsweise Salukis und Greyhounds - und Hounds, die Fährten verfolgen, beispielsweise Otterhounds und Bassets.

WINDHUNDE
Windhunde vermögen vorzüglich bewegliche Objekte zu beobachten, sei es ein rollender Ball oder auf weite Entfernung ein flüchtendes Kaninchen. Über Jahrhunderte wurden sie gezüchtet, ihre Beute zu hetzen und zu töten. In der heutigen Zeit kann dies aber zu Problemen führen. Werden Windhunde nicht genau kontrolliert, kann es durchaus passieren, dass sie Nachbars Katze oder auch einen kleinen Hund jagen und töten, nicht etwa, weil sie bösartige Tiere sind, sondern weil alle ihre Gene auf Jagdtrieb programmiert sind. Folge ist, dass viele dieser Windhunde nie abgeleint werden, weil ihr Besitzer über das, was passieren könnte, beunruhigt ist. Diese Windhunde haben aber eine große Freude am freien Lauf, weshalb die Antwort in der richtigen Erziehung liegen muss.

Noch vor der Ausbildung muss der kleine Welpe auf Menschen geprägt werden. Am Allerwichtigsten ist der Kontakt mit anderen Hunden aller Formen und Größen, wann immer möglich. Einmal mit kleinen Hunden vertraut, ist es viel unwahrscheinlicher, dass er sie jagen möchte. Kommt es dennoch aus Versehen einmal zur Jagd, ist es weniger wahrscheinlich, dass er dabei Schaden anrichtet. Vor allem aber müssen Windhunde lernen, sofort auf Anruf zu reagieren, ebenso sollte man sie lehren, sich auf Kommando *down* zu legen. Häufig wird ein Hund, wenn er es richtig gelernt hat, sich schneller legen als auf Ruf zurückkommen. Wenn ein Windhund aber erst einmal etwas jagt, ist es völlig nutzlos, zu rufen und zu schreien. Einerseits wirkt der Besitzer dabei etwas töricht, andererseits wird sein Hund ihn überhaupt nicht hören. Sind seine Sinne auf die Jagd ausgerichtet, ist er allem anderen gegenüber taub. Wenn Sie sich deshalb auf großem, offenem Gelände bewegen, wo es Wild oder andere Tiere gibt, sollten Sie Ihren Windhund auf alle Fälle an der Leine führen, außer, Sie können sich darauf verlassen, dass er auf Kommando zurückkommt. Aber selbst, wenn Sie sich auf sein Zurückkommen verlassen können, sollten Sie ihn immer in Sichtweite halten.

Außer dem Nachjagen hinter einem Ball oder Umhertoben mit einem zweiten Hund gibt es noch andere Wege, um ihn seine Jagdinstinkte ausleben zu lassen. Es gibt *Whippet racing, Afghan racing* (wo auch andere Windhunde in der Regel willkommen sind), *lure coursing* und andere Hundesportarten. Einige Hundebesitzer haben die Vorstellung, dass Hunde, die auf *lure coursing* oder *racing* (Rennen hinter einem künstlichen Hasen) geschickt werden, auch Katzen und kleine Hunde

Beim Greyhound ist Kontrolle unerlässlich, diese Hunde verfügen über einen ausgeprägten Jagdinstinkt.

Foto: Steve Nash.

jagen. Das wird er jedoch mit Sicherheit nicht tun, wenn man ihm als Welpe beigebracht hat, sie in Ruhe zu lassen. Die meisten Windhunde sind in keiner Weise dumm, obgleich manche dies glauben. Schnell lernen sie den Unterschied zwischen spazieren gehen und dem Besuch der Rennbahn.

AUF DER FÄHRTE ARBEITENDE HOUNDS (SCENT HOUNDS)
Diese Hunde unterscheiden sich insofern von den Windhunden, als in ihrem Leben der Geruchssinn absolute Priorität einnimmt. Ein *Scent Hound* ist immer am glücklichsten, wenn er der Fährte folgen darf, allerdings kommt bei den meisten von ihnen direkt danach das Futter! So wie der Windhund der Beute nachhetzt, arbeitet ein der Fährte folgender Hound mit tiefer Nase und ist auf der Fährte allem anderen gegenüber taub. Die meisten wurden gezüchtet, um in Meuten zu jagen, wobei sie auf dieser Jagd unter der Kontrolle des *Huntsman* stehen. Es ist in England gar nicht ungewöhnlich, eine ganze Anzahl verschiedener Houndmeuten im Ausstellungsring einer *Agricultural Show* anzutreffen - Bassets, Beagles, Harriers, Foxhounds - jede Meute mit ihrem eigenen Huntsman. Alle diese Hunde können frei miteinander laufen, reagieren aber sofort auf den Ruf ihres eigenen Huntsman und trennen sich dann in eigene Meuten. Ein allein gehaltener Hound ist in aller Regel weniger unterordnungsfreudig, da er darin einfach keinen Sinn sieht. Die Meute kommt zum Huntsman, weil er ihnen die größte Freude - die Jagd - anbietet.

Wir besaßen einen Bloodhound namens Humperdink, und zu dieser Zeit lebten wir nahe an einem Wald. Hinzu kam ein Rudel von ungefähr zwanzig Hunden verschiedener Rassen, die bei unserer Filmarbeit Einsatz fanden. Wir bewegten sie zu Pferde im Wald, immer etwa zehn gleichzeitig hinter uns. Hierbei erwies sich Humpy als Problem. Stieß er auf eine menschliche Fährte, ging er mit der Nase nach unten, gab Laut und war weg, worauf die anderen Hunde ihm folgten. Wir lösten dieses Problem, indem ein Helfer Humpy zu Hause behielt, während Mary mit den anderen ausritt. Etwa eine halbe Stunde später wurde er losgelassen und lief auf der Fährte, die Mary vorher gelegt hatte. Einmal lief er dabei mitten durch eine Gruppe von Wanderern, die vor dem bellenden Hund in alle Richtungen flüchteten. Hatte er erst einmal Mary und die Gruppe eingeholt, war er ganz zufrieden dabei zu bleiben, denn er hatte seinen Jagdtrieb ausgelebt.

Ein anderer *scent hound,* den wir besaßen, war ein großartiger Charakter - Bertie, ein Basset Hound. Eine in unserer Nachbarschaft lebende Dame musste sich von ihm trennen, als er achtzehn Monate alt war. Sie

Der Basset Hound: Er ist nicht leicht auszubilden, aber er kann ein exzellenter Familienhund werden. Aber lassen Sie ihn nie jagen!
Foto: Sally Anne Thompson.

hatte vier Kinder und ein weiteres hatte sich angemeldet, so dass sie zu dem Schluss kam, entweder das Kind oder der Hund! So musste der Hund schließlich weichen. Wir machten uns also auf den Weg, Bertie anzuschauen, denn wir hielten nach einem Hund Ausschau, der für die Filmarbeit ausgebildet werden konnte. Als wir Bertie erstmals trafen, lief er bellend durch einen sehr großen Garten, die Nase tief auf der Fährte eines Hauskaninchens, das durch den Garten gerannt war. Er war so beschäftigt mit der Fährte, dass er direkt auf das Kaninchen zulief - was offensichtlich daran gewöhnt war. Er setzte sich hin, wedelte mit der Rute und leckte dem Kaninchen das Gesicht. Die Familie wollte ihn auch nicht behalten, weil er während des Spaziergangs auf jeder Fährte die Nase senkte und über Stunden nicht mehr zu sehen war. So kauften wir ihn, und er erwies sich als erfolgreiches Teammitglied, war aber trotzdem immer in Versuchung, auf Jagd zu ziehen, wenn er irgendeine Chance fand.

Für jeden, der einen Bloodhound besitzt, gibt es *Bloodhound Trials,* bei denen die Hounds *dem sauberen Stiefel - the clean boot -* nachjagen, oder auch Bloodhound-Meuten, die einem *Läufer - runner on foot -* über mehrere Meilen über offenes Land folgen. In jüngerer Zeit werden Otterhounds mit beträchtlichem Erfolg auch zur Nachsuche auf verirrte Menschen eingesetzt. Einige der kleineren Hounds - beispielsweise Beagles - finden Einsatz bei der Suche nach Drogen. Viele Hounds sind leicht zu erziehende freundliche Individuen, aber nicht alle sind als Familienhunde geeignet. Da sie über viele Generationen in Meuten lebten, gewöhnen sich die meisten Hounds nur schwer daran, allein zu leben. Und ein unglücklicher Hound kann seine Stimme zu einem lauten und langen Protest erheben, was die Nachbarn nicht immer mögen.

Anders als Windhunde, die fähig sind, sich auf ganz kleinem Raum zusammenzurollen (selbst die großen wie Salukis scheinen nur wenig Raum zu brauchen), brauchen Otterhounds und Bloodhounds viel Platz; sie scheinen keinerlei Begabung zu haben, sich hübsch zusammenzukauern.

KLEINHUNDE

So genannte *Toy dogs* führen häufig ein elendes Leben, weil sie vollständig missverstanden werden und dadurch frustriert sind. Darin sehen wir einen der Hauptgründe, weshalb so zahlreiche kleine Hunde als launisch, faul, futtergierig, kläffend oder sogar aggressiv bezeichnet werden. Klein mögen sie sein, aber die meisten sind fröhlich und intelligent, lernen schnell, sind widerstandsfähig und aktiv - wenn man es ihnen nur erlaubt. Alles was sie möchten ist, dass man ihnen erlaubt, wie ein Hund zu leben.

Wir leben nahe einer Stadt mit einem großen Bevölkerungsanteil an Rentnern. Viele möchten als Lebensgefährten einen Hund und meist sind dies kleine Hunde. Es stimmt uns tieftraurig, wenn wir sehen, wie Chihuahuas in Einkaufstaschen umhergetragen werden; Möpse und Pekingesen in Kinderwagen geschoben und andere Hunde, die selbst bei warmem Wetter wollene Überzüge tragen, auf den Armen ihrer Besitzer getragen werden. *Toy dogs* sind Hunde, kein Spielzeug. Wir besaßen verschiedene *Toy dogs* - Pekingese, Mops, Papillons, Cavaliere und einen Chihuahua und mit allen hatten wir viel Freude. Sie wurden genau so behandelt wie unsere größeren Hunde. Sie möchten sich wie Hunde benehmen, ganz gleich welche Größe sie haben, denn sie sind mit den selben Instinkten ausgestattet, obschon diese bei einigen geringer sind.

Unsere Chihuahua-Hündin begleitet uns häufig auf langen Spaziergängen, schwimmt und freut sich daran, Tannenzapfen zu apportieren. Unseren Pekingesen kauften wir im Alter von zehn Monaten von seiner Züchterin. Die Hündin war zurückgegeben worden und wurde als unerziehbar und kleiner Horror bezeichnet, da sie es liebte, Pferde zu jagen. John besaß ein altes Jagdpferd namens Duncan, dem sie regelmäßig nachzujagen pflegte und ihm in die Fesseln biss. Glücklicherweise war Duncan ein friedlicher alter Junge. Trotzdem war dies keine gute Sache die wir schnell unterbanden.

Verschiedene Kleinhunderassen konkurrieren heute bei Agility Wettbewerben, wobei sie sich als sehr gut erweisen. Wie größere Hunde brauchen auch Kleinhunde Auslauf, glücklicherweise kann man sie aber auch in beengten räumlichen Verhältnissen halten. Lehrt man sie das Apportieren, haben sie viel Freude beim Nachjagen eines Balls in einem kleinen Garten, ja auch im Haus. Viele Besitzer halten ihre kleinen Hunde

Der Mops ist ein intelligenter, robuster und aktiver Hund - wenn man es ihn nur sein lässt.

Foto: Carol Ann Johnson.

von größeren fern, dies kann sich aber als Fehler erweisen. Als Welpe sollten sie in den *Welpenkindergarten* gebracht werden, wobei Sie darauf achten sollten, dass dieser von einem verantwortungsbewussten Trainer geleitet wird. Der Kleinhund muss dabei zusammen mit anderen Welpen und ausgewachsenen Hunden spielen können, aber auch durch den Menschen kontrolliert werden. Wenn man den Kleinhunden erlaubt, wie Hunde zu leben, führen sie ein viel gesünderes, fröhlicheres Leben. Die zusätzliche Übung wird auch ihren Besitzern gut tun.

BULL RASSEN

Viele der Bull Rassen, beispielsweise Französische Bulldogge, Staffordshire Bull Terrier, Bull Terrier und Boxer werden, wenn man sie versteht

und ihre Eigenheiten kennt, zu sehr angenehmen Familienhunden. Einige dieser Rassen wurden ursprünglich für den Hundekampf gezüchtet. Selbst heute noch haben viele die Neigung, eine tüchtige Rauferei zu genießen. Sie wurden aber niemals gezüchtet, um Menschen anzugreifen, obgleich es heute leider einige Verrückte gibt, die sie hierfür ausbilden. In der Regel sind alle diese Rassen sehr kinderfreundlich. Sie sind robust, haben eine hohe Schmerzschwelle und scheinen in der Lage und bereit zu sein, ein gutes Maß Umherzerren durch Kinder auszuhalten, ohne dabei die Geduld zu verlieren. Tatsächlich scheinen sie dies zu genießen.

Der Staffordshire Bull Terrier ist ein robuster und eigenwilliger Hund, wird aber in richtigen Händen zum vorzüglichen Familienhund.
Foto: Keith Allison.

Für die Bull Rassen gilt, dass sie - vorsichtig ausgedrückt - recht hartnäckig sind. Haben sie einmal irgendetwas im Fang, geben sie es nur schwer wieder aus. Die Gefahr besteht, dass wenn ein Hund einer dieser Rassen zubeißt, es sich in der Regel um einen kräftigen Biss handelt. Die Welpen lieben es zu spielen, Seilziehspiele sind bei ihnen populär. Ehe der Welpe aber gelernt hat, auf Kommando loszulassen, wäre es das Beste, wenn man keinen Kindern erlauben würde, dieses Spiel mit ihnen zu betreiben. Der Junghund könnte viel zu erregt werden - und das Spiel endet mit Tränen. Alle diese Hunde müssen lernen, sofort auszulassen, wenn sie den Befehl erhalten.

TERRIER

Ursprünglich wurden Terrier zur Jagd unter der Erde auf Füchse, Dachse und Kaninchen gezüchtet, oder auch um Ratten zu fangen. Mitte des 19. Jahrhunderts waren Wettbewerbe recht verbreitet um festzustellen, wie viele Ratten ein Terrier in einer vorgegebenen Zeit zu töten vermochte. Den Rekord hielt ein berühmter Rüde namens Billy, der in der Pit 100 Ratten in 7 1/2 Minuten tötete. Damals hatten die Yorkshire Terrier noch nicht so langes Haarkleid wie heute. Von einem Yorkie mit etwa 2,7 Kilo Gewicht wird berichtet, dass er innerhalb von 3 Minuten 20 große Ratten tötete - eine gewaltige Leistung für so einen kleinen Hund. Hieran sieht man, dass Terrier mutige, hartnäckige Hunde waren. Man kann nicht behaupten, dass sie weniger intelligent wären, die meisten von ihnen sind recht aufgeweckt, haben aber selten Spaß daran, Unterordnung zu

Terrier sind energiegeladene, oft ziemlich lärmende Hunde, führen ein sehr aktives Leben.   *Foto: Amanda Bulbeck.*

erlernen. Mary besaß in den 1950er Jahren einen Drahthaar Fox Terrier, der sich als *Companion Dog* qualifizierte. Wir glauben allerdings, er ist der Einzige, der in England eine solche Leistungsprüfung ablegte.

Offensichtlich haben sich die Zeiten geändert, die meisten der heutigen Ausstellungsterrier haben nie eine Ratte gesehen und wären sicher nicht sehr begeistert davon, eine solche anzugreifen. Trotzdem haben viele ihren Arbeitsinstinkt erhalten, sind im Allgemeinen leicht erregbare kleine Hunde und haben jederzeit eine Ausrede dafür, wenn sie kläffen oder der Katze des Nachbarn nachjagen. Da es keine Ratten mehr zum Töten gibt, könnten Sie diesen Hunden helfen ihre Frustration zu überwinden, indem Sie ihnen zum Spiel Seilziehspielzeug geben. Terrier haben auch eine große Neigung zum Graben und sind deshalb bei Gärtnern nicht sehr populär. Dieses Problem löst man am besten für Hund und Besitzer, indem man ihnen im Garten zum Graben einen Sandspielplatz einrichtet. Dieser braucht nicht groß zu sein, eine nicht benutzte Gartenecke wäre durchaus ideal. Man sollte sie von drei Seiten mit Brettern einzäunen, so dass sich der Sand nicht überall hin verteilt. Lehren Sie Ihren Hund, diesen Spielplatz zu nutzen, um Spielzeug oder Leckerbissen zu vergraben, ermuntern Sie ihn zum Graben. Weiß er erst einmal, dass er graben darf, können Sie ihm auch beibringen, dass die übrigen Bereiche im Garten hierfür verboten sind. Dachshunde graben gerne, weshalb Sie auch ihm einen Sandkasten bauen sollten.

Terrier brauchen recht viel Auslauf, damit sie fit und fröhlich sind. Sie sind sicher keine idealen Wettbewerber für Unterordnung, trotzdem muss man ihnen beibringen, sich richtig zu benehmen.

HÜTEHUNDE

Hütehunde lassen sich in der Regel gerne ausbilden, da sie über viele Generationen für den Menschen gearbeitet haben. Schäferhunde sind meist unterwürfiger und gehorsamer als Rinderhunde. Rinder lassen sich nicht so leicht treiben wie Schafe, der Rinderhund braucht Eigeninitiative und Mut, um sie dahin zu bringen, wo es verlangt wird, dabei muss er vermeiden, getreten zu werden. Wenn sie nicht sehr gezielt aufgezogen werden, können Rinderhunde als Haushunde Probleme auslösen, insbesondere wenn in der Familie lärmende, extrovertierte Kinder leben. Die meisten Hundefreunde haben von den Corgis der englischen Königin gehört, die eine Vorliebe dafür hatten, in die Knöchel der Wachsoldaten vor dem Buckingham Palast zu beißen.

Wir haben einmal einen reizenden Corgi Welpen einer Familie verkauft, die viel Freude an ihm hatte, bis uns eines Tages ein verzweifelter Anruf erreichte. Er hatte sie alle gebissen, und ob wir bitte bereit seien, ihn zurückzunehmen. Dieser Hund war nur zehn Monate alt, hatte beim Verkauf wirklich ein angenehmes Wesen und so waren wir recht verdutzt. Einige Fragen hin und her ergaben, dass er schon als kleiner Welpe gerne in die Fersen gebissen hatte. Die Kinder fanden dies sehr lustig und munterten ihn dazu auf. Als er aber heranwuchs, biss er härter und war schneller. Anstatt ihm beizubringen, es nicht mehr zu tun, wartete jedermann, der das Zimmer verlassen wollte, bis der Hund eingeschlafen war, rannte dann durch die Tür in der Hoffnung, dass er hinaus kam, ehe der Hund aufwachte. Man braucht nicht zu sagen, dass dies nicht immer klappte. Der Hund liebte dieses Spiel und erreichte sie alle kurz vor der Tür. Richtig betrachtet waren sie für ihn ein idealer Rinderersatz.

Wir nahmen den Corgi zurück, und um Weihnachten herum machten wir auf Kindergeburtstagen kleine Vorstellungen. Schnell hatten wir den Corgi an ein Geschirr gewöhnt, und er erhielt seinen Platz in einem Team von vier Corgis, die einen Miniaturwagen zogen. Einige Wochen später nach einiger Ausbildung verkauften wir ihn an eine nette französische Familie, denen wir die vorangegangenen Probleme klar schilderten. Er lebte viele Jahre in Frankreich, reiste durch ganz Europa, hat niemals wieder irgendwen gebissen oder gekniffen. Er war kein aggressiver Hund, hatte den ersten Besitzer nur gebissen, weil er hier völlig missverstanden wurde. Hätten sie uns um Rat gefragt, als dies erstmals auftrat, hätten sie sich nicht von ihm trennen müssen. Die meisten Hütehunde sind recht aktiv

Ein Rinderhund braucht Mut und Entschlossenheit.

Foto: Sally Anne Thompson.

und brauchen sehr viel freien Auslauf. Sie benötigen auch irgendetwas, womit sie sich beschäftigen können. Die meisten sind ideal für zahlreiche Hundesportarten, für die es in vielen Gemeinden eigene Vereine gibt.

HUSKIES

Huskies und die mit ihnen verwandten nordischen Rassen gewöhnen sich an die Arbeit im Geschirr wie eine Ente ans Wasser. Wenn man dies auch nicht einen natürlichen Instinkt nennen kann, scheint es immerhin ein erworbener Instinkt zu sein. Wenn Sie je Huskies bei einem Rennen beobachten konnten, wissen Sie, wie viel Freude die Hunde dabei empfinden. Wenn sie auf dem Startplatz ankommen, kann nichts sie davon abhalten aufgeregt zu bellen. Sie lieben ganz einfach ihre Arbeit. Diese Hunde wurden gezüchtet, Schlitten zu ziehen, sie sind robuste, aktive Hunde. Sie ertragen harte, arktische Verhältnisse und die Gespanne vermögen einen Schlitten Tag um Tag über viele Meilen über das Eis zu ziehen.

Als wir noch Filmarbeiten machten, besaßen wir einen Husky namens Pilot. Dieser war kein leicht zu erziehender Hund, wie wir feststellten, aber er lebte im Freien und bewegte sich fröhlich mit den anderen Hunden. Eines Tages hatten wir einen außergewöhnlich starken Schneefall und John telefonierte mit dem Redakteur eines Fernsehprogramms für Kinder und fragte, ob sie zu uns kommen wollten, um einen Husky zu filmen, der einen Schlitten zog. Dies war viele Jahre bevor Husky-Rennen in England überhaupt bekannt waren. Sie wollten sehr gerne herunterkommen und kündigten ihren Besuch für den Nachmittag an. Da wir zu diesem Zeitpunkt aber noch keinen Schlitten für Pilot hatten, den er ziehen konnte, überredete John sie, erst am nächsten Morgen zu kommen und blieb die halbe Nacht auf, um einen Schlitten zu bauen.

Wir besaßen bereits ein richtiges Geschirr und sobald es hell wurde, banden wir Pilot vor den Schlitten. Er war noch nie zuvor im Geschirr gewesen, aber im gleichen Augenblick, als wir es ihm anlegten, stürzte er davon, wobei wir kaum mit ihm Schritt halten konnten. Als der Kameramann ankam, setzte er sich hinter einem kleinen Mädchen auf den Schlitten, um zu filmen, eine ganze Menge Gewicht also. Nur zu gerne hätte Pilot - hätten wir ihn nicht daran gehindert - erneut einen Lauf durch das kleine Dorf unternommen. Ein gutes Beispiel für einen »erworbenen Instinkt« oder ein rassetypisches Merkmal, das durch Zucht geschaffen wurde.

In Liebhaberhand ist es nahezu unmöglich, einem solchen Hund genügend Auslauf zu geben, ebenso schwierig ist es, ihm beizubringen, ohne zu ziehen ruhig an der Leine zu gehen. Aus diesem Grund ist der Husky wirklich kein geeigneter Kandidat für ein Leben als Familienhund.

Der Siberian Husky ist ein Workaholiker, der sich unserem häuslichen Leben nur schwer anzupassen vermag.

KREUZUNGEN UND MISCHLINGE

Es gibt viele Hundefreunde, die Kreuzungen oder Mischlinge gegenüber Rassehunden bevorzugen. Was Mischlinge angeht, so haben wir einige sehr gute gekannt und im eigenen Besitz gehabt, aber ein Mischlingswelpe ist oft eine schlechte Wahl. Seine genetische Veranlagung kann so vielfältig und gemischt sein, dass es schwierig, wenn nicht unmöglich ist, vorauszusagen, wie sich der erwachsene Hund körperlich wie seelisch entwickelt. Welpen aus Kreuzungen, also Jungtiere von Rassehunden verschiedener Rassen, sind besser einzuschätzen. Kreuzungen Golden Retriever/Labrador Retriever erweisen sich als Blindenführhunde erfolgreicher als eine der Ausgangsrassen.

Man sagt, dass aus Kreuzungen stammende Hunde in der Regel die Rassemerkmale des Elterntieres zeigen, dem sie am stärksten ähneln. Wenn wir an viele Kreuzungen zurückdenken, die wir in unserem Besitz hatten und ausgebildet haben, glauben wir, dass dies oft richtig ist, möchten aber keinesfalls sagen, dass dies immer so sein muss.

RASSESPEZIFISCHES VERHALTEN

Wir haben gesehen, dass es viele Dinge gibt, die genau überlegt werden sollten, ehe Sie sich Ihren Hund auswählen. Obwohl wir uns hinsichtlich des Verhaltenstyps, den man von der auserwählten Rasse erwarten kann, detaillierter befasst haben, müssen wir unterstreichen, dass dies nur für die Rasse im Allgemeinen gilt. Jeder Hund ist ein Individuum. Es gibt Neufundländer, die den Anblick des Wassers schon hassen, Jagdhunde, die keinerlei Interesse am Apportieren zeigen, Hounds, die mit einem Kaninchen lieber spielen als es zu töten. Genauso gibt es Corgis und Border Collies, die sehr gut als Jagdhund arbeiten, Pekingesen, die begeistert Mäuse töten, sicherlich nicht ganz so leicht wie ein Terrier Ratten tötet. Es gibt auch Boxer, die nur zu gerne auf unserem Schoß schlafen. Dies alles eingeräumt, aber rassetypisches Verhalten ist doch der Normalfall.

Vor vielen Jahren, als die meisten Hunde ihren Lebensunterhalt verdienen mussten, wurden all jene, die keine gute Arbeit leisteten, ganz einfach erschossen. Die Einzigen, mit denen man züchtete, waren gute Arbeitshunde und man sagte, *Gleiches bringt Gleiches*.

Als die Ausstellungsszene sich entwickelte, wurden gut aussehende Hunde mit wenig Interesse an der Arbeit den Hundefreunden verkauft, die sie für den Ausstellungsring wollten. Dies ist offensichtlich der Grund, warum so viele Hunde aus Ausstellungslinien viel schwächere Instinkte zeigen als ihre Vorfahren oder ihre arbeitenden Gegensätze. In vielerlei Hinsicht kann dies für den Liebhaberbesitzer ein Vorteil sein, zumal wenn er keine Sehnsucht danach hat, dass sein Hund Ratten tötet oder Schafe hütet. Damit möchten wir nicht sagen, dass dieser Hund diese Dinge überhaupt nicht tun möchte. Deshalb sollte man sich immer vor Augen halten, für welche Aufgabe der Hund ursprünglich gezüchtet wurde.

KASTRATION

Wenn Sie mit Ihrem Hund nicht züchten möchten, raten wir Ihnen nachhaltig zur Kastration. Rüden haben im Allgemeinen einige antisoziale Gewohnheiten. Oft werden sie an den am wenigsten geeigneten Stellen das Bein heben; sie umklammern menschliche Beine, Kinder und versuchen, wenn man es erlaubt, die Familienkatze zu decken. Lebt in der Nachbarschaft eine heiße Hündin, wird Ihr nicht kastrierter Rüde

Obgleich diese Mischlingswelpen sich ziemlich ähnlich sehen, werden sie höchstwahrscheinlich erwachsen sehr verschieden aussehen.

wahrscheinlich die ganze Nacht über alle im Haus heulend wach halten. Kann er entwischen, wird er die Straße hinunterlaufen und alles tun, um die Hündin aufzufinden. Nicht alle Hunde haben einen so ausgeprägten Sexualtrieb, wenn doch, haben sie kein Ventil für all ihre Sehnsucht. Damit kann das Leben für sie recht frustrierend sein. Sie machen auch ihren Besitzer bei den Nachbarn wenig beliebt.

Was Hündinnen angeht, wird ihr gesamtes Leben durch den Reproduktionszyklus gesteuert. Mit wenigen Ausnahmen werden die Hündinnen zweimal jährlich über etwa drei Wochen heiß. Werden sie gedeckt, werden neun Wochen später die Welpen geboren. Werden sie nicht gedeckt, bilden sich viele Hündinnen ein, dass sie neun Wochen später Welpen gebären sollten. Man nennt dies *Scheinträchtigkeit*. Solche Hündinnen benehmen sich genauso als würden sie tragen. Nach etwa neun Wochen produzieren sie Milch, werden sehr träge, graben ihr Lager um, tragen Spielzeug, Socken und Schuhe umher und bewachen sie, als wäre dies ihr echter Wurf. Eine solche Hündin ist nicht *schwierig* - sie kann überhaupt nicht anders. Sie benimmt sich ganz einfach, wie es ihre Hormone ihr befehlen. Möglicherweise braucht sie tierärztliche Behandlung, diese Art des Verhaltens kann in der Familie einige Störungen auslösen.

Während der Hitze müssen die Hündinnen unter strikter Überwachung stehen, dürfen keinesfalls einem Rüden näher kommen. Glauben Sie uns, einige Hündinnen sind recht erfinderisch, einen Liebhaber auf der Straße zu finden!

Haben Sie eine heiße Hündin und gleichzeitig einen Rüden im gleichen Haushalt, wird dies zu einem sicheren Rezept für Unheil, ja einem Nervenzusammenbruch - dem Ihrigen! Wir finden es viel freundlicher, wenn man einen Rüden/eine Hündin kastrieren lässt. Eine vorzügliche Tierärztin, die wir gut kennen, führte Buch über alle Hündinnen, die sie kastrierte und stellte fest, dass sie danach sehr viel weniger häufig zur Behandlung erschienen als Hündinnen, die nicht kastriert wurden.

Über viele Jahre war es bei uns Prinzip, jeden Hund, mit dem wir nicht züchten wollten, zu kastrieren. Kastration verändert die Persönlichkeit eines Hundes nicht. Sie eliminiert aber unerwünschtes Verhalten, Verhalten, das für den Hund völlig natürlich ist, aber eine ganze Menge Frustration auslöst, wenn er dafür zurechtgewiesen wird. Ein weiterer Vorteil kastrierter Tiere ist, dass sie häufig liebevoller und ihren Besitzern gegenüber enger verbunden sind.

Bis vor verhältnismäßig kurzer Zeit gab es ein verbreitetes Vorurteil gegen die Kastration von Rüden wie Hündinnen, wenige Tierärzte waren bereit, die Operation durchzuführen. Kastration beider Geschlechter wurde dafür verantwortlich gemacht, zu Dickleibigkeit und Charakterschädigung zu führen, und dies ist mit Sicherheit auch passiert. Dabei handelt es sich aber nicht um die Kastration selbst, die diese Probleme auslöst, sondern dass die Kastration durchgeführt wurde, als das Tier noch zu jung war.

Wir haben Hunde gesehen, die im Alter von vier bis fünf Monaten kastriert wurden, die sich zu *fetten Eunuchen* auswuchsen. Dies passiert nicht, wenn man dem Tier gestattet, vor der Operation auszureifen. Dabei sollte man daran denken, dass Hauptursache für Dickleibigkeit bei Hunden - wie Menschen - zu viel Futter und zu wenig Bewegung ist.

Blindenführhunde werden alle kastriert, ebenso heute die meisten Behindertenbegleithunde. Grundsatz der *The Guide Dogs for the Blind Association* in England ist, immer zu warten, bis der Rüde etwa acht Monate alt ist. Hündinnen werden nach ihrer ersten Hitze kastriert. Aber Vorsicht - Kastration ist nicht das Heilmittel für alle Übel. Wir trafen Hundebesitzer, die ihre Hunde in der Hoffnung kastrieren ließen, dadurch vom Raufen kuriert zu werden - aber es klappte nicht! Diesen Rat haben häufig Tierärzte gegeben, die es eigentlich besser wissen müssten.

Sex ist in der Regel der Katalysator, der zwischen männlichen Wesen aller Arten Aggression auslöst. So ist es erklärlich, dass durch Unterbindung des Sexualtriebs der Wunsch zum Raufen gleichzeitig aufhören sollte. In der Regel ist dies auch der Fall. Es gilt aber nicht, wenn der Rüde bereits ein begeisterter Raufer ist, der kämpft, weil er Freude daran hat. Auch kuriert Kastration keinen nervösen Hund der kämpft, weil er Angst hat, angegriffen zu werden und deshalb versucht, als Erster anzugreifen.

GENETISCHE DEFEKTE

Bedauerlicherweise treffen wir in viel zu vielen Rassen auf genetische Gesundheitsdefekte. Hierzu gehören Hüftgelenksdysplasie, Ellenbogendysplasie, Augenprobleme wie Progressive Retina Atrophie und Collie Eye Anomalie, Taubheit, Verdauungsstörungen und viele mehr. Verlässliche, ehrliche Züchter lassen ihr Zuchtmaterial auf erbliche Krankheiten, die verbreitet in der Rasse auftreten, testen. In aller Regel sind sie gerne bereit, mit Ihnen anstehende Probleme zu besprechen.

DER EIGENE LEBENSSTIL

Immer muss der persönliche Lebensstil in Betracht gezogen werden. Sind Sie eine eigenwillige Persönlichkeit, die sofortigen Gehorsam verlangt, oder sind Sie ein ruhiger Typ, der das Leben so nimmt wie es eben kommt? Haben Sie Freude am Spaziergang und allen Aktivitäten im Freien oder sind Sie eine *Couchkartoffel*? Sind Sie jung oder alt? Lieben Sie ein hübsches, sauberes Haus und einen kurzgeschorenen Rasen? Wenn ja, sollten Sie Hundehaltung vergessen. Sind Sie viel unterwegs, haben Sie Kinder, erwarten Sie in Kürze ein Baby? Liebt Ihr Partner Hunde oder würde er sie nur tolerieren? Leben Sie mit anderen zusammen oder haben Sie eine Familie, dann ist es ganz wichtig, dass die ganze Familie einen Hund möchte. Wenn jemand im Haushalt einen Hund nicht mag, wird der Hund früher oder später ziemlich unter Stress stehen und verwirrt sein. Alle diese Fragen und viele mehr müssen überlegt werden, ehe man sich für einen Hund entscheidet. Aber mit sorgfältiger Auswahl des richtigen Hundes, Verständnis und richtiger Erziehung sollten Sie sich über viele Jahre einer glücklichen Partnerschaft erfreuen. Dabei dürfen Sie nie vergessen, dass ein Hund ein Hund ist, so gut Sie ihn auch erziehen, solange er auch mit Ihnen zusammenlebt. Er wird unverändert wie ein Hund denken und sich benehmen.

Kapitel 7
SOZIALVERHALTEN
UND FRÜHERZIEHUNG

So viel Mühe Sie sich auch gegeben haben, alles über Ihren neuen Welpen herauszufinden, er hatte keine Chance, überhaupt etwas über Sie zu erfahren, über seinen neuen Rudelführer. Er kommt direkt aus seinem Familienrudel, wo er von der Mutter diszipliniert und geliebt wurde, hatte viel Spaß und Spiel, lernte den Anfang richtigen hundlichen Verhaltens mit seinen Geschwistern. Das Umsetzen in ein neues Zuhause ist für ihn ein traumatisches Erlebnis.

LIEBE UND DISZIPLIN

Viele Forscher sind der Meinung, dass einer der Gründe, weshalb der Mensch den Wolf zähmte, darin lag, dass die Struktur eines Wolfrudels einer menschlichen Familiengruppe sehr ähnlich ist. Es mag zu dieser Zeit durchaus so gewesen sein, als Wolf und Mensch, jeder für sich, sein Futter erjagte, sein Territorium gegen Beutegreifer oder Feinde verteidigte. Aber die heutige Familie ist völlig anders. Das Familienleben ist häufig chaotisch und unstabil, nahezu immer lärmend mit Menschen, die kommen und gehen. Das macht es für den Welpen schwierig, genau zu wissen, wer eigentlich wirklich zu seinem Rudel gehört.

Disziplin in der Hundemeute des Welpen war leicht verständlich. Disziplin in der menschlichen Gruppe kann recht lax und chaotisch sein. Wir Menschen sind ein hinterlistiges Volk - wir sagen das eine und meinen das andere. Wir erzählen Lügen und sind unkonsequent, wenn wir eine Regel erzwingen. Der Hund ist ein ehrbares Tier ohne solche Tricks, dadurch kann es für ihn sehr schwierig sein, uns zu verstehen. Aber trotz alle dem haben mit der Zeit viele kluge alte Hunde ihre Menschen ziemlich gut verstanden!

Es ist allgemein bekannt, dass menschliche Babys, denen man Liebe und körperlichen Kontakt verweigert, sich nicht nur sehr zurückziehen, sie könnten sogar sterben. Für Ihren Welpen gilt das Gleiche, seine Mutter bestrafte ihn fest und schnell, wenn er sich aber wieder richtig verhielt, war sie bald wieder liebevoll zu ihm, sie trug ihm nichts nach. Der heranwachsende Junghund hätte, wäre er in der hundlichen Meute geblieben, begonnen, von den älteren Hunden zu lernen. Diese hätten ihn, was die Erziehung angeht, von seiner Mutter übernommen - mit anderen Worten, er hätte die Regeln des Rudels und seinen Platz in der Hierarchie erlernt. Exakt das Gleiche muss er jetzt im neuen gemischten Rudel mit Menschen angehen. Er muss lernen zu respektieren, dass sein Platz ganz unten in der Hierarchie ist, hierzu bedarf es keines Schreiens oder Strafens. Seien Sie immer fair, geben Sie Ihrem Hund sehr viel Liebe und Zuneigung, aber auch Erziehung.

Kinder und Hunde können großartige Freunde werden, aber man darf kleine Kinder mit keinem Hund alleine lassen. Foto: Sally Anne Thompson.

Einige Ihrer Hausregeln werden für den Hund sehr merkwürdig, sogar etwas dumm wirken. Warum darf er in der Sandgrube, nicht aber im Garten graben? Warum darf er sein eigenes Spielzeug benagen, nicht aber das hübsche Kissen mit all den Federn? Dies alles macht für den hundlichen Verstand keinen Sinn. Sie müssen Ihren Hund verstehen lehren, dass - so dumm sie wirken mögen - diese Regeln immer beachtet werden müssen. Denken Sie daran, gerade einem kleinen Welpen sollte man nie etwas erlauben, was dem älteren Hund verboten sein wird. Wenn beispielsweise Ihr kleiner Golden Retriever auf Ihrem Schoß schlafen darf, wird er als Erwachsener hierbei kaum willkommen sein.

Der neue Welpe muss in kurzer Zeit sehr viel lernen - und wir alle brauchen viel Verständnis für ihn. Er weiß nicht, was Sie als richtig oder falsch ansehen, es ist Ihr Job, ihm dies beizubringen. Aber er ist noch ein Baby und braucht viel Liebe und Zuneigung.

GRUNDERZIEHUNG

Jeder kleine Welpe braucht eine Grunderziehung, aber seine Konzentrationsfähigkeit ist noch sehr kurz, deshalb müssen die Lektionen knapp gehalten sein und dem Hund Spaß machen. Erziehung muss ein Spiel sein, ein Spiel, das der Besitzer stets kontrolliert. Nie sollten Sie versuchen den Hund zu erziehen, wenn Sie sich abgespannt, müde oder - noch schlimmer - schlecht gelaunt fühlen, dabei schaden Sie mehr als Gutes zu erreichen. Genauso wenig darf man seinen Welpen oder erwachsenen Hund erziehen, wenn er sich unwohl fühlt, müde ist, gerade gefressen hat oder übererregt ist. Hat ein Hund schon etwas Auslauf gehabt, konzentriert er sich viel besser, als wenn er vor dem Auslauf von einer Pfote auf die

Erste Lektion an der Leine - nie den Welpen ziehen. Foto: Sally Anne Thompson.

andere tritt. Lehren Sie Ihren Hund etwas Neues, nutzen Sie verbales wie körperliches Loben, achten Sie genau darauf, ob die zeitliche Abfolge stimmt - loben Sie genau dann, wenn der Hund tut, was Sie wollen, nicht Sekunden später. Auch hier müssen Sie Ihren Hund genau kennen lernen. Einige ruhige Typen brauchen Stimulanz mit sehr viel vokalem Lob, Streicheln und Klopfen. Ein empfindsamerer Typ könnte aus der Haut fahren, wenn Sie ihm einen festen Klaps auf den Rumpf versetzen, könnte darin sogar eine Strafe sehen. Deshalb müssen Sie herausfinden, wie Sie am besten Ihren Hund loben.

Er muss seinen Namen kennen lernen und die Bedeutung des Wortes *Nein!* Wählen Sie immer einen passenden Namen. Wir bekamen einmal einen ziemlich robusten Border Collie namens Pansy und einen Golden Retriever mit dem Namen Woof! Wählen Sie einen kurzen Namen, vergewissern Sie sich, dass jeder ausschließlich diesen Namen gebraucht, wenn er ihn ruft. Verwenden Sie aber niemals seinen Namen, wenn er gescholten wird.

ERLERNEN DES NAMENS
Die leichteste Art, ihn seinen Namen zu lehren, ist der Einsatz von Leckerbissen. Rufen Sie ihn mit ermunterndem Tonfall, läuft er auf Sie zu - was die meisten Welpen gerne tun - erhält er einen Leckerbissen, einen Klaps und tüchtiges Lob. Machen Sie nicht den Fehler ihn zu rufen, während er gerade in einer Mülltonne schnüffelt, einen Vogel auf dem Rasen beobachtet oder anderen Ablenkungen unterliegt. Warten Sie, bis er nach Ihnen schaut, umso wahrscheinlicher erreichen Sie das Ziel, das Sie anstreben. Niemals dürfen Sie fortwährend rufen und rufen. In kürzester Zeit nimmt der Welpe nur noch Ihre Stimme als einen anderen gewohnten Lärm an - etwa wie das Radio. Loben Sie ihn jedes Mal, wenn er kommt, nach und nach werden aber die Leckerbissen gekürzt und nur noch von Fall zu Fall gegeben.

»NEIN«
Bedauerlicherweise muss Ihr Hund auch das Wort *Nein* lernen - und was es bedeutet: »Höre sofort auf damit!« Alternativ können Sie auch »Tu das nicht« sagen, wenn Sie ihn etwas Falsches tun sehen und seiner rechtzeitig habhaft werden. Wie bei kleinen Kindern scheint das Leben kleiner Welpen aus einer schrecklichen Anzahl von *Nein* zu bestehen. Dies kann zu ausgeprägter Depression führen, wenn Sie nicht vorsichtig sind. Wenn Sie ihn deshalb die Bedeutung von *Nein* lehren, sollten Sie auch ein Wort wählen, das bedeutet *Ja, du darfst*. Dies ist ein so genanntes Befreiungswort, wir gebrauchen in der Regel *OK*, aber jedes Wort oder

Lehrstunde »Sitz«.
Foto: Sally Anne Thompson.

jeder kurze Satz leistet dasselbe, solange Sie immer die gleiche Formulierung wählen. Es könnte sein: »OK, du kannst in deiner Sandkiste spielen, dein Spielzeug ankauen, bellen« und Ähnliches. Wir alle arbeiten besser, wenn wir eine Belohnung erwarten. Vergessen Sie deshalb nie das Loben - ein fröhlicher Hund lernt schneller.

»HIER« UND »SITZ«

Man kann einem Welpen leicht zur selben Zeit die Kommandos Komm und Sitz beibringen. Rufen Sie ihn heran mit fröhlicher, ermutigender Stimme. Steht er vor Ihnen, halten Sie ihm einen Leckerbissen über den Kopf und sagen Sie gleichzeitig *Sitz*. Wenn er nach Ihrer Hand schaut, bewegen Sie den Leckerbissen weiter nach hinten über seinen Kopf. Wenn seine Augen Ihrer Hand folgen, sollte er sich - und wird meistens - automatisch setzen. Wenn er dies tut, erhält er sofort seinen Leckerbissen und wird tüchtig gelobt, aber nicht zu enthusiastisch, das könnte ihn zu stark erregen. Setzt er sich nicht ordentlich, verwenden Sie die andere Hand, um vorsichtig sein Hinterteil nach unten zu drücken, belohnen Sie ihn wie zuvor. Halten Sie ihn auf wenige Sekunden am Boden, ehe Sie ihn mit *OK* freigeben. Wiederholen Sie dies einige Male, aber nicht zu häufig, er wird es sonst nur überdrüssig.

Hat der Hund verstanden, was Sie möchten und reagiert entsprechend, sollten Sie die Futterbelohnung nur noch gelegentlich einsetzen. Sie sollten den Hund nicht auf den Gedanken bringen, dass Sie eine Art mobile Futterversorgung darstellen.

Setzt er sich auf Kommando sofort, sollten Sie die Übung an verschiedenen Stellen praktizieren. Wenn man einem Hund immer nur das Sitzen in der Küche beibringt, kann es ihn verwirren und er könnte sich weigern, sich im Freien oder in einem anderen Zimmer zu setzen. Wählen Sie viele verschiedene Plätze und beginnen Sie, ihn jedes Mal auch etwas länger sitzen zu lassen.

Sie können ihn auch zum Füttern rufen, dann an einer Stelle sitzen lassen, seine Futterschüssel auf den Boden stellen, und ihm erst auf das

Kommando OK gestatten zu fressen. Zuvor hat er ja bereits das Kommando *Nein* gelernt, versucht er also sich zu bewegen, sollten Sie ihm das Kommando *Nein* entgegenbrummen.

»PLATZ«

Der leichteste Weg zum *Platz* führt über das *Sitz*. Lassen Sie Ihren Hund sich setzen, gebrauchen Sie dazu Kommando und Handzeichen. Sitzt der Hund, senken Sie Ihre Hand mit einem Leckerbissen nach unten zum Boden, direkt vor seiner Nase und befehlen *Platz*. Legt er sich direkt hin, erhält er den Leckerbissen und wird gelobt. Wenn er versucht, sich nach vorne zu bewegen, halten Sie ihn mit der anderen Hand fest und drücken leicht auf seine Schultern. Wie beim *Sitz* muss die Übung fortgesetzt werden, bis sich der Hund auf Handzeichen wie Kommando legt. Verlängern Sie nach und nach die Zeit des Liegens mit *Platz Bleib*, erwarten Sie aber nie zu viel auf einmal.

Verhält er sich ruhig, können Sie damit beginnen, sich selbst außer Sichtweite zu begeben, achten Sie darauf, dass Sie ihn aber stets sehen. Bewegt er sich, gehen Sie sofort zurück zum Hund, korrigieren ihn und bringen ihn zum ursprünglichen Platz zurück. Verlassen Sie ihn nochmals für kurze Zeit, gehen Sie dann zurück und loben ihn tüchtig!

Platzlegen außer Sicht und sich Hinlegen auf Kommando sind beides außerordentlich wichtige Übungen, sie können zum Lebensretter werden.

Lehrstunde »Platz«.   Foto: Sally Anne Thompson.

Vor vielen Jahren hatten wir einen Boston Terrier, einen der Favoriten von Mary, obwohl wir uns darum bemühen, keine Favoriten zu haben. An einem sehr heißen, sonnigen Tag nahmen wir uns beide Urlaub und nahmen Bossy mit. Nach dem Schwimmen verließen wir den Strand, gingen auf einen Drink in ein Café und Mary legte Bossy unter den Tisch. Als wir unseren Drink genommen hatten und das Lokal verließen, überquerten wir die Hauptstraße zurück zu unserem Auto. Plötzlich bemerkte Mary, dass sie Bossy im Café zurückgelassen hatte. Sie eilte ins Café zurück zu dem Tisch, wo wir gesessen hatten, der zwischenzeitlich aber durch ein anderes Paar besetzt war. Mary bückte sich, fand Bossy direkt an der Stelle, wo wir sie zurückgelassen hatten, nahm sie hoch und ließ ein sehr erstauntes Paar das ihr nachstarrte zurück. Wäre Bossy nicht im Kommando *Platz* zuverlässig gewesen, wäre sie möglicherweise auf dem Weg zu unserem Auto überfahren worden.

Um das *Platz* im Notfall zu lehren, sollte Ihr Hund in Ihrer Nähe spazieren gehen, plötzlich erhält er im zwingenden Tonfall das Kommando *Platz*. Gehorcht er nicht sofort, wird er an den Schultern nach unten gedrückt. Liegt er auf dem Boden, wird er tüchtig gelobt und man lässt ihn wieder frei laufen und spielen. Üben Sie dies immer an verschiedenen Orten, z. B. beim Spaziergang, im Haus oder im Garten. Machen Sie es zum Spiel, versuchen Sie den Hund zu überraschen, wenn er es am wenigsten erwartet - danach muss er immer tüchtig gelobt werden.

STUBENREINHEIT

Richtig aufgezogene Welpen - hierunter verstehen wir Welpen, die in sauberem Umfeld großgezogen wurden, sich von ihrem Schlafplatz entfernen konnten, um sich zu lösen - lassen sich in der Regel schnell stubenrein machen. Beginnen Sie mit dieser Erziehung sobald der Hund zu Ihnen ins Haus kommt.

Die beste und einfachste Methode ist der Einsatz eines Hundekäfigs (auch Faltzwinger oder Reisekäfig genannt). Noch immer heben viele mit Schrecken die Hände, wenn man ihnen vorschlägt, sie sollten ihren Hund in einen Käfig stecken. Aber ein Käfig, dessen Boden mit Zeitungen dick ausgelegt ist, ein bequemes Lager und ein Spielzeug enthält, wird bald für den Welpen zur Höhle - zu einem Ort, wo er für sich allein sein kann, in den man ihn setzt, wenn man zu viel zu tun hat, und wo die Kinder ihn nicht belästigen können.

Gewöhnen Sie ihn an den Käfig, indem Sie ihn darin füttern oder ein Kauspielzeug hineinlegen. Lassen Sie am Anfang die Tür offen. Wollen Sie ihn in den Käfig schicken, sagen Sie ihm *Plätzchen, in dein Lager* oder irgendetwas Ähnliches, aber immer das Gleiche. Schließen Sie ihn für kurze Zeit ein, bleiben Sie aber in der Nähe und lassen Sie ihn keinesfalls heraus, wenn er wimmert oder kratzt. Erst wenn er ruhig ist, sagen Sie ihm, er sei ein lieber Junge - dann wird er heraus gelassen.

Bald gewöhnt er sich daran, einige Zeit im Lager zu sein, zum Beispiel wenn Sie zu viel zu tun haben, um ihn richtig zu überwachen. Nehmen Sie ihn hinaus, wann immer er aufwacht, auch nach jeder Mahlzeit. Bestimmen Sie die Stelle im Garten, die Sie als Toilette ausgewählt haben und bringen Sie ihn zu diesem Platz. Gewöhnen Sie ihn an ein Wort oder an eine kurze Wortfolge wie *Bächlein machen* - und loben Sie ihn sofort tüchtig, wenn er sich löst. Beeilen Sie sich nicht, wieder ins Haus zu kommen, sondern spielen Sie erst mit ihm, lassen Sie ihn etwas umherschnüffeln. Wenn Sie Ihren Welpen erst näher kennen, werden Sie die Zeichen erkennen, die bedeuten, dass er schnell nach draußen muss - Ruhelosigkeit, sich drehen, schnüffeln oder wimmern - lassen Sie ihn keinesfalls warten!

SCHLAFEN

Wo Sie Ihren Hund schlafen lassen wollen, liegt alleine bei Ihnen. Oft wird die Küche oder ein Arbeitsraum bestimmt, entscheiden Sie sich jedoch für Ihr Schlafzimmer, so spricht einiges für diese Wahl. Der Welpe möchte in Gesellschaft sein, denn als Rudeltier ist er nicht gerne alleine. Das Schlafen in der Nähe des Menschen baut eine feste Bindung auf und führt von Anfang an zu einer viel ruhigeren Nacht. Wenn Sie möchten, können Sie nach und nach den Käfig außerhalb des Schlafzimmers - später dann in jedem Raum platzieren. Nur wenige Welpen können die Nacht durchhalten, und es ist immer wert aufzustehen und ihn nach draußen zu lassen. Wachen Sie nicht rechtzeitig auf und hat er sich auf dem Papier gelöst, darf er nie gescholten werden, man bringt ihn einfach so schnell wie möglich nach draußen.

Ein Käfig ist nicht nur bei der Erziehung des Welpen zur Stubenreinheit und zum alleine schlafen nützlich, er hilft auch, schlechte Gewohnheiten gar nicht erst aufkommen zu lassen. In einem Käfig kann ein Junghund keinen Teppich ankauen, Essen vom Tisch stehlen, die Katze oder andere Mitbewohner jagen, was Sie sicherlich nicht gerne hätten. Hat er gar nicht erst die Chance, solche Dinge zu tun, ist er auch später weniger dazu geneigt. Man kann einen Käfig auch auf Reisen und in Hotels nutzen. Die meisten Hunde gewöhnen sich leichter an fremde Zimmer, beispielsweise im Hotel, wenn sie ihr eigenes Lager dabei haben. Und viele Hotels gestatten es nur, den Hund in seinem eigenen Käfig mit aufs Zimmer zu nehmen, insbesondere, wenn Sie ihn dort alleine zurücklassen.

Ein Käfig verhindert, dass ein Welpe Unfug anrichtet, hilft bei der Erziehung zur Stubenreinheit und bietet ihm eine sichere »Höhle«.

Foto: Amanda Bulbeck.

AN DER LEINE GEHEN

Sowie der Welpe ins Haus kommt, sollte er an die Leine gewöhnt werden. Ein Welpe muss - wie ein Krabbelkind - viel lernen, hat jedoch noch eine eingeschränkte Konzentrationsfähigkeit. Deshalb ist für den Spaziergang die Leine ein Muss. Legen Sie ihm ein weiches Leder- oder Nylonhalsband an und lassen Sie es ihn einige Tage zu Hause tragen. Nehmen Sie es nachts über ab, damit er sich nicht irgendwo damit verfängt. Ermuntern Sie den Welpen laufend, Ihnen überall nachzufolgen, loben Sie ihn tüchtig, wenn er dies tut. Nahezu alle Welpen möchten irgendjemand nachfolgen, sie fühlen sich schnell verlassen. Folgt er Ihnen gut nach und kümmert sich nicht mehr um das Halsband, wird eine leichte Leine angelegt. Und wie zuvor wird er ermuntert, nachzufolgen. Sprechen Sie mit ihm, verwenden Sie Leckerbissen, wenn dies hilft. Viele Welpen werden fröhlich mitlaufen. Andere treten in Streik und setzen sich. Wenn dies geschieht, bleiben Sie einfach stehen - oder kauern Sie sich nieder und rufen ihn zu sich, wobei Sie aber das Loben nicht vergessen dürfen. Einige Welpen lehnen sich gegen die Leine auf, indem sie sich auf den Rücken werfen. Passiert dies, sollten Sie einfach stehen bleiben und ihn die Sache selbst auskämpfen lassen, bis er damit aufhört. Rufen Sie ihn

Ein Junghund sollte an Halsband und Leine gewöhnt werden, ehe man mit ihm Spaziergänge unternimmt.
Foto: Carol Ann Johnson.

dann zu sich, loben Sie ihn tüchtig und beginnen Sie erneut mit dem Gehen. Gehen Sie erst einige Schritte und geben Sie ihm dabei einen Leckerbissen; übertreiben Sie es aber nicht - es gibt immer ein Morgen - jedoch muss die Übung positiv, mit richtigem Verhalten beendet werden.

Einige Junghunde beginnen an der Leine zu ziehen, eine schlechte Angewohnheit, die wiederum sofort abgestellt werden muss. Sie dürfen den Hund nie ziehen lassen, denn genau das ist es, was er möchte. Versuchen Sie stehen zu bleiben, bis er anhält, drehen Sie sich dann schnell um und gehen Sie in entgegengesetzter Richtung weiter. Jetzt muss er zu Ihnen kommen, er erhält einen scharfen Leinenruck, begleitet von dem Kommando *Fuß* oder welches Wort Sie auch immer gebrauchen möchten. Vergessen Sie nie, ihn zu belohnen, wenn er jetzt richtig an Ihrer Seite läuft.

APPORTIEREN

Die meisten Hunde, auch Zwerghunderassen, haben einen Apportierinstinkt. Dieser mag nicht so stark ausgeprägt sein wie beim Retriever oder Spaniel, aber die Veranlagung ist da und wartet darauf, weiter entwickelt zu werden. Wenn Sie das Kapitel über Arbeitshunde gelesen haben, wird Ihnen bewusst sein, wie wichtig der Apportierinstinkt für die Arbeit mit diesen Hunden ist, wie er in verschiedene Kanäle geleitet werden kann, um andere Aufgaben zu erfüllen.

Auch wenn Sie nur einen Familienhund haben, sein Leben wird viel ausgefüllter sein, wenn Sie ihm das Apportieren beibringen. Sie können gemeinsam endlose Freude daran haben. Viele Familienhunde entwickeln Verhaltensstörungen aufgrund von Langeweile und viel zu wenig Bewegung. Es gibt eine Vielfalt von Spielen, die man zusammen machen kann, beispielsweise Frisbeefangen, einen Ball apportieren, in hohem Gras versteckte Gegenstände suchen, über Hürden apportieren oder Gegenstände nach dem Geruch unterscheiden. Letzteres ist ein vorzügliches *Partyspiel*. Dabei muss der Hund einen bestimmten Gegenstand aus vielen Ähnlichen herausfinden - dies beeindruckt wiederum weniger hundeerfahrene Besucher!

Vielleicht brauchen Sie keinen ausgebildeten Behindertenbegleithund, aber ein Hund, der apportieren kann, macht sich auf vielerlei Art im Haus nützlich. Das Bringen der Post, das Herbeitragen der Hausschuhe, das Aufnehmen der Leine - alle diese Aufgaben geben ihm das Gefühl, ein nützliches Mitglied der Familie zu sein.

Wenn man früh genug damit beginnt, beschäftigen sich die meisten Welpen gerne mit einem Ball oder weichem Spielzeug. Apportieren ist Teil des Jagdinstinktes und kann - wie alle Instinkte - durch Gebrauch verstärkt, nicht eingesetzt aber auch abgeschwächt werden oder ganz verschwinden. Wenn ein Junghund Interesse zeigt, Gegenständen nachzulaufen und aufzuheben, sollte man dies immer bestärken und ihn loben, selbst wenn er etwas bringt, was man eigentlich gar nicht möchte. Ignoriert man dabei nämlich den Junghund, könnte ihn dies völlig vom Apportieren abbringen. Noch schlimmer ist es natürlich, wenn er für das Aufnehmen und Heranbringen eines nicht erwünschten Gegenstandes gescholten wird. Dann könnte es passieren, dass er einen unerwünschten Gegenstand aufnimmt, mit ihm herumrennt und sich weigert, ihn abzugeben. Das Allerschlimmste, was Sie in so einer Situation tun können, ist ihn anzuschreien oder ihm gar nachzujagen.

Beginnen Sie das Apportieren immer durch Spielen mit einem Spielzeug, oder rollen Sie einen Ball über den Boden. Machen Sie es für ihn interessant, werfen Sie es nicht ohne etwas dabei zu sagen. Der Welpe muss fühlen, wie clever Sie ihn finden, wie sehr Sie sich freuen, wenn er nachläuft und den Gegenstand zurückbringt. Versuchen Sie bitte nie, ihm etwas aus dem Fang zu reißen. Wenn er zögert auszugeben, erhält er einen Leckerbissen im Austausch. Dies klappt nahezu immer, wenn nicht, müssen Sie ganz sanft die obere Lefze gegen seine Zähne drücken, ihn bitten, auszulassen. Hat er den Fang geöffnet, wird der Gegenstand sehr sanft abgenommen. Wenn er das Ganze erst einmal verstanden hat, können Sie ihm beibringen, sich zu setzen und zu warten, ehe er zum Apportieren ausgeschickt wird, um dann den Gegenstand zurückzubringen und ihn im Fang zu halten, bis Sie ihm das Kommando *Aus* geben. Dabei dürfen Sie nichts überstürzen, zu allererst müssen Sie sicher sein, dass er wirklich vom Apportieren begeistert ist. Wenn man im Frühstadium zu sehr auf formalen Gehorsam besteht, schreckt dies einen Hund nur ab.

Dieser Junghund liebt das Apportierspiel, das ist die Grundlage, auf der man später die formelle Übung aufbauen kann.

Foto: Sally Anne Thompson.

Werfen Sie immer den Ball - oder einen anderen Gegenstand - in entgegengesetzte Richtung vom Haus. Sein Instinkt lehrt ihn, es zurückzutragen, nicht unbedingt zu Ihnen, aber wenn er in diese Richtung läuft, können Sie ihn in der Regel abfangen. Wenn er zu den Hunden gehört, die gerne im Kreis laufen, sollten Sie von ihm weglaufen - wiederum heimwärts - oder sich ganz einfach auf den Boden setzen und warten. Früher oder später werden die meisten Hunde - insbesondere Welpen - herankommen um Sie zu untersuchen. Das Allerwichtigste dabei ist, dass der Hund immer Freude daran hat. Einige Hunde lernen langsam, andere schnell, deshalb müssen Sie immer nach der Veranlagung Ihres Hundes arbeiten. Je öfter Sie mit ihm üben, umso mehr wird er von Ihnen lernen, umso größer wird das Verständnis untereinander.

SOZIALISATION
Richtige Sozialisation ist von besonderer Wichtigkeit. Haben Sie Ihren Welpen von einem verantwortungsbewussten Züchter erworben, sollte die Sozialisation bereits dort begonnen haben. Das Lexikon definiert *Sozialisieren* als »fit machen für die Gemeinschaft mit anderen; so aufziehen und erziehen, dass er in seiner Haltung und in seinen Manieren einem Leben in der Gesellschaft gut angepasst ist«. Das klingt genauso wie das, was wir von unseren Hunden möchten, aber leider ist es nicht das, was sie stets erhalten. Sozialisation bedeutet bestimmt nicht, einige Male durch einen Welpenkindergarten zu trotten oder den Welpen im Auto mitzunehmen und darin sitzen zu lassen, während man einkaufen geht. Erforderlich ist, jede Gelegenheit zu nutzen, dass er als Junghund mit

Kindern, anderen Hunden und anderen Tieren zusammen kommt. Besuchen Sie mit ihm Eisenbahnstationen, Geschäfte, Busse, Schulen, gehen Sie mit ihm in die Stadt und hinaus aufs freie Land, besuchen Sie auch Welpenkindergärten. Zuvor müssen Sie sich aber unbedingt vergewissern, dass diese von erfahrenen Ausbildern geleitet werden.

Ein Einzelwelpe im Haushalt hat wenig Chancen, mit anderen Hunden zusammenzutreffen, dennoch muss er lernen, sich in Gesellschaft von Hunden richtig zu benehmen. Er muss ebenso lernen, wie man mit anderen Welpen und älteren Hunden spielt, eine ganze Menge also, was ein so junger Hund erlernen muss. Wie viel und wie gut er diese Dinge lernt, hängt größtenteils von der Struktur des Welpenkindergartens ab, den er besucht. Hier sollte eine fröhliche, vertrauensvolle Atmosphäre herrschen, begleitet von Hundefreunden, die ihre Aufgabe verstehen.

In diesen Welpenkindergärten sollten immer ein paar sich gut benehmende, gutartige, ausgewachsene Hunde bereitstehen. Es ist für Ihren Welpen viel besser unter sachkundiger Überwachung zu lernen, wie man mit erwachsenen Hunden umgeht, als sich im Park einem *streitlustigen* Hund falsch zu nähern. In solchen Welpenkindergärten hat der Welpe auch die Gelegenheit, Fremde - Erwachsene wie Kinder - zu treffen, manchmal sogar Krabbelkinder und Babys - dies alles ist ihm in seinem weiteren Leben von großem Vorteil.

Was immer Sie unternehmen, Sie sollten unbedingt schlecht geleitete Welpenkindergärten meiden. Schlechte Erfahrungen in früher Jugend können sich verheerend auf das Jungtier, oft über ein ganzes Leben, auswirken. Wird ein Chihuahua umgeworfen und von einem übermütigen wilden Retriever-Welpen getreten, könnte er sich sein ganzes Leben vor großen Hunden fürchten.

DENKEN UND PLANEN

Bis vor kurzem wurde allgemein behauptet, Hunde könnten weder denken noch vorausplanen. Aber die Zeiten haben sich geändert, heute werden viele Hundefreunde, die mit ihren Tieren arbeiten, Ihnen sagen, dass sie ganz sicher sind, dass ihre Hunde denken können, natürlich nicht auf gleiche Art wie wir. Hunde nutzen stimmliche Kooperation und Körpersprache, sie haben aber keine Worte, nur Klänge. Ein Hund wird genauso leicht das *Sitz* lernen, wenn Sie das Kommando *Steh* einsetzen. Unsere Sprache gibt uns nicht nur den Vorteil, lange Gespräche und Diskussionen zu führen, wir haben auch das geschriebene Wort, und das ist der wahre Unterschied zwischen uns und allen anderen Lebewesen.

Obgleich allgemeine Übereinstimmung darin besteht, dass Hunde zu denken und daraus zu handeln verstehen, unterscheidet sich ihre Denk-

Hunde und Katzen können beste Freunde werden ...

... ebenso Jagdhunde und Kaninchen

Fotos: Sally Anne Thompson.

weise von der unsrigen. Es kümmert sie nicht, Rechnungen für den Schaden zu zahlen, den sie gestern angerichtet haben oder ob sie morgen Gelegenheit haben, am Strand entlang zu laufen. Ein Hund lebt immer für den Augenblick. Er kann nicht über die Konsequenzen seines Handelns nachdenken. Ebenso wenig macht er nichts aus Trotz. Ein Welpe mag Pantoffeln ankauen, auf den Teppich pinkeln, bellen und ein Kissen zerreißen, wenn Sie gerade nicht im Hause sind. Alle diese Dinge tut er, weil er sich langweilt, etwas Spaß haben möchte. Er ist alleine, muss sich lösen, und es ist niemand da, der ihn ins Freie lässt. Wenn Sie zurückkommen und ihn strafen, hat er keine Ahnung, wofür die Strafe ist. Hunde können zwischen der Strafe und *vorangegangenen Verbrechen* keine Verbindung ziehen.

SCHLECHTE GEWOHNHEITEN

Es ist nicht immer leicht, schlechte Gewohnheiten zu korrigieren, das Beste wäre, man ließe nie zu, dass sie sich entwickeln. Die meisten so genannten *Welpenvergehen* sind einzig und allein Schuld des Besitzers. Führen Sie Ihren Hund nicht in Versuchung! Ein Hund kann den Sonntagsbraten nicht stehlen, wenn er außerhalb seiner Reichweite ist, die Katzenmahlzeit nicht auffressen, wenn der Katzenteller hoch genommen wird, nicht ins Schlafzimmer pinkeln, wenn dieses verschlossen ist oder Schuhe ankauen, wenn Sie diese weggeräumt haben.

Wie schon früher dargelegt - Ihre Aufgabe ist es, Ihren Hund *richtig* und *falsch* zu lehren. Bald hat er dies verstanden, Sie dürfen aber nie vergessen, ihn zu loben, wenn er alles richtig macht. Viel zu häufig schimpfen die meisten Hundebesitzer ihren Hund aus, wenn er etwas falsch gemacht hat, tut er dann das Richtige, denken sie nicht daran, ihn zu loben. Ist er erst einmal stubenrein, bedeutet dies natürlich nicht, dass Sie ihn immer loben, wenn er verlangt nach draußen zu gehen oder sich am richtigen Platz im Garten löst.

SPASS UND SPIEL

Der Hund ist ein Familienmitglied oder sollte es zumindest sein. Trotzdem ist er unverändert ein Hund, kein mit Fell bewachsener Mensch. Hunde sind außerordentlich anpassungsfähige Geschöpfe und fügen sich in aller Regel sehr gut in unser Leben ein. Und viele tun offensichtlich ihr Bestes, um uns zu gefallen.

Umgekehrt ist es eine Frage der Fairness, dass wir ihnen erlauben, sich wie Hunde zu benehmen, wenn irgend möglich einer natürlichen Veranlagung zu folgen. Wir glauben, jeder Hund hat das Recht auf freien Auslauf, dies kann er aber erst gefahrlos ausüben, wenn sein Besitzer ihn

Jeder Hund sollte Spaß haben, was wiederum zum Aufbau einer guten Partnerschaft beiträgt.

Foto: Keith Allison.

richtig erzogen hat. Er muss auch galoppieren und springen, sich auf dem Gras rollen - oder im Schmutz - im Sand graben, einem Ball nachjagen, umherschnüffeln, wo andere Tiere schon waren, sein eigenes Spielzeug ankauen und mit anderen Hunden spielen. Er muss auch einmal bellen dürfen. Niemand möchte einen kläffenden Hund, aber die meisten Hundebesitzer lieben einen Hund, der warnend bellt, wenn jemand sich dem Haus nähert. Sie möchten auch, dass er auf Befehl mit dem Bellen aufhört. Der leichteste Weg hierzu ist, ihn zu lehren, auf Kommando zu bellen und wieder aufzuhören.

Kleine Kinder lieben es zu lärmen, kreischen beim Spiel und beim Umherlaufen, lassen Dampf ab. Das Gleiche gilt für Ihren Hund. Lassen Sie ihn ruhig bellen, wenn er mit einem anderen Hund spielt. Bellt er vor

Vergnügen, wenn er Sie begrüßt, ist auch dies in Ordnung, solange er damit aufhört, wenn Sie es ihm sagen. Vielleicht lassen Sie ihn auch auf einem Spaziergang im offenen Gelände einmal etwas länger bellen. Darauf zu bestehen, dass er immer ruhig ist, mit Ausnahme des Warnens, ist seiner Natur entsprechend nicht richtig, wäre ziemlich unfair.

VORTEILE DER ERZIEHUNG

Wie wir schon sagten, jeder Hund muss in heutiger Zeit und Gesellschaft eine Grunderziehung haben. Man kann einen erzogenen Hund beruhigt überall hin mitnehmen. Er hat dadurch mehr Freiheit als ein unerzogener, wird ein fröhlicher Hund und bereitet seinem Besitzer Freude. Ein gut erzogener Hund hat auch zu seinem Besitzer eine viel engere Beziehung, sie verstehen sich besser untereinander. Die Grunderziehung ist überhaupt nicht schwierig. Alle Hunde sollten auf Anruf kommen, ruhig an der Leine gehen, sich setzen, legen und bleiben, wenn man es ihnen sagt. Sie sollten in der Lage sein, ihn alleine zu Hause zu lassen, und - äußerst wichtig - er sollte sich sofort legen, wann und wo immer Sie ihm dies sagen. Das kann zum Lebensretter werden, denn wo immer Sie leben, überall kann plötzlich ein Fahrzeug auftauchen. Können Sie Ihren Hund nicht auf Kommando *Platz* legen, wie sollten Sie dann verhindern, dass er möglicherweise überfahren wird?

Kapitel 8
WENN HUNDE FEHLER MACHEN

So sorgfältig Sie Ihren Welpen auch aufziehen, es gibt immer Zeiten, in denen etwas schief läuft - und Sie sich fragen, warum zum Teufel Sie sich einmal für diesen Hund entschieden haben! Verzweifeln Sie nicht, niemand - weder Mensch noch Hund - ist perfekt. Probleme können jederzeit auftreten, manchmal ist es zwar schwierig, die Ursache zu finden, aber es gibt immer einen Grund.

HALBSTARKE JUNGHUNDE

Man muss nicht besonders erfinderisch sein um festzustellen, dass die Pubertät oft Probleme auslöst. Der Junghund kann sich bisher wirklich in Ausbildungsklassen wie zu Hause vorzüglich benommen haben, plötzlich kommt es zu einer Veränderung. Ihr kleiner Engel wird zum Tyrann!

Diese *Pubertätszeit* variiert unter den Einzeltieren wie Rassen beträchtlich. Bei den *Toy Rassen* kann dies bereits im Alter von fünf bis sechs Monaten, bei kleinen Hunderassen etwas später sein. Bei großen Rassen liegt sie etwa zwischen zehn und zwölf Monaten. Von Riesen-rassen weiß man, dass sie zwei bis drei Jahre zum vollen Ausreifen brauchen. Junge Welpen sind in der Regel ziemlich einfach zu erziehen, nur die besonders dominanten suchen in diesem Alter auch eine Auseinandersetzung. Die jungen Hunde brauchen einen Führer - einen

Schwimmen ist für alle Hunde eine vorzügliche Freizeitbeschäftigung.

Mutterersatz, jemand der mit ihnen spielt, sie füttert, sie beschützt und tröstet. Das Flegelalter verändert alles, bei Rüden tritt es in der Regel ein, wenn sie erstmals das Bein heben. Jetzt verläuft das Leben in völlig neuen Dimensionen. Es gibt beim Spaziergang im Park interessante Gerüche, attraktive Hündinnen, die sie nie zuvor beachtet haben, wenn doch, waren sie einfach Spielgefährten. Der Junghund fühlt den Drang, sein Territorium zu markieren, vielleicht vergisst er dabei sogar die Erziehung zur Stubenreinheit. Einige Hunde begeistern sich leicht zu sehr, das Auto zu bewachen, ebenso Haus und Besitzer. Der Rüde wird häufig unabhängiger und dominanter, Kommandos gegenüber ungehorsamer, er weigert sich auf Ruf zu kommen und so weiter.

Bei Hündinnen tritt diese Veränderung meist zur Zeit ihrer ersten Hitze auf. In der Regel dauert diese Hitze drei Wochen, doch viele Hundebesitzer wissen wenig darüber. Drei Wochen sind die Norm, aber einige Hündinnen sind nach zwei Wochen wieder im Normalzustand, während es bei anderen bis zu fünf, ja sechs Wochen dauern kann. Über den gesamten Zeitraum müssen sie von Rüden fern gehalten werden. Aufgrund der Veränderungen im Hormonspiegel werden sie launisch, unberechenbar, nervös und unaufmerksam. War eine Hündin gewöhnt, täglich mit dem Rüden des Freundes größere Spaziergänge und Freilauf zu haben, muss sie jetzt von ihm getrennt sein, wird an der Leine ausgeführt und hat nur wenig Freiheit. Kein Wunder, dass sie übellaunig wird!

Nun wollen wir noch kurz die Halbstarkenzeit von Hunden mit der von Kindern vergleichen. In bestimmten Eigenheiten - glücklicherweise nicht in allen - ähneln sie sich nämlich sehr. Wie Hunde ihre gute Erziehung vergessen, können Heranwachsende plötzlich in der Schule recht schlecht werden; sie wollen sich nicht mehr an den Familienferien beteiligen, wollen unabhängig werden. Wer immer Teenager in der Familie hat, weiß nur zu gut, welche Zeiten man hier durchmachen muss. Nicht alle Kinder werden in der Pubertät zu Schreckgestalten, genauso wenig alle Hunde. Aber die meisten Teenager und Junghunde können ein sehr unerwünschtes Verhalten zeigen. Doch am Ende entwickeln sie sich in aller Regel zu rücksichtsvollen Bürgern oder Familiengefährten.

WAS IST ZU TUN

Als Erstes und Wichtigstes - denken Sie immer daran, Sie sind der Boss, der Rudelführer. Das bedeutet in keiner Weise, dass Sie deshalb nicht auch der Freund Ihres Hundes sein könnten. Aber wenn Sie Ihre Rolle als Rudelführer ausfüllen, stellen Sie sicher, dass Ihr Hund ein fröhliches Leben führt. Er braucht nicht irgendeinen Rudelführer, sondern einen bestimmten. Wenn Sie ihn gewähren lassen, gerät er nur in Schwierigkeiten, reißt Sie mit hinein. Bei Rüden wie bei Hündinnen wäre das Ungeschickteste in diesem Stadium ihres Lebens, sie anzuschreien und zu strafen. Solches Verhalten würde das Problem schnell noch viel schlimmer machen.

HÜNDINNEN

Haben Sie eine Hündin, ist es weniger wahrscheinlich, dass sie aufsässig wird. Richtig ist aber, eine ganze Reihe von Hündinnen werden bei ihrer ersten Hitze nervös und im Allgemeinen verstimmt. Natürlich bedeutet dies einen sorgfältigen und einfühlsamen Umgang, aber nicht mit zu viel Sympathien! Erschreckt sie sich, beispielsweise plötzlich im Verkehr, wäre es falsch, am Straßenrand zu stehen, sie zu streicheln und ihr zu sagen, dass alles in Ordnung ist, dass Sie sich immer um sie kümmern, wenn sie vor einem vorbeifahrenden Auto zurückschreckt. Besser Sie lassen die Hündin neben sich sitzen, wenn ein Auto sich nähert und sprechen mit ruhiger freundlicher Stimme. Bleibt sie sitzen, erhält sie eine Belohnung und wird gelobt. Gehen Sie mit ihr durch verkehrsreiche Straßen, versuchen Sie das Tier mit einem Leckerbissen oder Spielzeug abzulenken - den Gegenstand aber nicht werfen, sondern die Hündin darf lediglich mit ihm in Ihrer Hand spielen. Die Übung endet mit einem freien Auslauf an einem sicheren Ort. Versuchen Sie, das Leben für die Hündin interessant zu machen, überlassen Sie sie nicht mehr als nötig sich selbst. Auch zu viel Erziehung wäre jetzt falsch. Die Hündin hat während der Hitze nur eine geringe Konzentrationsfähigkeit. Viel besser wäre es, sie über diesen Zeitraum mehr auf das Spielen zu konzentrieren.

RÜDEN

Ein dominanter, aufsässiger Rüde ist etwas ganz anderes. Er wird sich seiner Kraft bewusst und gibt sich wenig Mühe, sich all der Erziehung zu erinnern, die er schon hatte. Sie müssen seine Aufmerksamkeit auf sich konzentrieren, ihm interessante Aufgaben stellen, ihn mit neuen Orten vertraut machen, halten Sie ihn neugierig. Achten Sie aber darauf, dass wenn Sie ihm etwas befehlen, er dies auch tut. Ein Hund, der sich erst auf das dritte Kommando legt, ist nicht gehorsam. Führen Sie ihn an der Leine aus, denn bei Fuß gehen konzentriert seine Sinne auf Sie. Wenn er dabei nicht Schritt hält, erhält er einen Ruck, geht er anständig, wird er gelobt. Wenn er immer noch trödelt, schlagen Sie einfach plötzlich eine neue Richtung ein, bald wird er es angenehmer finden, Ihnen zu folgen. Wenn Sie möchten, können Sie ihm etwas Futterbelohnung geben, aber nicht zu viel. Menschen, die ihrem Hund für alles eine Futterbelohnung geben, enden damit, dass der Hund sein Futter liebt, nicht seinen Herrn.

Lebt der Hund schon seit seiner Welpenzeit bei Ihnen, sollten Sie eigentlich die gegenseitige Körpersprache und Lautäußerungen kennen. Bedarf es einer Korrektur, sollte ein Blick von Ihnen ausreichen, und alternativ ein grobes, gemurrtes *Nein*. Wenn noch immer kein Gehorsam gezeigt wird, ein kurzer Leinenruck. Aber vergessen Sie nie, ihn zu loben, wenn er es dann richtig macht.

Eine gute Übung für jeden Hund, der nicht mehr weiß, wie er sich benehmen soll, ist immer das lange *Platz Bleib*. Dadurch wird der Hund in eine sich unterwerfende Stellung gebracht. Sie können jetzt die Zeitung lesen, das Fernsehen verfolgen oder das Radio genießen. Sie müssen auf einem *langen Platz* bestehen, nicht nur wenige Minuten. Jeder Hund sollte so erzogen sein, eine halbe Stunde oder länger in der Position *Platz* zu liegen. Danach wird er mit einem fröhlichen Spiel belohnt.

HUNDLICHE BEZIEHUNGEN

Über diesen Zeitraum des Heranwachsens können Hunde, die zuvor anderen Hunden gegenüber immer freundlich waren, plötzlich ihre Spielgefährten herausfordern, ihnen gegenüber aggressiv werden. Viele Hunde benehmen sich dabei angeleint schlimmer als abgeleint. In zahlreichen Fällen macht hier der Besitzer den Fehler. Der Hund reißt an der Leine nach vorne, bellt oder knurrt. Deshalb zieht der Besitzer an der Leine, schreit und versucht, mit dem Hund wegzulaufen, was wiederum den Hund ermuntert, seine Anstrengungen zu verstärken. Er hat aus Ihrer Reaktion verstanden, dass Sie den anderen Hund genauso wenig mögen wie er. Hier brauchen Sie die Hilfe eines Freundes, der einen freundlichen Hund besitzt. Gehen Sie mit Ihrem Hund angeleint spazieren und bitten Sie Ihren Freund, mit seinem Hund angeleint auf vernünftige Entfernung an Ihnen vorbeizugehen. Versucht Ihr Hund zu zerren und zu bellen, zwingen Sie ihn zum Sitzen, befehlen Sie ihm Ruhe zu halten. Wenn er dies tut, sollte Ihr Freund mit seinem Hund sofort zurückkommen. Sobald Ihr Hund sitzt und sich ruhig verhält, wird er tüchtig gelobt. Diese Übung wird wieder und wieder, möglichst mit verschiedenen Hunden geübt, bis Ihr Hund begreift, dass er bei flegelhaftem Benehmen ignoriert wird. Benimmt er sich gut, erhält er seine Belohnung.

Für Hunde, die bei Freilauf dazu neigen, zu kämpfen oder zu hetzen, gebraucht man eine andere Taktik. Unsere örtlichen Hundeaufseher erzählen, sie hätten sehr viel mehr Beschwerden über Hunde, welche andere Hunde jagen - in aller Regel kleine - als irgendwelche anderen Schwierigkeiten. Leider gibt es einige Hundebesitzer, die glauben, es sei außerordentlich spannend, wenn ihr großer Flegel einen kleinen Hund jagt, das ist es aber in gar keinem Fall! Wir wissen dies nur zu genau. Vor kurzem spazierte Mary mit unserem Chihuahua und unserem Nova Scotia Duck Tolling Retriever durch den Wald. Eine Dame erschien mit zwei Rottweilern, die beide freundlich wirkten. Trotzdem entschieden sich unsere Hunde, dass Zurückhaltung wohl besser wäre und versuchten die Begegnung zu vermeiden, indem sie sich abseits in die Wälder schlugen. Ein Rottweiler folgte ihnen sofort nach, trieb den Chihuahua unter einen Busch in die Enge, begann ihn anzubellen und nach ihm zu schnappen. Mary bat die Hundebesitzerin, den Hund abzurufen, erhielt aber zur Antwort, dass dieser Hund immer im Wald jage, dass er jetzt eben unseren Hund jage, er ihn aber sicherlich nicht verletzen werde. Dann ging sie einfach weiter. Mary machte sich sofort auf den Weg, den Chihuahua zu retten. Es bedurfte einiger klarer Worte im besten höheren Hauptfeldwebelton, ehe der Hund sich auf seinen Weg machte. Noch immer unternahm die Hundebesitzerin nichts. Dies ist nur ein Beispiel, das sich jedoch viel zu häufig wiederholt. Der Hundebesitzer behauptet, sein Hund werde niemand verletzen. Das ist dasselbe, wie die Behauptung, dass der Hund nur spielen möchte, wenn er sich daran macht, andere Haustiere zu jagen.

Die einzige Antwort ist ein verlässliches Heranrufen und/oder ein sofortiges Sichlegen auf Kommando *Platz,* wo immer man sich befindet. Häufig ist es leichter, einen Hund in die Stellung *Platz* zu bringen, als ihn zurückzurufen. Denken Sie daran, wenn ein Hund etwas sieht und nachzujagen beschließt, konzentriert er sich ausschließlich auf diese Aufgabe. Wahrscheinlich hört er nicht einmal Ihren Ruf, da sein Jagdinstinkt ihn beherrscht. Sofortiges *Platz* oder *Hier* kann Sie aus schwierigen Situationen herausführen. Ein Hund, der sich hinlegt, kann mit keinem anderen Hund raufen, eine Katze hetzen, einen Fremden beißen oder ein Kind umwerfen. Dies ist mit Sicherheit die allerwichtigste Übung, die Sie Ihrem Hund beibringen müssen. Haben Sie Ihren Hund dies gelehrt, braucht es, wie die meisten Übungen, immer wieder Wiederholung. Bilden Sie sich nicht ein, dass, wenn er im letzten Monat gehorsam war, er dies auch morgen sein wird, ohne dass Sie ihm laufend etwas das Gedächtnis stärken.

Ein richtig sozialisierter Hund sollte Fremden, Kindern oder anderen Hunden gegenüber nie aggressiv sein. Heranwachsende Rüden können einen sehr ausgeprägten Schutztrieb haben, während Hündinnen häufig nervös reagieren. In jedem Fall sollten Sie sich durch Freunde helfen lassen. Haben Sie Ihren Hund das *Sitz* gelehrt, sollte jetzt Ihr Freund mit Leckerbissen in der Manteltasche bei Ihnen vorbeikommen und an die Tür klopfen. Nehmen Sie den Hund mit zur Tür, lassen Sie ihn angeleint neben sich sitzen und bitten Sie Ihren Freund, ihm einen Leckerbissen zu geben. Haben Sie Ihren Hund gelehrt, Pfötchen zu geben, dann lassen Sie ihn dies jetzt tun. Hunde tun dies gerne, und es ist sehr viel angenehmer, als das Anspringen.

SCHWIERIGKEITEN BEIM HERANKOMMEN

Wenn Ihr Hund glaubt, es mache Riesenspaß, Sie nach dem Rufen in großen Kreisen zu umrunden, wird dies mit Sicherheit Passanten amüsieren, Sie aber bestimmt nicht! Hier gibt es mehrere Dinge, die man versuchen kann, um dies zu unterbinden. Für was auch immer Sie sich entscheiden, auf keinen Fall dürfen Sie schreien oder ihm nachjagen, denn genau das ist es, was er erreichen möchte. Versuchen Sie ihn zu rufen, gehen oder laufen Sie in die andere Richtung, werfen Sie einen Ball oder sein Lieblingsspielzeug oder setzen Sie sich einfach auf den Boden, ignorieren Sie ihn. Einige Ausbilder sind für Schreien, das haben wir aber niemals versucht, vielleicht bringt es den Hund wirklich zu Ihnen, es könnte aber auch viel unerwünschte Aufmerksamkeit auslösen. Wenn der Hund dann kommt - selbst wenn es eine halbe Stunde gedauert hat - packen Sie ihn nicht oder zanken ihn aus. Sie haben sicher in diesem Moment die größte Lust ihn umzubringen, sollten aber unbedingt höchste Freude zeigen, ihn tüchtig loben und ihm einen Leckerbissen geben. Sie müssen bei ihm das Gefühl wecken, dass es sich eigentlich immer lohnt, zu Ihnen zu laufen.

KLÄFFEN IM AUTO

Ein weit verbreitetes schlechtes Benehmen von Hunden ist das Kläffen in Autos. Dies geht nicht nur auf die Nerven, sondern ist zudem gefährlich. Einige Hunde kläffen auch, während das Auto fährt - meistens sind dies Border Collies. Sie springen von einer Seite zur anderen, schauen auf den Verkehr, ein Wunder, dass der Fahrer dabei noch fahren kann! Eine solche Gewohnheit darf sich nie entwickeln, wenn doch, muss sie sofort unterbunden werden. Versuchen Sie, den Hund in einen Transportkäfig zu sperren. Wenn er den sich bewegenden Verkehr nicht sehen kann, ist er vielleicht ruhig. Wenn notwendig, kann man den Käfig auch abdecken.

Einige Hundebesitzer haben auch mit kurzen Autofahrten auf ruhigen Straßen Erfolg. Sobald der Hund ein Fahrzeug anbellt, hält man an, fasst die Leine und holt den Hund aus dem Auto. Korrigieren Sie den Hund mit der Stimme, packen Sie ihn am Nackenfell, starren Sie in seine Augen und sagen Sie ihm, was für ein böser Hund er ist. Tun Sie dies immer, wenn er nach einem Auto kläfft, so lange bis er die Lektion verstanden hat. Lässt er ein anderes Auto passieren ohne zu kläffen, wird er tüchtig gelobt.

Hunde, die im geparkten Auto allein gelassen kläffen, tun dies in der Regel gegenüber Passanten und anderen Hunden. Hiergegen hat Mary ein schnelles Rezept gefunden, Sie sollten es unbedingt versuchen, wenn es Sie nicht stört, dass Passanten glauben, Sie seien verrückt geworden. Mary verlässt das Auto, lässt den Hund zurück, geht einige Schritte weg und versteckt sich.

Beginnt der Hund zu kläffen, läuft sie zurück, öffnet die Tür, packt den Hund am Nackenfell und schimpft ihn tüchtig aus. Auch wenn sie etwas weiter entfernt in einem Geschäft ist, läuft sie augenblicklich hinaus - unsere Dorfbewohner haben sich daran gewöhnt! Diese Methode bewährt sich recht schnell. Unsere Hunde kläffen nicht nach Passanten. Sie bellen aber und werden darin noch bestärkt, wenn jemand anhält, in das Auto hineinschaut oder es berührt.

KAUEN

Heutzutage hören wir sehr viel über Trennungsangst von Hunden. Richtig aufgezogene Junghunde sollten kein Problem damit haben, wenn man sie kurze Zeit allein lässt. Der Zahnwechsel kann jedoch Auslöser für das Problem des Ankauens von Gegenständen sein. Die durchbrechenden Zähne schmerzen, er hat Sehnsucht nach seinem Besitzer oder es ist ihm langweilig, was eine Art Zwang auslösen kann, etwas anzukauen. Auch hier wäre der Käfig wieder eine gute Hilfe. Ist der Hund daran gewöhnt, sollte dies kein Problem bedeuten, wenn nicht, ist es höchste Zeit, ihn daran zu gewöhnen. Achten Sie darauf, dass er im Käfig etwas hat, was kaufest ist, beispielsweise ein Knochen, ein Spielzeug oder ein großer, harter Hundekuchen. Kehren Sie nie zu ihm zurück, wenn er kläfft. Erst wenn er ruhig ist, können Sie zurückgehen und ihn loben, vielleicht auch mit ihm spielen. Lassen Sie ihn nach und nach über längere Perioden allein.

WIMMERN UND HEULEN

Einige Hunderassen neigen mehr zum Wimmern und Heulen als andere. Die meisten Hounds heulen von Zeit zu Zeit und können dann ihren Besitzer überhaupt nicht hören, wenn er sie anspricht oder anschreit - sie befinden sich in ihrer eigenen Welt.

Die einzige Lösung besteht darin, zu dem Hund zu gehen, seinen Fang zu umfassen und mit ihm zu sprechen, damit er seine Aufmerksamkeit auf den Besitzer richtet. Befehlen Sie ihm ruhig zu sein und loben Sie ihn tüchtig, wenn er gehorcht. Wimmern ist eine nervenaufreibende Angewohnheit, man darf sie sich gar nicht erst entwickeln lassen. Ursache können auch Frustration und Langeweile sein, besonders Jagdhunde haben die Neigung zu *weinen*, denn es liegt gar nicht lange zurück, da hatten noch die meisten Jagdhunde die Aufgabe, für die sie gezüchtet waren. Sie müssen für Ihren Hund etwas anderes finden, womit er sich beschäftigen kann. Stoppen Sie ihn ebenso wie beim Heulen, genau zu dem Zeitpunkt, wenn er damit beginnt, ehe es zu einer üblen Gewohnheit wird.

BETTELN

Einige Hundefreunde beschweren sich, ihr Hund bettle am Tisch. Wenn Sie Ihrem Hund nicht beibringen, sich hinzulegen und sich richtig zu benehmen, sollten Sie wahrscheinlich keinen Hund im Esszimmer haben. Sperren Sie ihn aus dem Zimmer aus.

ÜBERMÄSSIGES SEXUELLES VERHALTEN

Einige Rüden - insbesondere kleine - werden in der Pubertät übermäßig sexuell aktiv. Sie bringen ihren Besitzer in größte Schwierigkeiten, wenn sie die Beine der Besucher umklammern oder - noch schlimmer - kleine Kinder festhalten. Wollen Sie Ihren Hund nicht als Deckrüden einsetzen, ist die beste Antwort, ihn kastrieren zu lassen. Lassen Sie ihn aber nicht kastrieren, müssen Sie ihn sofort und sehr entschlossen korrigieren, wann immer er unerwünschte Anzeichen sexuellen Verhaltens zeigt.

NERVOSITÄT UND SCHEU

Nervöse Hunde sind für sich selbst und ihre Besitzer eine Belastung. Es gibt aber auch Hundebesitzer, die gerne einen nervösen Hund haben, weil sich diese Hunde in aller Regel außerordentlich eng ihrem Besitzer anschließen. Es ist wirklich eine Frage, wie nervös ein solcher Hund ist. Ist er genetisch zur Nervosität veranlagt - sind also auch die Eltern nervös - dann gibt es nicht sehr viel, was man tun könnte. Die meisten ausgeprägt nervösen Hunde haben in unserer übervölkerten Gesellschaft ein ziemlich elendes Leben. Ein Hund, der ein schlechtes Erlebnis hinter sich hat, kann oft - mit viel Sorgfalt - gebessert werden. Dies ist eine lange und mühselige Aufgabe, aber es lohnt sich, wenn der Hund ursprünglich ein gutes Wesen hatte. Die meisten Menschen, die von Hunden gebissen werden, haben es dabei mit einem nervösen Hund zu tun.

Nervosität ist häufig mit Scheu verbunden. Ein scheuer Hund mag wie ein scheuer Mensch kein Gedränge, kein neues Umfeld, keinen Lärm oder Fremde, bis er sich daran gewöhnt hat. Ein ruhiger, überlegter Besitzer kann zu einem scheuen Hund eine vorzügliche Beziehung aufbauen, indem er ihn ruhig unterstützt, damit er mit dem, was er als gefährliche Situation ansieht, zurechtkommt.

PROFESSIONELLE BERATUNG

Probleme im Leben sind dazu da, um sie zu meistern. Nicht immer haben wir Erfolg, aber in den meisten Fällen lohnt es sich. Je mehr Sie verstehen, warum Ihr Hund etwas Bestimmtes tut, umso mehr sollten Sie in der Lage sein, ihm zu helfen. Wenn Sie dabei wenig oder gar keinen Erfolg haben, ist es immer das Beste, fachkundigen Rat einzuholen.

Warum bettelt dieser kleine Hund - für Futter oder einen Spaziergang? Das sollten Sie wissen!

Foto: Sally Anne Thompson.

Kapitel 9
HUNDE, DIE BEHINDERTEN HELFEN

Wahrscheinlich dient der Hund der Menschheit länger als irgendein anderes Tier. Gewissheit besteht, dass seine Dienste sehr viel umfassender sind. Die Anzahl von Aufgaben, für die Hunde sich als fähig erwiesen haben, wächst laufend, manchmal fragen wir uns, wie viele weitere Aufgaben noch entdeckt werden. Das Fernsehen hat vielen die Arbeit der Blindenführhunde, Assistenzhunde für ertaubte Menschen, Hunde für Behinderte, Polizeiarbeit, Hütehunde und Jagdhunde nahe gebracht, sie alle erfüllen unterschiedliche Aufgaben. Die meisten Zuschauer bewundern die Leistungen dieser Hunde, aber nur wenige haben eine Vorstellung, wie sie trainiert werden. In der Überzeugung, dass viele Leser es interessant wie erzieherisch wertvoll finden, haben wir uns darum bemüht, für Kapitel neun, zehn und elf Beiträge von Menschen zu erhalten, die tatsächlich Hunde für diese Aufgaben ausbilden.

BLINDENFÜHRHUNDE von Neil Ewart

Es mag viele überraschen zu erfahren, dass anders als bei vielen Formen der Hundeausbildung die Arbeit des Blindenführhundes auf überhaupt keinem aktuellen hundlichen Instinkt aufgebaut wird. Wie andere Formen der Hundeerziehung basiert einiges auf dem angeborenen Wunsch des Tieres zu jagen. Je kräftiger der Jagdinstinkt entwickelt, umso besser die Ausbildungsmöglichkeiten.

Es gibt keinen Weg, dass ein Führhund zu erkennen vermag, dass sein Führer im Sehvermögen beeinträchtigt ist. Dies zu erwarten, wäre dem Tier gegenüber völlig unfair, beeinträchtigte den richtigen Zugang zur Erziehung und Gestaltung. Was erwarten wir von einem guten Blindenführhund?

Freundlich und unterordnungswillig - ohne zu viel Eigeninitiative - eignet sich der Labrador für die Aufgabe als Blindenführhund geradezu ideal.
Foto courtesy: Guide Dogs for the Blind Association.

GEEIGNETE RASSEN

Als Erstes ist festzustellen, dass bestimmte Hunderassen eine höhere Erfolgsrate aufweisen als andere. Über die Jahre haben sich in der Praxis viele Hunderassen qualifiziert. Aber in Erkenntnis dieser Tatsachen hat es sich doch erwiesen, dass im Allgemeinen Labrador Retriever, Golden Retriever und Deutscher Schäferhund die erfolgreichsten sind.

Jeder Hund, der je gelebt hat, hat seine eigenen Probleme, deshalb muss man in der Regel sehr gründlich nachforschen. Der perfekte Hund - oder Mensch für bestimmte Aufgaben - wurde noch nicht geboren. Wenn man sich deshalb für irgendein bestimmtes Tier entscheidet, muss man immer die Nachteile gegen die wahren Vorzüge abwägen.

Interessant ist, dass heute der Labrador häufig mit dem Golden Retriever gekreuzt wird; Ziel ist, die erwünschten Merkmale für den Blindenführhund herauszuholen, dabei unerwünschte zu unterdrücken. Das Ergebnis ist ein mittelgroßes Tier, äußerlich aussehend wie ein Labrador, aber mit etwas *sanfterem* Temperament. Normalerweise sind diese Hunde in den Aufgaben, für die sie gezüchtet wurden, äußerst erfolgreich, wären aber sicherlich keine guten Polizeihunde oder Jagdhunde, einfach aufgrund des Fehlens eines ausgeprägten eigenen Willens.

Der Labrador hat ein verhältnismäßig kurzes Fell, das sich leicht pflegen lässt. Er ist von mittlerer Größe, was der Führaufgabe hilft und am Allerwichtigsten - er ist im sozialen Umfeld allgemein akzeptiert. Seinem Wesen nach ist er im Allgemeinen sehr freundlich und unterordnungsfreudig, ohne übertriebene Eigeninitiative, die problematisch wäre. Denken Sie daran, es ist immer notwendig, in der Ausbildung zumindest einen Schritt vor dem Hund zu sein. Wenn man dies aber nicht zu sehen vermag, kann es sich manchmal als sehr schwierig erweisen, und ein Hund mit stark entwickeltem Selbstbewusstsein und Initiativen könnte dann seinen eigenen Vorteil daraus ziehen. In einigen Rassen kam es zu Problemen, wenn sie übermäßig erregbar oder futtergierig waren. Die positiven Eigenschaften des Labradors jedoch übertreffen bei weitem die möglichen Schwierigkeiten.

Der Golden Retriever besitzt viele der Vorzüge des Labradors. Im Charakter kann er etwas schwieriger sein, er hat ein empfindsames Wesen, manchmal mit etwas Dickköpfigkeit gepaart. Dabei ist es besonders wichtig, dass der Führer genau erkennen kann, wann sein Hund über eine Situation ernsthaft beunruhigt ist, ihr gegenüber plötzlich versagt!

Für viele bleibt der Deutsche Schäferhund der Favorit. Im Allgemeinen ist sein Wesen gesund, er scheint nicht leicht unter Stress und den modernen Lebensumständen zu leiden. Vielleicht kommt es daher, weil er mehr ein *denkendes Tier* ist als die Jagdhunde und auch häufig eine stärkere Zusammenarbeit mit seinem Führer braucht. Sein langer, raumgreifender Schritt kann zum Problem werden, was seine Einsatzfähigkeit für im Sichtvermögen eingeschränkte Menschen beschränkt. Auf der anderen Seite ist der Deutsche Schäferhund ein Hund, der sich leicht führen und betreuen lässt.

WESEN

Das wichtigste Merkmal eines in Frage kommenden Blindenführhundes ist wahrscheinlich sein Wesen. Er muss freundlich und stabil sein, da er tagtäglich in seinem Leben in verkehrsreichen Gebieten arbeiten muss. Die meisten Ausbilder können Ereignisse vorwegnehmen, weil sie nach

Der Golden Retriever kann manchmal etwas schwieriger sein, mit dem richtigen Führer wird man aber eine außerordentlich erfolgreiche Arbeitsbeziehung aufbauen können.
Foto courtesy: Guide Dogs for the Blind Association.

vorn zu sehen vermögen. Dies ist sehr viel schwieriger, wenn man Probleme mit seinem Sehvermögen hat. Es wäre daher eine Katastrophe, wenn ein Blindenführhund ein fragwürdiges Wesen hätte.

Blindenführhundzuchtprogramme räumen dem Wesen erste Priorität ein. Rüden und Hündinnen werden aufgrund ihrer sehr erfolgreichen Vorfahren ausgewählt. Natürlich werden sie auf mögliche Erbkrankheiten, sowohl körperlich wie seelisch, untersucht, dazu gehören auch eine gesunde Konstruktion von Vor- und Hinterhand. Obgleich diese Kontrollen sehr gründlich verlaufen, ist es aus der Natur der Sache heraus unvermeidlich, dass es immer noch hier und da zu Problemen kommt. Zweifelsohne wäre es das Schlimmste, was eintreten könnte, wenn man mit wesensmäßig zweifelhaften Hunden züchten würde. Hierzu gehören insbesondere Nervosität und jede Form von Aggression.

Aggressionen in jeder Form wären eine Katastrophe. Es gibt natürlich keinen Grund, warum der Führhund nicht an der Tür bellen sollte, solange sein Besitzer in der Lage ist, ihn auf Kommando zum Schweigen zu bringen. Viele Menschen in der Öffentlichkeit, insbesondere Kinder, lieben es, Blindenführhunde zu begrüßen, und Zucht und Ausbildung müssen Hunde hervorbringen, die dies akzeptieren. Es gibt hier eine Theorie, die besagt, es wäre recht nützlich, wenn ein Führhund auch in der Lage wäre, seinen Blinden zu bewachen. Man braucht aber nur sehr wenig Vorstellungskraft um zu erkennen, welche möglichen Gefahren damit verbunden wären. Deshalb wird jeder Hund, der eine solche Veranlagung zeigt, von der Ausbildung zurückgezogen. Natürlich wird kein Hund, der die Ausbildung nicht besteht, eingeschläfert, es sei denn, die tierärztliche Diagnose wäre eine sehr ernsthafte und unheilbare Erkrankung. Hunde, die zum Beispiel eine besonders hohe Jagdleidenschaft zeigen, können an andere Organisationen übertragen werden, beispielsweise der Polizei, wo diese Neigung - bei Blindenführhunden ein Fehler - durchaus positiv gewertet wird.

ERWÜNSCHTE MERKMALE

Bei jeder Hundezucht ist es wichtig, dass sich der Züchter daran setzt und ausarbeitet, was er wirklich zu züchten anstrebt. Ist dies ein Hund für die Ausstellung, die Familie oder für die Arbeit? Natürlich gehören zu Letzterem gerade die Blindenführhunde. Auf welche Merkmale versuchen wir zu züchten, wenn alles plangerecht verlaufen soll?

Die Kriterien sind recht weitreichend. Nachstehend einige Beispiele, was als besonders wichtig angesehen wird, was die ausgeprägt wünschenswerten Merkmale für einen Führhund sind. Dies gilt für die gezüchteten Welpen wie für ihre Elternteile.

Absolut: Gutes Wesen, körperliche Gesundheit (Hüften u. a.); frei von Augenerkrankungen, insbesondere von erblichen.

Erwünscht, aber nicht unerlässlich: Perfektes Gebiss, gesunder Körperbau und Bewegungsablauf, Widerrist zwischen 48 und 60 cm; im Typ der betreffenden Rasse liegend.

Von weniger Bedeutung: Haarfarbe und Struktur, Augenfarbe, korrekte Kopfformen.

Zum Beispiel jeder, der Ausstellungsgewinner zu züchten anstrebt, hat die letzten drei Punkte auf seiner *Wunschliste*.

Demzufolge sollte ein Blindenführhund weitgehend nachstehender Beschreibung entsprechen:

Der Deutsche Schäferhund war die erste Rasse, die als Blindenführhund ausgewählt wurde. Noch heute wird die Rasse eingesetzt, bildet aber eine Minderheit.

Foto courtesy: Guide Dogs for the Blind Association.

- Gutes, stabiles Wesen, von fröhlichem angenehmen Temperament.
- Weder neurotisch, scheu, noch furchtsam.
- Energisch, ohne dabei schwierig zu kontrollieren zu sein.
- Nicht hyperaktiv, dies könnte zu Problemen mit dem Führer führen, der möglicherweise schon älter ist oder weitere Gesundheitsstörungen aufweist.
- Keinerlei aggressive Neigungen.
- Wenig Jagdinstinkt - einer der Gründe, warum Collies keine allzu erfolgreichen Blindenführhunde sind.
- Fähig, sich in vergleichsweise langen Perioden zu konzentrieren.
- Nicht leicht ablenkbar, denn dadurch könnte die Konzentration in kritischen Augenblicken zusammenbrechen.
- Unterordnungsbereitschaft, Freude an der Arbeit.
- Vertraut mit und tolerant gegenüber Kindern.
- Vertraut mit und tolerant gegenüber anderen Tieren.
- Auf menschliche Stimme gut reagierend.
- Nicht geräuschempfindlich, darf beispielsweise nicht die Nerven verlieren, wenn bei einem Auto Fehlzündungen auftreten.

- Fähig, *vernünftige Initiativen* zu ergreifen, ohne daraus selbst Nutzen zu ziehen.
- Weder dominant noch selbstsüchtig.
- In der Lage, Umfeld und/oder Führer zu wechseln, ohne zu sehr in Stress zu geraten.
- Innerhalb vernünftiger Grenzen körperliche Empfindsamkeit, also weder zu raubeinig noch zu weich.
- So frei wie möglich von Erbschäden, die seine Arbeit oder sein Wohlbefinden beeinträchtigen könnten.

Vorstehende Ansprüche werden erreicht durch:
Gute Zucht: Führung genauer Aufzeichnungen, Zucht ausschließlich aus sorgfältig ausgewählten Tieren. Tiere, deren Nachzuchten nicht den Anforderungen entsprechen, müssen aus der Zucht ausgeschlossen werden.

Gute Sozialisation ab Geburt bis zu zwölf Monaten: In dieser Zeit muss der Junghund so früh wie möglich mit allen visuellen und klanglichen Eindrücken aus der großen weiten Welt vertraut gemacht werden.

Gute Ausbildung: Gleichmäßige und methodische Erziehung, wobei sichergestellt sein muss, dass der Hund eindeutig versteht, was man von ihm verlangt und sofort tüchtig gelobt wird, wenn er sich richtig verhält. Sollte dies nicht der Fall sein, bedarf es angemessener Korrekturen.

Gute Behandlung durch den Besitzer: Der Sehbehinderte und der Hund müssen gemeinsam geschult werden. Alle paar Monate sollte zu Hause durch qualifizierte Mitarbeiter ein Kontrollbesuch erfolgen. Dadurch wird hoffentlich die Entstehung von Problemen unterbunden, insbesondere dafür gesorgt, dass sie nicht auf Dauer auftreten.

Es ist wichtig, über all das nachzudenken, damit die Gesellschaft ihre Haltung Hunden gegenüber verändert und wir alle vielleicht neue Erkenntnisse erzielen - bei jeglicher Hundezucht auf gesundes Wesen und Anatomie zu achten. Es gibt keinerlei Entschuldigung, genetisch wesensmäßig kranke Hunde zu züchten, sei es für die Arbeit oder für die Familie. Aber trotz aller guten Bemühungen, ist die Zucht jeden Lebewesens teilweise ein Lotteriespiel, da Mutter Natur die Gewohnheit hat, ganz unerwartete Tricks auszuspielen. Dies kann auch den gewissenhaftesten und sorgfältigsten Züchter aus der Bahn werfen.
Wenige Menschen erkennen, dass Blindenführhunde gar nicht allzu intelligent sein müssen. Dabei gebrauche ich dieses Wort etwas zögerlich,

denn der Begriff *Intelligenz* wird leicht falsch angewandt, bedeutet für verschiedene Menschen unterschiedliche Dinge. Wahrscheinlich ist es besser ausgedrückt, wenn man sagt, dass ein künftiger Blindenführhund nicht zu viel Eigeninitiative haben sollte. Man muss bei der Erziehung immer einen Schritt vor dem Hund sein, bestimmte Einzelhunde verlangen aber, dass man ihnen zumindest vier Schritte voraus denkt!

Hier erhebt sich jetzt die Frage, wie kann der Blindenführhund überhaupt lernen, wenn die Ausbildung nicht auf einem bestimmten Instinkt beruht? Die Antwort ist überraschend einfach. Diese Ausbildung basiert auf dem angeborenen Wunsch des Hundes, seinem Führer zu gefallen. Ein Hund, der von Grund auf seinem Trainer gegenüber wenig unterordnungsbereit ist, eignet sich im Normalfall nicht. Wenn man dem Hund richtig beibringt, was erwünscht ist, ihm laufend den richtigen Anreiz vermittelt über gezielten und effektiven Einsatz von Lob und Tadel, wird der Hund seine Aufgabe fröhlich erfüllen, obgleich er in Wirklichkeit nicht versteht, warum er sich eigentlich so verhalten muss.

Am besten vergleicht man einen qualifizierten Blindenführhund mit irgendeinem Familienhund. Man sollte versuchen, sie genau zu vergleichen, ihre Stärken zu erkennen. Es ist äußerst verführerisch, den Blindenführhund in etwas zu verwandeln, was er gar nicht ist und deshalb zu viel von ihm zu erwarten, was er leisten könnte. Trotz allem, er ist und bleibt immer nur ein Tier.

PATENFAMILIEN

Zuerst einmal werden Blindenführhunde immer auf erwünschte Qualitäten gezüchtet. Da gibt es Wissenschaftler, die betonen, dass Problemhunde - und Problemmenschen - oft so sind wie sie sind, weil dies in ihren Genen verankert ist. Wenn Sie deshalb in Ihrer Zucht ein Problem haben, wird es immer wieder auftreten. Manchmal lässt sich diese Eigenschaft sofort erkennen, manchmal schlummert sie unter der Oberfläche.

Ist der Welpe etwa sechs Wochen alt geworden, muss er richtig sozialisiert werden. Dies bedeutet, er wird in die Welt eingeführt, mit der er sich über sein ganzes Leben auseinander setzen muss. Diese Sozialisation ist für alle Hunde lebensnotwendig - für Blindenführhunde, Polizeihunde wie Familienhunde. Sehr wichtig ist zu erkennen, dass gute Sozialisation in keiner Weise schlechtes Züchten entschuldigt. Sozialisation ist kein Heilmittel für einen genetisch kranken Hund. Aber ein gut gezüchteter Welpe, der richtig sozialisiert wird, hat jede Chance, dass sein Besitz immer Freude macht.

Während des puppy walkings müssen dem Junghund so viele Facetten des Leben wie möglich gezeigt werden. Erst einmal durchgeimpft - dieser

Durch die Patenfamilien wird jedem Führhundwelpen eine umfassende Sozialisierung im ersten Lebensjahr ermöglicht.
Foto courtesy: Guide Dogs for the Blind Association.

Prozess beginnt mit sechs Wochen - wird der Welpe angeleint überall hin mitgenommen, damit er Menschen trifft und ungewöhnliche Dinge sieht. Natürlich muss sein Führer sensibel sein und Situationen vermeiden, aus denen übertriebener Stress zu erwarten ist. Es zahlt sich aber keinesfalls aus, den Welpen nicht den Ereignissen des Lebens auszusetzen, und mit etwas Bestätigung und Selbstvertrauen seitens des Führers sind die meisten Probleme schnell vergessen.

In der Regel erfolgt die Aufzucht von Blindenführhunden bei verantwortungsbewussten Patenfamilien, die über etwa ein Jahr den Junghund sachgerecht aufziehen und betreuen.

Der Führhund muss lernen, Hindernisse so zu umgehen, dass für seinen Führer genügend Raum bleibt.

Das Anzeigen der Bordstein-kante ist beim fortgeschrittenen Training besonders wichtig. Fotos: Alan Jones.

AUSBILDUNG UND LERNEN

Etwa mit zwölf Monaten verlässt der Welpe die Patenfamilie und kommt in ein entsprechendes Ausbildungszentrum, wo er einer gezielten Ausbildung unterzogen wird. Weiterhin geht er links von seinem Führer, leicht voraus, wie dies schon möglichst in den ersten zwölf Monaten vorbereitet werden sollte. Der Zug an der Leine sollte mäßig sein. Der Hund wird mit einem Konzept des Gehens auf geraden Linien auf Gehsteigen vertraut gemacht. Er darf nur an Ecken abweichen oder um Hindernisse zu vermeiden. Übertriebenes Ausbilden in diesem Stadium kann ein empfindsames Tier dazu veranlassen, auf dem Gehweg besonders weit links zu gehen, was bedeutet, dass Bewegungen nach rechts übertrieben und schwierig werden.

Er lernt Bordsteinkanten und Stufen dadurch anzuzeigen, dass er anhält und sich in der Regel setzt. Wenn der Behinderte mit der Zeit mehr Vertrauen fasst und sich dadurch entspannt, kann er die Aufwärts-bewegung der Hundeschultern tatsächlich *fühlen*, wenn er den Bordstein hoch geht.

Es erweist sich als außerordentlich schwierig, einen Hund zu lehren, dass Verkehr gefährlich ist. Wild lebende Straßenhunde, die man beobachtet, wie sie Fahrzeugen ausweichen, wissen, dass diese Metallklötze wehtun können. Woher wissen sie dies? Höchstwahrscheinlich wurden sie entweder von einem Auto angefahren oder sind diesem nur im letzten Augenblick entkommen, so dass sich bei ihnen eine Verbindung mit Schrecken und Schmerz aufgebaut hat. Hier muss man den Tatsachen ins Auge sehen, von Blindenführhunden kann man nicht erwarten, dass sie in verkehrsreichen Gebieten alles genau einschätzen können. Diese Verantwortung liegt beim Führer, der nach einer Person suchen muss, die hilft. Ist der Hund in der Ausbildung des Geradeausgehens sicher, verfolgt eine einigermaßen gerade Linie, weicht aber auch etwas ab, wenn es richtig ist, wird nach und nach das weiße Führgeschirr eingesetzt. Genau zu diesem Zeitpunkt lernt der Hund seinen Führer als eine Erweiterung von sich selbst zu akzeptieren. Er beurteilt die Entfernungen zwischen sich selbst, dem Führer und Hindernissen auf der rechten Seite, um genügend Raum zu halten, um ohne Berührung durchzugehen. Durch ein System von Versuch und Irrtum, Gewöhnung und Aufbau konditionaler Reflexe lernt der Hund, ein guter Führhund zu werden.

Hierbei bedarf es immer großer Geduld. Wie bei jeder Hundeerziehung muss der Führer sich vergewissern, dass der Hund tatsächlich die Kommandos versteht, ehe er ihn für ein falsches Verhalten korrigiert. Es ist ebenso absolut notwendig, dass der Hund wirksam gelobt wird, wenn er die Aufgabe richtig erfüllt. Da er gerne seinem Führer gefällt, bedarf es laufender und zeitlich genau bestimmter Anreize, um gut zu arbeiten. Der Wunsch des Hundes, seinem Herrn zu gefallen, darf nicht vermindert werden, denn dies ist unverändert sein Hauptanreiz, gut zu arbeiten. In der Zeit bei der Patenfamilie wie im Ausbildungszentrum lehrt man den Hund nicht zu apportieren, obgleich ein entsprechender Gegenstand als Spielartikel gebraucht werden kann. Geschicklichkeit beim Apportieren ist beispielsweise außerordentlich wichtig für einen künftigen Polizeihund. Ein hiervon besessener Retriever könnte zu einem Problem werden, wenn er einen Blinden leitet, da er höchstwahrscheinlich beim Anblick von ballspielenden Kindern ausreißen würde. Denken Sie immer daran, das Leben ist um vieles leichter, wenn man sein Sehvermögen besitzt und somit Probleme vorhersehen kann um sofort entsprechend darauf zu reagieren.

Der Blindenführhund muss regelmäßig durch einen Tierarzt kontrolliert werden, denn ein kranker Hund kann nicht so arbeiten wie er sollte. Ein Blindenführhund sollte es auch nach seinem aktiven Arbeitsleben gut haben. Das durchschnittliche Arbeitsleben dauert sieben bis acht Jahre, wobei es recht verbreitet ist, dass der Hund etwa mit zehn Jahren in Pension geht und den Rest seiner Tage als Familienhund in dem Haus verbringt, dessen Besitzer er so oft geführt hat.

HUNDE FÜR GEHÖRLOSE   **von Claire Guest**

Alle Hundebesitzer wissen um die Genauigkeit des Gehörs ihres Hundes. Viele berichten über ihren Familienhund, der die Schritte seines Besitzers oder den Klang des sich nähernden Autos genau kennt.

Hunde haben wirklich ein vorzügliches Hörvermögen, viel besser als irgendein Mensch. Der Tonumfang ist größer, sie können Töne mit viel höheren Frequenzen erkennen als wir, daher auch der Einsatz der so genannten *lautlosen Hundepfeife*.

Auch die Fähigkeit des Hundes, unter den einzelnen Geräuschen zu unterscheiden, ist vorzüglich. Ein ausgebildeter Jagdhund unterscheidet die Pfeife seines Besitzers von einer ganzen Anzahl ähnlich klingender Pfeifen, kehrt auf der Jagd zu ihm zurück. Viele Hunde lernen den Motor des Autos ihres Besitzers genau von anderen sich nähernden Fahrzeugen zu unterscheiden.

Hunde für Gehörlose werden so erzogen, zum Ohr des Behinderten zu werden, ihn auf eine Reihe von Haushaltsgeräuschen aufmerksam zu machen, indem sie ihn mit der Pfote berühren und ihn dann auf Aufforderung zu der Geräuschquelle führen. Hunde für Gehörlose sind so erzogen, dass sie auf eine Vielfalt von Geräuschen reagieren, beispielsweise Wecker, Türglocke, Telefon (ertaubte Menschen benutzen eigens angepasste Telefone und *Minicoms*), Küchenuhr und Babyalarm. Sie können auch dazu erzogen werden, auf Feueralarm oder auch auf Einbruchsalarm zu reagieren. Sie machen ihren Besitzer mit einer Pfote aufmerksam, legen sich dann flach auf den Boden, um einen Notfall anzuzeigen.

AUSBILDUNG UND LERNEN

Die Ausbildung umfasst das *Konditionieren* des Hundes auf ein bestimmtes Geräusch und dann eine Reihe von Reaktionen zu trainieren, um zum gewünschten Ergebnis zu kommen. Es ist ein fortwährendes Ausbildungsprogramm - das korrekte Verhalten wird geformt, außerdem muss eine Kette von Reaktionen aufgebaut werden, so dass der Hund auf das Geräusch reagiert und seinen Besitzer darauf aufmerksam macht, um ihn dann zur richtigen Geräuschquelle zu führen. Der Hund lernt auf eine Anzahl von Geräuschstimulanzen zu reagieren, muss diese Klänge unterscheiden können, um korrekt zu reagieren. Beispielsweise muss er den Feueralarm als ein Geräusch erkennen, auf das er sich bei seinem Herrn auf den Boden werfen muss, beim Erklingen des Küchenweckers muss er seinen Besitzer in die Küche führen, zudem muss er auch noch zwischen den Geräuschen seines Besitzers und anderen genau unterscheiden. Arbeitet beispielsweise ein Hund im Büro, muss er zwischen

Ein Hund für Gehörlose reagiert auf Geräusche, macht seinen Besitzer darauf aufmerksam. Dann führt er ihn zur Geräuschquelle.

Foto courtesy: Hearing Dogs for the Deaf.

dem Telefonklang seines Besitzers und dem von Arbeitskollegen unterscheiden.

Das Erlernen der Klänge findet in einem Spezialtrainingszentrum statt und dauert etwa vier Monate, nachdem der Hund seine Sozialisationsperiode abgeschlossen hat. Hunde arbeiten auf maximal zehn verschiedene Klänge. Alle Hunde werden einer Eingangsprüfung unterzogen, um ihre Brauchbarkeit zu testen, dann bei einem freiwilligen Helfer platziert, der seine Fortschritte genau überwacht. Alle diese Hunde müssen ein Wesen haben, wie es auch für einen Behindertenbegleithund verlangt wird - vertrauenswürdig und sozial ansprechend.

Man geht davon aus, dass bei normalem Hörvermögen alle Rassen und Hundetypen weitgehend gleiche Hörleistungen bringen, alleine vom Gesichtspunkt des Hörvermögens deshalb alle Hunde gleich gut arbeiten könnten und erziehbar wären. Trotzdem werden nicht alle Hunde zu guten Hunden für Gehörlose. Die meisten lassen sich so erziehen, um die allgemeinen Aufgaben zu bewältigen, also den Behinderten zu berühren und zu führen. Die Ausbilder dieser Hunde sind sich aber der klaren Unterschiede zwischen einem Hund, der solange er wach und in Bewegung ist, seinen Besitzer berührt und führt und gegenüber einem Hund, der jederzeit gut arbeitet, bewusst.

ERFORDERLICHE QUALITÄTEN

Die erwünschten Qualitäten eines guten Gehörlosenhundes sind schwierig zu definieren. Sollen die Hunde gut arbeiten, bedarf es einer engen Beziehung zum Besitzer, sie brauchen einen starken Rudelinstinkt. Weitgehend unabhängige Hunde, die sich nicht eng anschließen, sind nur selten brauchbar. Solche Hunde können auf Kommando oder nach Schlüsselreizen arbeiten, solange ihr Führer die Situation kontrolliert. Man kann sich aber nicht darauf verlassen, dass sie zuverlässig für ihren tauben Besitzer arbeiten, wenn dieser nicht in der Lage ist, die Aktion auf irgendeine Art zu überwachen. Natürlich ist der taube Besitzer beispielsweise nicht in der Lage die läutende Türklingel zu erkennen, kann deshalb auch seinen Hund nicht zum Arbeiten kommandieren.

Es wird oft diskutiert, inwieweit die Arbeit eines Hundes für Schwerbehinderte eine dominante Rolle ist. Man könnte argumentieren, es handele sich um eine dominante Aufgabe, weil das Erwecken der Aufmerksamkeit des Besitzers durch körperliche Mittel - wie bei vielen Aufmerksamkeit suchenden Hunden durch die Pfote - dann den Besitzer, der dem Hund folgt, zur Geräuschquelle zu führen, dominantes Verhalten voraussetzt. In gewissem Umfange ist dies richtig. Genauso richtig ist aber auch, dass das Pfote geben auf ein Geräusch hin, um Aufmerksamkeit zu wecken, als ein jugendliches Verhalten angesehen werden könnte, ähnlich den Pfotenbewegungen, mit denen der Welpe von den erwachsenen Hunden ausgewürgtes Futter anfordert. Eines ist völlig klar, Hunde für Hörgeschädigte brauchen nicht dominant zu sein, auch ein unterwürfiges Tier kann so erzogen werden, dass es diese Aufgabe sehr gut erfüllt. Gewinnt der Hund trotzdem durch diese Aufgabe eine dominante Stellung, führt dies mit Sicherheit nicht zu durch Dominanz bestimmten Problemen.

Diese Beobachtung ist durch Ergebnisse neuer Forschungen für die Rudelhierarchie unterstützt. Sie zeigt, dass ein Einzelhund in bestimmten Situationen durchaus die Alpharolle übernehmen kann, aber nicht notwendigerweise auch in anderen. Man kann einen von Natur aus unterwürfigen Hund dazu erziehen, diese Aufgabe zu erfüllen, er wird sicher die Initiative für den Ertaubten ohne jede Hilfe oder Anweisung des Besitzers übernehmen. Tatsächlich kann der taube Besitzer, der manchmal bestimmte Geräusche, die auftreten können, nicht erwartet, unbewusst seinen Hund ablenken oder ignorieren. Die Ausbildung lehrt den Hund daher viel Selbstvertrauen, das Bestehen auf Reaktionen und mehrfach neu anzuzeigen, wenn von seinem Besitzer keine Reaktion erfolgt.

BRAUCHBARE HUNDE
Ein Bereich, von dem wir sehr wenig verstehen, ist Ursache, warum bestimmte Hunde mehr laut- und klangwahrnehmungsfähig sind als andere. Bestimmt ist dies ein Gebiet, das von der Verhaltensseite her beachtet werden muss. Wenn man Hunde als Begleiter für Gehörlose ausbildet, scheinen einige Tiere gegenüber Klangstimulanzen aufgeschlossener als andere, man weiß zur Stunde aber nicht, was Ursache für den Unterschied ist. Neue Forschungen beweisen, dass bestimmte Hunderassen unter erblichen Hörproblemen leiden. Das kann aber bestimmt nicht die ganze Antwort sein. Arbeitshunderassen haben einen recht ausgeprägten Arbeitsinstinkt, das könnte sie möglicherweise von der Arbeit des Hörgeschädigtenhundes ablenken. Wachhunderassen sind selten brauchbar, sie haben einen ausgeprägten Territorialinstinkt, das macht sie ungeeignet Tür und Tor zu verlassen, um den Besitzer zu finden und zum Geräusch zu führen. Terrier mit ausgeprägtem Jagdinstinkt werden möglicherweise durch ein Tier im Garten abgelenkt, die für die Jagd gezüchteten Hounds folgen in erster Linie Bodengeruch und sind deshalb ebenfalls selten brauchbar.

Einen guten Hund für Hörbehinderte finden wir im Allgemeinen aus einer Kreuzung von Arbeitsrassen mit nicht so starkem Hüte-, Schutz- oder Jagdinstinkt, der zu Ablenkungen führen könnte. Ein neugieriger, verhältnismäßig kleiner Hund wäre ideal. Man hat mit einer Reihe von kleinen Rassen Versuche für Hörgeschädigtenhunde unternommen, da man hier nicht verlangt, dass eine bestimmte Größe eingehalten werden muss. Es ist auch möglich, eine ganze Reihe von Rassen auszubilden, die normalerweise mit der Behindertenhundearbeit nicht in Verbindung gebracht werden. Viele Zwergrassen - darunter Chihuahua und Papillon - wurden schon erfolgreich ausgebildet und sind sehr geeignet für ältere Hörbehinderte, die nur über beschränkte Räumlichkeiten verfügen.

Jede Ausbildung basiert auf der Schaffung einer positiven Verbindung zwischen Geräusch und Reaktion. Der Hörbehindertenhund ist nicht immer aktiv, nicht dauernd im Einsatz. Über die meiste Zeit zu Hause wirkt er wie ein ganz gewöhnlicher Familienhund, liegt auf seinem Lager oder spielt im Garten. Wenn aber ein bestimmtes Geräusch im Haus ertönt, zeigt sich seine Ausbildung. Er reagiert zu jeder Tages- oder Nachtzeit wie andere gesunde Hunde auf das Geräusch eines Schlüssels an der Tür oder das Klirren des Halsbandes.

Wir werden häufig gefragt, ob ausgebildete Hunde auch auf andere Geräusche im Haus zu reagieren lernen. Die Antwort ist einfach, werden sie für die neuen Reaktionen belohnt, beziehen sie diese neuen Geräusche natürlicherweise mit ein. Einige Hunde sagen ihren Besitzern, dass die Katze an der Hintertür kratzt und hereingelassen werden will, wieder andere, dass auf der Straße die Alarmanlage des Autos ertönt. Der Hund für Gehörlose passt sich - wie auch alle anderen Hunde - Änderungen im Umfeld an, lernt laufend weiter.

Obgleich über die gesamte Ausbildung Belohnungen eingesetzt werden, gibt es große Unterschiede, wie stark im Alltag die Belohnungen fortgesetzt werden müssen. Einige Hunde erwarten immer eine kleine Futtermenge, einen Leckerbissen, wenn sie auf das Telefon aufmerksam machen, andere Hunde arbeiten fröhlich für ein Streicheln und für natürliche Belohnungen, die sich aus ihrer Arbeit ergeben, etwa von dem Besucher an der Haustür, dem so gut riechenden Kuchen aus dem Backofen. Eines ist sicher, dass Hunde aus verschiedenen Motivationen heraus Gleichwertiges zu leisten vermögen. Der Auslöser für die Arbeit braucht, um das erwünschte Ergebnis zu erzielen, bei jedem Hund keineswegs der gleiche zu sein.

Die Ausbildung von Hunden für Hörbehinderte und die Arbeit dieser Hunde ist insoweit einzigartig, dass der Hund bei seiner Arbeit nicht auf Kommando reagiert, also auf Hinweise oder Richtungszeichen seines Führers. Der Hund für Hörbehinderte muss geradezu darauf warten, reagieren zu können, wenn er beim Behinderten platziert ist, der die Klangstimulanz nicht selbst erkennen kann. Richtige Auswahl und Erziehung sorgen dafür, dass diese Hunde begeistert und fröhlich bei der Arbeit sind. Sie warten mit begeisterter Vorausahnung auf den gewünschten Klang, leben aber in der übrigen Zeit ein normales Leben als Mitglied der Familie.

VORTEILE

Für den ertaubten Hundebesitzer sind die Vorteile gewaltig. Viele Hörgeschädigte fühlen sich von der Welt der Hörenden isoliert, haben Schwierigkeiten, aufgrund der verschiedenen Sprachdifferenzierung, sich mit Hörenden zu verständigen. Die meisten taub Geborenen benutzen die Zeichensprache, eine in sich abgeschlossene eigene Sprache und können damit mit Hörenden, die diese Zeichen nicht verstehen, schwer kommunizieren. Der Hund ist schnell in der Lage, sich dem anzupassen, er versteht schnell diese Sprache der Handzeichen. Zweifellos führt dies zu einer engen Verbindung zwischen Besitzer und Hund. Der taube Besitzer empfindet seinen Hund als Partner, der ihn genau versteht.

Hundebesitzer, die im späteren Leben ertaubt sind, müssen sich in der Gesellschaft anderer ununterbrochen darauf konzentrieren, das Gespräch von den Lippen abzulesen. Sie empfinden, dass ihr Hund, mit dem sie nicht verbal kommunizieren müssen, ihnen darin weit entgegenkommt. Die Übernahme eines Hundes hat gezeigt, dass dadurch Stress reduziert wird und die Hörgeschädigten berichten, dass sie sich danach weniger depressiv und ängstlich fühlen. Der Hund mit seinem Rudelinstinkt und ausgeprägter Fähigkeit, enge Bande zu knüpfen, gibt den Behinderten das Gefühl des Wohlbehagens, der Gesellschaft, die von Ertaubten in unserer hörenden Welt so oft vermisst wird. Der Hund gibt ihnen Sicherheit, Informationen, Selbstbestätigung und Annehmlichkeiten, sowohl aufgrund seiner Spezialausbildung als auch durch seine natürlichen Instinkte und sein Verhalten. Die erste Ertaubte, der in England ein ausgebildeter Hund zur Verfügung gestellt wurde, fasste ihre Beobachtungen über ihre Hündin *Lady* zusammen: »Sie hat mein Leben über alle Maßen bereichert. Sie hat meine Ängste zerstreut, mich in Kontakt mit anderen Menschen gebracht, und ihr Willkommen scheint das ganze Haus einzuschließen. Stille und Alleinsein sind vorbei!«

HUNDE FÜR IN IHRER MOBILITÄT
EINGESCHRÄNKTE BEHINDERTE   von Helen McCain
Diese Hunde werden für Aufgaben ausgebildet, die Behinderten selbst sehr schwer fallen oder unmöglich sind. Hierdurch verstärken sie maßgebend den Grad der Unabhängigkeit und Mobilität dieser Menschen.

HAUPTAUFGABEN
Die Erfahrung zeigt, dass zwar der Umfang der Behinderung stark variiert, aber die Aufgaben für den behinderten Menschen in aller Regel bis zu einem Maximum von zehn reichen. Die am häufigsten geforderten Leistungen sind:

- Apportieren zufällig heruntergefallener Gegenstände.
- Apportieren der gerade angekommenen Post und Zeitungen.
- Apportieren anderer Gegenstände, die bis zur Tür geliefert werden.
- Apportieren eigens angepasster schnurloser Telefone.
- Öffnen und Schließen der Türen.
- An- und Abschalten von Licht.

- Bellen, um Hilfe zu rufen.
- Hilfe als Stütze beim Aufstehen von einem Stuhl oder vom Boden.
- Stabilisierung beim Gehen Körperbehinderter mit Balanceproblemen. Hierzu ist ein Spezialgeschirr mit Haltegriff erforderlich.

GEEIGNETE RASSEN

Ein hoher Prozentsatz der Behindertenbegleithunde setzt sich aus Labrador, Golden Retriever oder Labrador/Golden Retriever-Kreuzungen zusammen. Aber auch viele andere Rassen haben sich bewährt, Rassehunde wie Mischlinge, darunter Collie/Spaniel- und Collie/Golden Retriever-Kreuzungen, Deutsche Schäferhunde, Großpudel, ein Portuguese Water Dog und ein Finnish Lapphund.

Im Einzelnen ist zu überlegen, wie viel Pflege eine bestimmte Rasse durch ihren Besitzer braucht, wie akzeptabel dieser Hund in der Öffentlichkeit ist und welche durchschnittliche aktive Arbeitszeit die Rasse in ihrem Gesamtleben bietet. Der allgemeine Grad von Arbeitsfreude,

Ein Hund für Behinderte ist für eine Vielzahl häuslicher Aufgaben ausgebildet, kann auch als Stütze dienen, wenn sein Besitzer vom Stuhl aufsteht.

Foto courtesy: Dogs for the Disabled.

Unterordnungsfähigkeit, Anpassungsfähigkeit, Konzentration, Misstrauen, Selbstinteresse und weiteres muss bedacht werden. Dies alles sind Eigenschaften, die eine Rolle spielen, zum Beispiel wie genau ein Hund auf verschiedene Situationen reagiert, ob vorwiegend aus eigenem Instinkt oder durch externe Faktoren wie Menschen.

BEREITSTELLUNG
Die meisten Welpen, die als Behindertenbegleithunde ausgebildet werden, sind eigens für diese Arbeit gezüchtet. Als brauchbar hat sich auch die Bereitstellung des Hundes durch andere Hilfsorganisationen erwiesen, die aus bestimmten Gründen aus der Ausbildung für andere Ziele herausgenommen wurden. Insbesondere konnten Hunde, die sich für die Blindenführhundearbeit als nicht geeignet erwiesen, recht erfolgreich als Behindertenbegleithunde eingesetzt werden - in der Auswahl gibt es einige Parallelen. Beide Arbeitsaufgaben erfordern Hunderassen, die besonders anpassungsfähig, arbeitsfreudig, mit hoher Konzentrationsfähigkeit u. a. sind - wie beispielsweise Labrador und Golden Retriever.

Gelegentlich erwies sich auch sorgfältige Auswahl von passenden Arbeitsrassen aus anderer Quelle als geeignet, beispielsweise von Tierheimen, Familienhunden und Züchtern. Die Erfahrung lehrt trotzdem, dass eine Aufzucht in Patenfamilien - Puppy Walker - sich für die Bereitstellung passender Hunde als am erfolgreichsten erwiesen hat, es den Organisationen ermöglicht, planmäßig auf Verhalten und Wesen zu züchten, die man bei einem Behindertenbegleithund anstrebt.

PATENFAMILIEN - PUPPY WALKER
Etwa ab einem Alter von sechs Wochen bis zwölf oder vierzehn Monaten werden die Welpen von Patenfamilien aufgezogen und betreut, wobei die Dauer vom jeweiligen Reifegrad des Welpen abhängig ist. Die Patenfamilie ist verantwortlich dafür, den Junghund angemessen mit den zahlreichen Situationen im Umfeld und menschlichen Leben vertraut zu machen. Der Junghund muss mit Menschen, Tieren und allen vorkommenden Verkehrsverhältnissen optimal vertraut gemacht werden.

Die Patenfamilie trainiert den Junghund nicht im eigentlichen Sinn, ermutigt aber jegliches instinktive Verhalten, das später durch den erfahrenen Ausbilder einzeln geformt wird, um eine bestimmte Aufgabe zu erfüllen, beispielsweise das Aufnehmen und Apportieren eines Spielzeugs oder Seilziehen spielen mit einem alten Tuch oder Spielzeug. Die Patenfamilie stärkt das Selbstvertrauen des Junghundes, motiviert ihn, ungewöhnliches Umfeld zu erforschen, wie zum Beispiel Schränke, Unterholz, Straßenverkehr und vieles andere.

AUSWAHL

Ob ein Hund von Patenfamilien oder irgendeiner anderen Quelle kommt, sie alle werden nach der Ankunft im Trainingszentrum über etwa 30 Tage genau überprüft. Dies kann sich als wichtigstes Stadium der Hundeerziehung erweisen - denn dabei beobachtet der Ausbilder das eigene, natürliche Verhalten des Hundes, unbeeinflusst von Ausbildung oder der Beziehung zwischen Ausbilder und Hund.

Während dieser Prüfzeit macht man den Hund mit vielen verschiedenen Umfeldern vertraut, auf dem Land wie in der Stadt, auf freiem Feld, in Parks, am Fluss, auf Bahnhöfen und an Schulen.

Beobachtet werden die Reaktionen des Hundes an den verschiedenen örtlichen Gegebenheiten und seine Reaktion auf einfache Aufgaben, beispielsweise Grunderziehung. Diese Beobachtungen ermöglichen dem Trainer die weitere Erziehung des Hundes und seine Brauchbarkeit für die verschiedenen Aufgaben genau zu bewerten.

TRAINING MIT BELOHNUNGEN

Um sicherzustellen, dass der hohe Ausbildungsstandard, der in der Ausbildung erzielt wurde, gewahrt wird, auch wenn der Hund bei seinem neuen Besitzer ist, hat sich als bei weitem effektivstes Training eine Ausbildung gezeigt, die auf positive Belohnung abgestimmt ist. Die hohe Arbeitsfreude eines Hundes entwickelt sich in dem ausgeprägten Wunsch, seinem Führer zu gefallen, Lob zu erhalten und wird durch verbale Belohnung und ab und zu einen Leckerbissen gestärkt. Aufgrund ihrer verschiedenartigen Körperbehinderungen sind nur wenige Behinderte in der Lage, ihre Hunde körperlich zu loben oder anzufeuern, stimmliche Kontrolle ist deshalb sehr wichtig.

Im Frühstadium der Ausbildung werden Futterbelohnungen eingesetzt, die das verbale Lob verstärken. Mit fortgeschrittenem Training wird die Futterbelohnung seltener. Um eine erfolgreiche Umstellung vom Hundetrainer auf den neuen Besitzer zu ermöglichen, werden in der Anfangszeit erneut Futterbelohnungen eingesetzt, was das Verstehen des Hundes, dass sein neuer Besitzer jetzt Kontrolle ausübt, verstärkt. Nach und nach werden die Futterbelohnungen zurückgeschraubt und nur noch gelegentlich verabreicht, parallel zur Entwicklung einer engen Bindung zwischen Hund und neuem Besitzer.

ERLERNEN DER EINZELNEN AUFGABEN

Die zahlreichen verschiedenen Aufgaben der Hunde für Behinderte beruhen alle auf natürlichem, instinktivem Verhalten, wie es bei allen Hunden auftritt, aber bei den verschiedenen Hunderassen und Einzeltieren in mehr oder weniger starkem Umfang vorhanden ist. Um den Wunsch des Hundes zu arbeiten zu stärken, werden verschiedene Spielsituationen geschaffen, um seine Reaktion bzw. seine besondere Ausbildungsfähigkeit in den verschiedenen Arbeitsbereichen zu testen.

APPORTIEREN

Spielerisches Apportieren mit Gegenständen verschiedener Materialien entwickelt das Selbstvertrauen des Hundes, mehr oder weniger ungewöhnliche Gegenstände aufzuheben. Ein Spielgegenstand kann aus einem Kleidungsstück bestehen, es wird in eine Kiste gelegt, lehrt den Hund, Kleider und Tücher aus der Waschmaschine zu holen. Apportiergegenstände aus Materialien wie Holz, Plastik, Gummi und Metall entwickeln das Vertrauen des Hundes, unterschiedliche Materialien zu apportieren. Hat der Hund ein Spielzeug aufgenommen, ermuntert ihn sein Trainer, ihm mit dem Spielzeug im Fang nachzulaufen, bis es ihm abgenommen wird. Damit testet man seine Veranlagung, Gegenstände wie Milchkartonhalter zu befördern oder auf das Kommando *Halten* zu reagieren, wenn er dies einmal erlernt hat.

Aufgrund dieser Spielsituation ist danach der Hundeausbilder in der Lage, aus dem Spielerischen heraus die formale Übung zu gestalten. Dazu gehört, dass der Hund durch Leine und Halsband kontrolliert wird. Dann hält der Trainer dem Hund ein Apportierholz vor, wobei das Kommando *Halten* angewandt wird, wenn der Gegenstand vom Hund sauber vorn im Fang, hinter den Fangzähnen gelagert gehalten wird. Rumknautschen oder Bewegen des Gegenstandes im Hundemaul wird aberzogen, löst ein kurzes, verbales Abmahnen aus und wenn erforderlich, wird die Unzufriedenheit in visueller Körpersprache ausgedrückt.

Ist eine zufrieden stellende Reaktion bei dieser Übung erreicht, erfolgt die weitere Ausbildung durch verschiedene Stadien einschließlich *Aufnehmen*, *Hier* und *Auslassen - Dankeschön*, jeweils verstärkt durch verbales Lob oder Futterbelohnung.

SEILZIEHSPIEL

Über Seilziehspiele und dem Hund dabei das Gewinnen zu erlauben, entwickelt er das erste Verständnis für das Kommando *Ziehen*. Dabei geht es bei dieser Übung um Aufbau, Selbstbewusstsein und Vertrauen in solchen Situationen, keinesfalls um eine Entwicklung des *Killing Instinkts*, daran erkennbar, dass der Hund den Gegenstand mit dem Kopf schüttelt.

Wenn Selbstvertrauen und Verständnis des Hundes sich entwickeln, beginnt der Trainer eine realistische Situation aufzubauen, ermuntert den

Hund, an einer Tür zu ziehen oder am Griff einer Schublade. Wie zuvor hat der Hund wiederum die Befriedigung, das Spiel zu gewinnen und erhält viel Lob durch den Führer, wenn er die Tür öffnet.

Ist diese Reaktion gefestigt, kann sich der Ausbilder in der anderen Ecke des Zimmers aufhalten. Auf Kommando *pull the door* bewegt sich der Hund selbstständig zur Tür, öffnet sie und benutzt dabei die mit dem Türgriff verbundene, für ihn angebrachte Schnur.

ZIELSICHERHEIT

Viele Familienhunde benutzen ihre Pfoten, um bei ihrem Besitzer Aufmerksamkeit zu erreichen oder andere positive Reaktionen zu erzielen, beispielsweise das Angebot Pfötchen zu geben. Oft beobachtet man auch Hunde, die ihre Pfoten benutzen, um Spielzeug aus schwierigen Lagen zu befreien, beispielsweise unter einem Schrank, oder dass sie damit ihre Futterschüssel halten, während sie diese auslecken. Alle diese Reaktionen sind weit verbreitet und lassen sich einsetzen, um dem Hund beizubringen, ein Licht an- und auszuschalten oder einen Knopf zu drücken, um den Lift zu rufen. Um den Drang im Hund zu stärken, solche Rollen zu übernehmen, lehrt man ihn, bei Begegnungen in der Öffentlichkeit *Pfötchen zu geben*. Dies wird dann erweitert durch die Kommandos *Gib Pfötchen Licht* oder *Gib Pfötchen Lift*. Die Worte werden schnell als Kommandos erkannt.

Man nutzt den Wunsch des Hundes, seinem Führer zu gefallen, sich im Rudel eine eigene Aufgabe zu schaffen. Hierdurch erhält man in all den Bereichen einen befriedigenden Arbeitsstandard, trotz der Tatsache, dass hier der Hund häufig unabhängig arbeiten muss, mit nur eingeschränkter Hilfe seines Führers. Dies gilt beispielsweise, wenn der Hund ein Telefon aufspüren soll, das in einem Zimmer in einem anderen Bereich des Hauses liegt.

STABILITÄTSHILFEN

Manchmal trifft man bei den Eingangsprüfungen auf Hunde, die für eine Reihe von Aufgaben keine Voraussetzungen mitbringen. Arbeit als Stabilitätshilfe für Behinderte beim Aufstehen bietet für einen solchen Hund häufig eine Aufgabe. Vorausgesetzt die Überprüfung von Gesundheit und Fitness verläuft positiv, dann kann man einen solchen Hund dazu erziehen, dass er dem Behinderten Stabilität und in angemessenem Umfang Zug nach vorne bietet. Dadurch hilft er dem Behinderten, die individuelle Haltung beim Gehen und den Bewegungsantrieb zu finden.

Die natürliche Fähigkeit des Hundes, ein anderes Rudelmitglied zu betreuen, ermöglicht, dass solche Hilfe erfolgreich verläuft, obwohl die

Stellung des Behinderten als Rudelführer unbeeinflusst bleibt, denn er kontrolliert seinen Hund über Gehorsams- und Richtungskommandos.

ZUSAMMENFASSUNG

Die Bereitstellung von Behindertenbegleithunden ist eine noch junge Entwicklung, aber viele verschiedene Arten von Hilfen werden heute bereits erfolgreich eingesetzt. Nur Ausprobieren und Sammeln von Erfahrungen können weitere Arbeitsbereiche und Hilfsmöglichkeiten in einem sehr großen Aufgabengebiet erschließen.

Kapitel 10
ARBEITSHUNDE

Der Hund ist nicht »fast ein Mensch« - Gott sei Dank! Er vermag viele Aufgaben zu erfüllen, die dem Menschen völlig unmöglich sind. Aber selbst im Zeitalter der Technologie verstehen wir nicht immer, wie der Hund es tut. Wichtig ist, sich immer vor Augen zu halten, dass kein Hund je in der Lage wäre, eine dieser Aufgaben ohne Hilfe seines menschlichen Führers zu leisten. Es muss immer eine Partnerschaft Mensch/Hund sein - Herr und Diener, die in aller Regel zu sehr guten Freunden werden.

HÜTEHUNDE   von John Holmes

Die erste Aufgabe, die der Mensch dem Hund stellte, war Hilfe bei der Jagd, um Beutetiere zu fangen. Noch werden Hunde für die Jagd eingesetzt, aber in den meisten Teilen unserer Welt wird nur ein kleiner Teil ihrer Beute, die sie fangen, als Nahrung verwandt. Gäbe es aber keine Hütehunde, befände sich die Produktion von Wolle und Schaffleisch in Europa und weiten Gebieten der neuen Welt in einer äußerst unwirtschaftlichen Situation. Hätte es nicht den Jagdinstinkt des Wolfes gegeben, besäßen wir keine Hütehunde wie wir sie heute alle kennen.

Für einige Leser mag es überraschend sein zu erfahren, dass es auf den Farmen hunderte von Hunden im Arbeitseinsatz gibt, die nie wirklich ausgebildet wurden. Sie sammeln die Herden, bewegen sie von

Der Hütehund an der Herde folgt seinem Instinkt, bleibt dabei unter Kontrolle seines Führers.

Foto: Keith Allison.

einem Gebiet ins andere. Bricht ein Schaf aus, holen sie es schnell in die Herde zurück. Machen sie etwas falsch, werden sie angeschrien oder man wirft ihnen einen Stock nach, aber man hat ihnen nie gezeigt, wie sie es richtig machen sollen. Hunde sind - wie ihre Besitzer - heute im Allgemeinen besser erzogen als in früheren Jahren, aber es gibt noch viele Hunde auf Farmen, von denen man sagen kann, sie hätten sich alles selbst beigebracht. Dazu kommt, dass sie ihre Arbeit nicht durch das Beobachten eines anderen Hundes erlernen, wie einige uns glauben machen wollen. Sie folgen einfach einem Instinkt, abgeleitet vom Jagdinstinkt des Wolfes und etwas umgelenkt durch sorgfältige Zuchtwahl des Menschen über Jahrhunderte. Wichtig ist daran zu denken, dass Intelligenz zwar eine große Rolle dabei spielt *wie* ein Hund arbeitet, aber gar keine Rolle, *warum* er arbeitet. Der Hund sagt nicht zu sich: »Mein Rudelführer kann bei weitem nicht so schnell laufen wie ich - ich tue ihm einen Gefallen, treibe diese Schafe zusammen und bringe sie zu ihm.« Es kann durchaus sein, dass ein Junghund aus guter Zucht, der noch nie im Leben ein Schaf gesehen hat und den man aufs Feld bringt, ohne Kommando oder Ermunterung durch den Besitzer die Schafe umrundet, insbesondere dann, wenn sie weglaufen. Das mag nicht immer so sein, aber man kann es in vielen Fällen beobachten.

Ein »strong-eyed« Hund sollte an jeder Haustierart arbeiten können.
                                        Foto: Keith Allison.

Es kann auch passieren, dass manchmal der Junghund den Schäfer auf seinen täglichen Runden über die Felder begleitet und überhaupt kein Interesse an den Schafen zeigt, selbst wenn ein anderer Hund arbeitet. Dann, ganz plötzlich und ohne erkennbaren Grund, beginnt der Hund, die Schafe zu umrunden.

Wahrscheinlich versammelt er dabei die Schafe in einer Gruppe, umrundet sie immer wieder, ohne sie dabei zum Führer zu bringen. Dies ist aber immerhin ein Anfang, Grundlage aller Hütehundeausbildung. Ehe ein Hund dies nicht von sich aus tut, werden sich wenige Schäfer darum bemühen, dem Hund irgendetwas anderes beizubringen.

Angemerkt sei, dass wir in aller Regel den Border Collie meinen, dies ist aber nur eine von vielen Hütehunderassen. Tatsächlich handelt es sich um die neueste Hütehunderasse, deren Name bis in die 1920er Jahre weitgehend unbekannt war. Diese Rasse entstand in den Grenzgebieten von Schottland und England, ursprünglich waren diese Hunde bekannt als *creepers - Kriecher* oder *strong-eyed dogs - Hunde mit hypnotischen Augen.* Gerade *strong eye* unterscheidet die Rasse von anderen Hütehunden. Natürlich entstand die Rasse nicht plötzlich aus dem Nichts. Es handelt sich um eine Linie, die ursprünglich aus verschiedenen Collie-Typen gezüchtet wurde, die schon seit prähistorischen Zeiten die Schafe hüten. Als man dann auf Hütehundeprüfungen entdeckte, dass immer der *strong-eyed dog* gegenüber dem *loose-eyed* erfolgreicher war, begann man auf dieses Merkmal zu züchten.

Gesucht wurden Hunde, die sehr arbeitsfreudig waren - mit anderen Worten - einen sehr stark entwickelten Hüteinstinkt besaßen. Durch planmäßige sorgfältige Zucht und umfassende Inzucht entstand eine neue Rasse. Sie besitzt das, was man als überentwickelten, anormalen Hüteinstinkt bezeichnen kann. Und diese Rasse wurde weltweit als Border Collie bekannt, wird heute von den Kennel Clubs anerkannt und verfügt auf Hundeausstellungen über eigene Klassen.

James A. Reid, erster Sekretär der *International Sheepdog Society (ISDS)* schrieb in seinem *Book of the Dog* 1948: »Hier befassen wir uns nur mit dem arbeitenden Collie, schon lange einfach bekannt als *the Collie* oder *Scottish Collie*, heute allgemein, aber irrtümlich, als *Border Collie* bezeichnet.«

Derartige *Sheepdog Trials* begannen 1873, und die ISDS begann 1906 mit einem eigenen Zuchtbuch für arbeitende Schäferhunde. Interessant ist, dass seither eine ganze Anzahl von Bearded Collies eingetragen wurden, von denen einige die Prüfungen mit großem Erfolg bestanden. Auch sie sind *strong-eyed dogs*, arbeiten genau auf gleiche Art, wie der gebräuchlichere Border Collie-Typ.

Die einzige andere Hütehunderasse, die genauso arbeitet, ist der Australian Kelpie. Dies ist die einzige Rasse, die wir kennen, die es auf *Sheepdog Trials* erfolgreich mit dem Border Collie aufnimmt. Die Rasse entstand aus *working Collies*, welche die Siedler aus Schottland mit nach Australien nahmen. Einer der Ersten davon war die tragende Hündin namens *Kelpie* (das gälische Wort für Wassergeist). Diese Hündin war ein phänomenales Arbeitstier und wurde zur Stammmutter der Rasse. Dies bedeutet, dass Border Collie und Kelpie auf gemeinsame Ahnen zurückgehen. Das Gleiche gilt für Langhaar und Glatthaar Collies, was kaum vorstellbar ist, wenn man sie heute im Ausstellungsring trifft.

Die Überlegenheit des Border Collies für die meisten Arten von Arbeiten an Schafen ist durch die Tatsache bewiesen, dass man sie heute in jedem Land der Welt antrifft, wo Schafe weiden. Trotzdem sind sie bei Farmern und Schäfern nicht allgemein populär. Sie halten sie aber, weil es schwierig ist, die guten altmodischen *Arbeitscollies* aufzutreiben. Und - wenn sie sich eine Hündin halten, ihre Welpen mit Ahnentafel viel mehr Geld bringen. Auf den Hügeln, wo Ginster und Farne wachsen, kann ein *strong-eyed dog* umherwandern, ohne dass die Schafe Notiz von ihm nehmen. Begegnet ein solcher Hund plötzlich einer alten Schafsmutter, wird diese meist nur dastehen und ihn anstarren. Einige der heutigen Hunde sind so sehr *eye*, dass sie einfach dastehen und zurückstarren! Sie eignen sich nicht besonders für Farmer oder Schäfer, die sehr viel Arbeit und nur eingeschränkte Geduld haben.

Auf den mit Farnkraut bewachsenen Gebieten der West Highlands von Schottland werden zum Zusammentreiben häufig »Hunters« eingesetzt. Dies sind laute Hunde, häufig altmodische Beardies, die Schafe aus ihren Verstecken treiben. In jüngeren Jahren wurde eine ganze Anzahl von *New Zealand Huntaways* nach England importiert. Sie sind sehr viel größer als Border Collies und sehr laut, denn sie kläffen während des Laufens unaufhörlich. Sie sind natürlich für den Genießer der Hütearbeit - *connoisseur sheepdog enthusiast* - ein Horror, kommen aber mit ihrer Aufgabe gut zurecht und sind bei denen, die sie besitzen, äußerst populär.

ANDERE RASSEN

In den verschiedenen Teilen der Welt gibt es weitere Hütehunderassen. Einige, wie der Deutsche Schäferhund, sind meist als Polizeihunde besser bekannt, aber sie arbeiten erfolgreich an Schafen und haben eigene Wettbewerbe.

Andere so genannte *Schäferhunde* hüten überhaupt nicht, es sind die über Jahrhunderte eingesetzten Herdenschutzhunde, welche die Herden in Europa schützen. Hierzu gehören Komondor und Pyrenäen Berghund. Sie haben sich in Amerika als äußerst erfolgreich erwiesen, Angriffe von Kojoten abzuwehren. Ihre Welpen werden mit den Schafen großgezogen und bleiben immer in ihrer eigenen Herde - Tag und Nacht. Es gibt genügend Rassen und Hundetypen, die in allen Teilen der Welt an Schafen und Rindern arbeiten, man könnte damit ein Buch füllen. Ein verbreiteter Irrtum ist es zu glauben, der Border Collie sei der Einzige.

RETTUNGSHUNDE   von Neville Sharpe

Die natürlichen Instinkte unserer Hunde werden durch zwei Grundbedürfnisse motiviert - Futter (Sicherstellung angemessenen Futters zum Überleben) und Fortpflanzung (Regeneration der Art durch Paarung).

Eine durch Tatsachen untermauerte Feststellung ist, dass wilde Beutegreifer am besten arbeiten, wenn sie hungrig sind, gerade beginnen auf Nahrung zu jagen. Es besteht kein Zweifel, dass bei einem hungrigen Tier die olfaktorischen Drüsen in der Nase eine vermehrte Wahrnehmungsfähigkeit aufweisen, dadurch optimale Arbeitsvoraussetzungen schaffen. Man kann dies auf Rettungshunde übertragen, die ihre Arbeit über den Geruchssinn ausüben. Es wäre nicht klug, mit diesen Hunden mit vollem Magen zu arbeiten, dies könnte zu verminderter Sinnesleistung beim Geruchssinn führen.

GERUCHSSINN

Wir haben überhaupt keine Chance, den Geruchssinn von Tieren zu übertreffen. Die Fähigkeit des Hundes zu riechen, Gerüche in der Luft zu entdecken und zu identifizieren, ist ganz unglaublich; Wildtiere sind in der Lage, auf den afrikanischen Tiefebenen meilenweit Gefahr zu entdecken. Gezähmte Tiere identifizieren Freund oder Feind, ob das angebotene Futter akzeptabel ist oder abscheulich schmeckt.

Die Theorie über den Geruchssinn ist vielseitig und kompliziert. Für praktische Zwecke kann man aber Gerüche in zwei breite Kategorien aufteilen, in der Luft liegende Geruchspartikel und Herdenduft.

Wind scent ist der Name, der dem Geruch gegeben wurde, der den Hund bei der Suche anzieht. Es ist der in der Luft liegende Geruch eines Menschen oder Gegenstandes, im ersten Fall kann man ihn als Personen gebundenen Geruch des Körpers des betreffenden Menschen bezeichnen. Die Menge des Personengeruchs variiert je nach Kondition, Gesundheit, Kleidung, Ernährung, Aktivität, Geistesverfassung und Stadium der Sauberkeit des jeweiligen Menschen. Er wird außerordentlich verstärkt durch physische Erregung. Bei Gegenständen wird der Geruch meist charakteristisch für den Gegenstand sein, er kann aber auch durch den Kontakt mit dem Menschen verändert werden. Der Geruch des Gegenstandes kann in Verbindung zu einem bestimmten Untergrund stehen, auf dem er liegt, beispielsweise ein Stück abgesägtes oder abgebrochenes Holz, das auf der Wiese liegt.

Der seinen ausgeprägten Geruchssinn nutzende Hund wird über seine Nase und die darin liegenden olfaktorischen Drüsen auf den entdeckten Geruch aufmerksam. Der Grad der Aufnahme variiert nach der Stärke der Geruchsabgabe, Luftbewegung und Landschaftstyp, über den der Geruch verbreitet ist. Ganz eindeutig ist der Zeitablauf der entscheidende Einfluss auf das Geruchsbild für die Arbeit. Je schneller man einen Hund ansetzen kann, dem Geruch zu folgen, umso erfolgreicher wird höchstwahrscheinlich das Resultat sein.

Der Geruch ist abhängig von der Verdampfung, wird deshalb sehr stark von den klimatischen Verhältnissen beeinflusst. Allgemein gesagt sind die günstigsten Voraussetzungen entweder mildes, bedecktes Wetter oder dass die Bodentemperatur höher ist als die Lufttemperatur (meist die Nacht über oder in Bereichen, wo der Boden geschützt ist).

Faktoren, welche den Geruch negativ beeinflussen, nachdem die Fährte gelegt wurde, sind heiße Sonne, starke Winde, heftiger Regen.

Frost und Schnee haben entweder die Wirkung, Geruch zu bewahren oder zu zerstören, je nachdem, ob Frost und Schnee einsetzen, ehe oder nachdem die Fährte gelegt wurde.

Ich habe schon unterstrichen, dass Witterung ein breites und komplexes Problem ist. Es gibt zahllose Beispiele, dass allgemein akzeptierte Theorien in Widerspruch zu der tatsächlichen Fähigkeit und Bereitschaft des Hundes stehen, einer Fährte unter Voraussetzungen zu folgen, die eigentlich die Fährte ausgelöscht haben müssten. Der einzige wahre Test ist, dem Hund die Gelegenheit zu geben, selbst zu wittern, ob er bei den herrschenden Witterungsverhältnissen zu arbeiten vermag oder nicht.

RETTUNGSHUNDE IM GEBIRGE
Bergrettungssuchhunde üben bei den Rettungsarbeiten eine sehr wichtige Funktion aus. Sie sind intensiv ausgebildet, um ausgedehnte Gebirgsregionen abzurevieren und zu durchsuchen. Man hat sie gelehrt, jeglichem menschlichen Geruch nachzuspüren und ihn zu lokalisieren. Dabei gibt es keine Geruchsunterscheidungstechniken. Die Hunde sind darauf ausgebildet, jeglichen menschlichen Geruch zu lokalisieren. Im tatsächlichen Einsatz jedoch wurde immer wieder festgestellt, dass in der Regel zu der Zeit, zu der jemand im Gebirge als vermisst gemeldet wird, die meisten anderen Spaziergänger und Kletterer bereits zurückgekehrt sind, so dass nur die vermissten Unfallopfer in den Bergen zurückbleiben.

Über die Jahre wurden viele Hunderassen eingesetzt. Deutsche Schäferhunde, Labrador, Spaniel, Retriever, Pointer und natürlich der

Gebirgsrettungshunde müssen ausgiebig die Bergbereiche auf menschliche Witterung abrevieren und durchsuchen.

traditionelle Border Collie Farm Hund. In jüngerer Zeit gibt es eine eindeutige Bewegung in Richtung Border Collie, und es ist allgemein bekannt, dass diese Hunde eigens durch Farmer zum Hüten und Sammeln von Schafen gezüchtet wurden.

AUSBILDUNG

Wie hindert man gerade diese Hunde daran, Schafe zusammenzutreiben, wenn man sie hierfür über viele Jahre gezüchtet hat? Zweifelsohne haben harte Inzucht und natürliche Instinkte gute Voraussetzungen dafür geschaffen, zu hüten und zusammenzutreiben. Kann ein solcher Instinkt je kontrolliert oder gar überspielt werden? Die Antwort lautet ja, bis zu einem bestimmten Punkt.

In den Frühstadien des Trainings ist es notwendig, dass der Hund in eine andere Richtung entwickelt wird, nicht nur eingebunden in seine Familie, sondern ausgerichtet auf eine anerzogene Aufgabe. Die Ausrichtung erfolgt in die soziale und die Arbeitsumwelt der Menschen - der Hund sollte sein Leben mit möglichst vielen Menschen teilen und Vergnügen daran haben. Mit Sicherheit müssen Änderungen des Lebensstils jedes Hundes und viele Aspekte der Aufzucht sehr sorgfältig neu überlegt werden. Beim Rettungshund wäre es kontraproduktiv, wenn er viel Kontakt mit Haustieren innerhalb seiner ersten Lebensmonate hätte. Wichtig ist aber, dass er mit Haustieren einzelne Begegnungen hat, um diese kennen zu lernen. Durch ein negatives Ausbildungsprogramm in späteren Monaten lernt er, diese zu meiden. Denken wir immer daran, wir können einem Hund nie irgendetwas für die Zukunft versprechen. Ein Tier lebt immer für den Augenblick. Nur durch Routine können wir ein Tier lehren, ein bestimmtes Verhaltensmuster zu verstehen - Auslauf, Spiel, Belohnung und Fütterung in bestimmten Abständen. Es besteht weitgehend Übereinstimmung, dass das Erfolg versprechendste Lernalter eines Hundes zwischen drei und neun Monaten liegt.

Es bringt große Vorteile, wenn man den Hund als Welpen kauft, ihn dann auf die eigenen Lebensverhältnisse prägt, so dass er sich an sein Umfeld gewöhnt. Dabei muss der Hund in der Lage bleiben, seine natürlichen Arbeitsfähigkeiten zu erhalten, wird aber durch den Einfluss seines Führers auf die notwendigen Kommandos erzogen. Empfohlen wird keinerlei Zwangsausbildung, vielmehr muss die Erziehung ein angenehmes Spiel sein. Es sollte kein großer Unterschied zwischen beidem bestehen. Während der ersten Monate darf man den Hund keine schlechten Gewohnheiten entwickeln lassen, sonst bleiben sie im Allgemeinen über das gesamte Hundeleben erhalten. Für viele ist dies ein beunruhigender Ausblick, und viel zu häufig versäumen Hundebesitzer sachkundigen Ratschlag anzunehmen, ehe sich die Gewohnheit im Hund bereits fest verankert hat. Es versteht sich von selbst, dass der Kauf eines älteren Hundes dazu führen kann, dass bereits verwurzelte Fehlentwicklungen im Verhalten des Hundes mit erworben werden.

In der Hundeerziehung muss man immer daran denken, dass der Führer stets der Rudelführer bleiben muss, sowohl im häuslichen Umfeld wie auf dem Trainingsgelände. Alle Hunde unterliegen der Hackordnung, der Aufbau der Hierarchie ist fester Bestandteil des hundlichen Verhaltens.

In den Frühstadien der Ausbildung als Rettungshund müssen einige Grundregeln beachtet werden. Rudelführer ist immer der Besitzer. Man sollte ein genaues Programm einzelner Ereignisse vorausplanen, die sich nach Möglichkeit täglich an der gleichen Stelle wiederholen, ausschließlich auf der Tatsache aufgebaut, dass die Hundeerziehung eine einfache laufende Wiederholung voraussetzt, die so durchgeführt wird, dass der Hund nach und nach mit dem Training lernt, bereitwillig die Übungen durchführt und mit der Zeit immer besser wird.

So folgt das Ausbildungsprogramm immer einem Grundmuster. Angestrebt wird, die natürlichen Instinkte des Hundes durch ein Erziehungsprogramm auszufüllen, das den Hund besonders anspricht - viel umfassender, enger Kontakt mit Menschen, verbunden mit Nachfolgen, Suchen und Lokalisieren. Nur durch viele Ausbildungsstunden können wir einige Grundregeln in unseren Hunden festigen. Motivierende Faktoren müssen Willen und Liebe des Hundes sein, für seinen Herrn zu arbeiten, seine Freude daran, durch die vom Führer gegebenen Belohnungen Bestätigung zu finden, wann immer er erfolgreich ist.

Bei jeder Ausbildung ist es wichtig, dass es für den Hund einen bestimmten Anreiz für diese Arbeit gibt. Dies kann Futterbelohnung, Spiel oder einfaches Streicheln sein. Alle Hunde sind verschieden. Es wäre falsch zu sagen, was genau korrekt oder auch nur akzeptabel für den eigenen Hund ist. Eines kann ich aber an dieser Stelle unterstreichen, ohne positive Partnerschaft zwischen Führer und Hund werden Fortschritte schwierig, manchmal unmöglich, und richtige Motivation fällt manchmal außerordentlich schwer.

Allgemein ausgedrückt müssen wir unseren Hund ermuntern zu spielen, nachzujagen und zu apportieren. Hierfür haben nicht alle Hunde eine natürliche Veranlagung, einigen fallen diese Aufgaben schwer. Außerordentlich wünschenswert ist, dass der Hund bereits als Welpe zum Spiel ermuntert wird, viel Spaß daran hat, sich mit

Spielzeug verschiedener Arten zu beschäftigen. Es ist durchaus möglich, jeden Gegenstand zu verwenden, solange er nur Motivation und Freude beim Hund auslöst.

In den Frühstadien der Ausbildung von Arbeitshunden gilt das Hauptaugenmerk dem Apportieren. Hat der Hund erst einmal ein Gefühl des Besitzes mit seinem »Spielzeug« entwickelt, können wir mit ihm ein *Katz-und-Maus-Spiel* unternehmen. Wir stehlen es ihm, laufen damit weg und verstecken uns mit dem Spielzeug. Dies ermuntert den Hund über seinen Instinkt nachzujagen, zu suchen und zu finden. Dies ist die absolute Grundübung bei dem Training des Hundes als Suchhund.

Diese Aufgabe wird dann Schritt für Schritt weiter so ausgebaut, dass der Hund nicht länger den *Dieb* mit seinem Eigentum verschwinden sieht, sondern dass er sich aus eigenem Antrieb auf den Weg macht und nachsucht. Die Fortschritte erfolgen schnell, und der Hund wird durch Spielzeiten, natürlich aber auch mit seinem *Lieblingsspielzeug*, von seinem Führer belohnt.

Es ist außerordentlich wichtig, dass der Hund von Anfang an Kommandos lernt, begleitet von Worten der Bestätigung. Die Übung wird im Allgemeinen draußen im Freien durchgeführt, wo der Hund schnell lernt seine Nase zu gebrauchen, um den gesuchten Gegenstand zu entdecken. Der nächste Schritt besteht darin, den Hund alleine auf das menschliche Ziel auszurichten, wobei *Lieblingsspielzeug* oder Futterbelohnungen dazu dienen, die Aufgabe im Hund stärker zu verankern.

DIE ANZEIGE

So lernt der Hund menschlichen Geruch anzuzeigen und mit hoher Nase, mit Fortschreiten der Erfolge auch in verschiedenen Gebieten, zum Beispiel auf schwierigerem Gelände mit komplizierteren Hindernissen zu arbeiten. Der Zeitfaktor wird gleichfalls erweitert. Langsam wird der Zeitabschnitt zwischen dem Beginn der Suche und dem *Finden* erweitert. Meist etwa zu dieser Zeit lernen wir die natürliche Begabung des Border Collies zum *outrun* kennen. Eine Hunderasse, die im bergigen Gelände arbeitet, verfügt über endlose Energievorräte und besondere Leidenschaft für die Arbeit. Alle diese Eigenschaften versetzen uns in die Lage, einen Hund einer ursprünglich für das Schafe zusammentreiben gezüchteten Rasse so fein abzustimmen, dass er eine neue Aufgabe gerne übernimmt.

Zu den wichtigsten Ausbildungsaufgaben gehört, dem Hund beizubringen, menschliche Witterung zu lokalisieren und den Verunglückten zu finden. Zu den häufigsten Schwierigkeiten, auf die die Hundeführer bei ihrer Arbeit im Gebirge stoßen, gehören die Abgelegenheit, die Dunkelheit bei der Nachtsuche und natürlich widrige Witterungsumstände. In vielen Jahren des Lernens haben uns diese Faktoren gezeigt, dass wir den Hund lehren müssen, sofort zum Führer zurückzukehren, wenn er die vermisste Person lokalisiert hat, um dann wiederum die aufgespürte Geruchsquelle durch Bellen anzuzeigen.

Viele Wochen vergehen um abzusichern, dass die einzelnen Abläufe perfekt praktiziert werden. Der große Schritt nach vorne zum Abrevieren und Suchen lässt wenig Zeit, Grundübungen zu wiederholen. Obgleich es bei jeder Ausbildung nach Fehlschlägen üblich ist, zunächst einige einfachere Übungen durchzuarbeiten, ist es bei Rettungshunden von allergrößter Wichtigkeit, dass der sehr kräftige und positive Drang zum Anzeigen aufrecht erhalten bleibt.

Und im weiteren Zeitablauf - vorstehendes Training kann durchaus etwa sechs Monate in Anspruch nehmen - erwarten wir, dass der Hund in der Suchtechnik so viele Fortschritte erzielt hat, dass er in der Lage ist, in jedem Gelände auf Anweisung seines Führers zu revieren und zu suchen. Dies führt ihn bei der Arbeit häufig viele hundert Meter alleine ins Gelände.

Wenn das Anzeigen besonders stark ausgeprägt ist, ist es nicht selten, dass der Hund zum Opfer zurückkehrt, ehe sein Führer dort ankommt. Dabei kann sich ein Arbeitsmuster entwickeln, bei dem der Hund zwischen Opfer und Führer hin und her läuft, bis der Führer beim Verunglückten angekommen ist.

Es ist sicherlich verständlich, dass ein gut ausgebildeter Hund Entfernungen unglaublich schnell überwindet, demgegenüber der Führer zuweilen vergleichsweise langsam wirkt. Als Team jedoch sind sie außerordentlich erfolgreich, Einsatzberichte zeigen, dass sie durch Schnelligkeit und Ausdauer viele Leben retten konnten.

Über das gesamte sehr anspruchsvolle Programm dominieren Belohnung und Lob die Aufgaben. Ermunterung und Unterstützung durch den Führer treiben den Hund an. Zeitweise werden sie in ihrer Arbeit durch Berge, Gräben, Spalten und Lawinen getrennt sein. Ein Unterstützen des Hundes durch verbales Kommando und Lob ist dabei sehr wichtig. Auf größere Arbeitsdistanzen kann dies durch eine Hundepfeife oder Handsignale ergänzt werden, um den Hund durch die Gebiete zu leiten, die abzusuchen sind.

Es macht Freude, einen guten Hund und einen guten Führer in ihrer Zusammenarbeit zu beobachten. Am Ende einer erfolgreichen, etwa zweijährigen harten Arbeit steht, dass der Hund in die Notrufliste von Rettungshunden aufgenommen wird.

LOBEN

Tiere freuen sich über das Lob, genau wie Menschen. Es ist der immer verfügbare und praktische Anreiz, den wir in der Ausbildung dem Hund zu bieten vermögen. Aber was ist Lob? In sehr praktischem Sinn wertet man damit den eigenen Hund auf. Lob erfolgt durch Körpersprache, Augenkontakt, körperliches Streicheln und Kraulen, Spielen mit dem Hund auf seiner Ebene, Futter und schließlich Liebe und Zuneigung, die auf ihn in einer Art übertragen werden muss, die er wirklich versteht. Er versteht keine Sprache, aber er genießt den Klang, und denken Sie immer daran, ein gehorsamer Hund, der gelobt wird, ist auch immer ein gesunder Hund. Hunde leben für den Augenblick, nicht später, sondern immer jetzt. Deshalb hilft ihm Routine, die täglichen Dinge im richtigen Blickfeld zu bewahren, er identifiziert und verbindet diese Gelegenheiten, wenn es zur Arbeit geht oder einfach hinaus auf einen Spaziergang.

Das Lob muss immer zum richtigen Zeitpunkt erfolgen, so dass der Hund die Verbindung zwischen Übung und Lob erkennen kann. Dieses Lob muss freiwillig und begeistert erfolgen, mit einem bestimmten Maß von Verstehen zwischen Hund und Mensch. Der Hund muss begreifen, dass er selbst Anlass ist, dass am Ende der Übung andauerndes Lob steht.

Dies alles fordert seitens des Führers eine starke Konzentration und gibt ihm wenig Gelegenheit, während der Ausbildung mit seinen Gedanken abzuschweifen. Richtiges Lob ist eine Kunst in sich, nicht alle Hundeführer besitzen hierfür eine natürliche Veranlagung. Aber sorgfältiges Verstehen und Praktizieren führen dazu, dass sich diese Geschicklichkeit beim Führer verbessert und sorgt dafür, dass der Hund nicht verwirrt wird, sondern sich vielmehr unterstützt fühlt, wenn man von ihm fordert, die Übung bis zum Ende durchzuführen.

Über das Loben eines Hundes gibt es viele verschiedene Meinungen, naturgemäß sehen die meisten ihre eigene Methode als die allerbeste an. Eine solche Neigung sollte aber vermieden werden, man muss allen anderen Möglichkeiten aufgeschlossen gegenüber stehen. Denken Sie daran, Hunde geben nichts auf Meinungen, sie reagieren ganz einfach auf eine konkrete Situation auf ihre eigene individuelle Art. Deshalb sollten wir jeder neuen Methode, die zu den richtigen Ergebnissen führt, aufgeschlossen gegenüber stehen.

SPIEL UND LECKERBISSEN

Als Hundebesitzer sollten wir uns stets bewusst sein, dass wir durch viele unserer Handlungen unsere Hunde belohnen, ohne es selbst überhaupt zu merken. Als Folge dieser Handlungen könnte es sein, dass Sie Ihren Hund völlig unbeabsichtigt falsche Dinge lehren. Das Gleiche kann passieren, wenn der Hund fehlerhaft zur falschen Zeit für ein Verhalten gestraft wird.

Es besteht kein Zweifel, Belohnung des Hundes durch Spiel oder Leckerbissen bewirkt ein Glücksgefühl in unserem Tier. Dies ist sehr leicht zu erreichen, aber wir sollten darauf achten, dass im Verlauf der Ausbildung der im Hund verankerte Impuls, seinem Führer zu gefallen, tatsächlich aus der Übung selbst entsteht und nicht immer aus der Belohnung nach Abschluss der Übung.

Im Übrigen baut man durch regelmäßige Futterbelohnung im Hund eine sehr ausgeprägte Gewohnheit auf, was ihn von der Arbeit ablenken könnte, die er eigentlich tun sollte. Es gibt natürlich einige Hunde, die am Ende einer Übung nicht immer spielen wollen. In den meisten Fällen sollten aber Worte des Lobes ausreichen. Als Grundregel gilt, Voraussetzung ist das Erreichen der gestreckten Ziele, dass der Hund versteht, was man ihn lehrt. Es bedarf einer Ausgewogenheit verschiedener Arten von Lob, die eingesetzt werden.

FREUDE AN DER ARBEIT

Hierunter versteht man, dass der Hund an der Übung selbst so viel Freude und Vergnügen hat, dass er bereitwillig und schnell die Aufgaben durchführt. Die Reaktion des Hundes auf das Kommando *Such* besteht oft in Erregung, was eindeutig eine ideale Grundsituation ist, den erfolgreichen Abschluss der Ausbildung und die vom Hund erstrebte Belohnung, nämlich das Aufstöbern der verirrten Person, zu vereinen.

INSTINKT

Abschließend nochmals ein Hinweis auf die Bedeutung des Instinkts. Bei allen Tieren ist der Instinkt ein sehr wichtiger Faktor. Er kann nicht ausgeschaltet werden, schlummert immer im Hintergrund, im Charakter des Hundes. Aber durch freundliche Lenkung und korrektes Erziehen kann man einem Hund sehr viele Dinge beibringen, was ohne seine Instinkte mit Sicherheit nicht möglich wäre.

POLIZEIHUNDE   von Dr. Peter Storey

Heute gibt es eine Reihe exzellent ausgebildeter Polizeihunde aus einer Vielfalt von Hunderassen einschließlich Mischlingen. Sie helfen der Polizei bei deren sehr wichtigen Funktionen, Verbrechen und Terrorismus zu verhindern, aufzuspüren und zu bekämpfen. Natürlich helfen sie der Polizei auch bei anderen Aufgaben, wie der Suche nach vermissten Personen, oder durch den gemeinsamen Besuch in Schulen und anderen öffentlichen Einrichtungen gute Beziehungen zu unterhalten.

Es ist leicht einzusehen, dass es eines ganz besonderen Hundetyps bedarf, um alle diese Anforderungen zu erfüllen. Dies sind häufig Deutsche Schäferhunde, im Normalfall eingesetzt für Patrouillenarbeit, aber auch kleinere Hunderassen, die ihren Einsatz in der Suche nach Sprengstoff und Drogen finden.

DER PERFEKTE POLIZEIHUND

Es ist sehr schwierig, den perfekten Polizeihund zu finden und mehr und mehr Polizeikräfte sehen sich gezwungen, mit großen Kosten ein eigenes Zuchtprogramm aufzubauen, um ihren Bedarf an brauchbaren Hunden zu decken.

Der ideale Hund hat ein ausgeglichenes Wesen, ist weder nervös noch aggressiv, hat aber Mut. Er ist ein Hund, der mit freundlicher Neugier Unbekannten begegnet, oder manchmal auch mit Misstrauen, er muss aber körperlich und seelisch unbedingt gesund sein. Vor allen Dingen braucht man einen Hund, der seinen erstklassigen Geruchssinn und sein Hörvermögen nutzt, um die überdurchschnittlichen Instinkte für Apportieren, Jagen, Spielen und Schutz zu verstärken. Dies hilft den Ausbildern, bei den Hunden Fährtenarbeit, Unterordnung und Mannarbeit in kontrolliertem Umfang aufzubauen.

Der Hund ist insofern ein Mysterium, weil er das einzige Tier in der ganzen Welt ist, das instinktiv den Wunsch hat, mit dem Menschen zu kooperieren. Kein anderes Tier hat so viel gegenseitiges Verständnis mit dem Menschen aufgebaut. Wenn wir in gewissem Umfang seine Wünsche verstehen, seine Bereitschaft, sich uns unterzuordnen, können wir seine überlegenen Sinne und Instinkte darauf ausrichten, uns auf eine Art zu dienen, wie dies kein elektronisches Hilfsmittel vermag.

Wie werden also die Instinkte unserer hundlichen Freunde genutzt, um der Polizei bei den schwierigen Aufgaben zu helfen?

FÄHRTENARBEIT

Jeder Polizeibeamte und jeder Zivilausbilder wird bestätigen, einen guten Fährtenhund zu führen bedeutet *den Himmel auf Erden* - die Kulmination vieler Monate oder Jahre sorgfältigen Trainings.

Der Hund wird darauf geschult, versteckte Personen oder auch Gegenstände durch Ausarbeiten der Fährte aufzuspüren, hierfür seinen vorzüglichen Geruchssinn einzusetzen. Alle guten Fährtenhunde haben eines gemeinsam - einen überdurchschnittlichen Apportierinstinkt. Das soll nicht heißen, dass Hunde ohne überdurchschnittlichen Apportierinstinkt überhaupt nicht auf der Fährte ausgebildet werden können, das wäre wirklich nicht wahr. Es gibt vielfältige Methoden, einem Hund die Fährtenarbeit beizubringen, aber die natürliche Art ist es, die Ausbildung auf der Fährte als eine Art spielerische Aufgabe über den Apportierinstinkt aufzubauen. So hat der Hund an seiner Arbeit Freude und ermüdet dabei nicht so leicht.

Der Fährtenhund muss seinen Geruchssinn nutzen, um versteckte Personen oder Eigentum aufzuspüren. Ein überdurchschnittlicher Apportierinstinkt wird als Voraussetzung dafür angesehen.

Foto courtesy: The Metropolitan Police.

Wie erkennen wir, ob ein Hund überdurchschnittlichen Apportierinstinkt aufweist? Das von mir über die letzten zwanzig Jahre
gebrauchte System ist wohl erprobt und vielfältig getestet. Als
Allererstes bringt man den Hund in ein Waldgebiet, völlig getrennt vom
häuslichen Umfeld. Ziel ist es, die Entschlossenheit des Hundes und
gleichzeitig seine Apportierfreude zu testen. Manchmal hilft es, wenn
der frühere Besitzer oder Führer des Hundes anwesend ist, damit dieser
das Lieblingsspielzeug des Hundes in das Unterholz wirft. Dabei wird
dem Hund erlaubt, das Werfen des Spielzeugs zu beobachten, man hält
ihn eine Minute fest, lässt ihn dann los. Von einem erfolgreichen
Kandidaten erwarte ich, dass er sich mutig ins Gestrüpp stürzt, sein
Spielzeug sucht und nicht eher aufgibt, bis er es gefunden hat. Diese
Übung kann 10 bis 15 Minuten dauern, aber die Begeisterung zu
suchen, muss gleich bleiben. Ein fittes Tier darf dabei nicht ermüden.

Für diese Regel gibt es aber Ausnahmen. Ein Hund kann durchaus
die Qualitäten besitzen, nach denen wir Ausschau halten, wurde aber als
Welpe möglicherweise nicht korrekt sozialisiert. Vielleicht hat man ihm
das Spielen nie beigebracht, deshalb ist der Instinkt nicht an die Oberfläche gekommen. In solchen Fällen wird ein guter Ausbilder das
Problem erkennen und dem Tier mehr Zeit lassen, sein volles Potential
zu zeigen.

Die Erfahrung hat jedoch gelehrt, dass korrekt sozialisierte Hunde,
mit denen man von früher Jugend an spielte, zu den besten Fährten- und
Suchhunden werden. Bald wird es für sie zur zweiten Natur, über
längere Zeiträume sorgfältig und begeistert zu suchen, wobei sie viel
Freude an der Übung haben.

Die Fährtenhundarbeit ist in erster Linie eine Erweiterung der Jagd-
und Apportierinstinkte des Hundes, er sucht und findet sein Spielzeug.
Im Anfangsstadium wird der Hund auf einem Fußballfeld oder auf einer
Weide mit einigermaßen kurzem Gras, das noch nicht zu Boden
getreten ist oder vor kurzem gemäht wurde, trainiert. Damit stellt man
sicher, dass der einzige Geruch vom Fährtenleger stammt, der die
Vegetation zertreten hat und es dadurch keine Verwirrungen für den
Hund gibt. Der Hundeführer hält seinen Hund zurück, während der
Ausbilder sich mit dem Spielzeug des Hundes auf den Weg macht. Der
Hund darf beobachten, wie sein Spielzeug einige Meter entfernt im
Gras verborgen wird, darf dann angeleint nach vorne laufen, wobei der
Führer ihm schnell folgt. Hat der Hund sein Spielzeug gefunden, wird
er abgeleint und es beginnt ein möglichst begeistertes Spiel. Dies ist
eine Spielübung, sollte in dieser Art auch immer so bleiben. Diese
Trainingsübung wird mehrfach wiederholt, wobei langsam die

Entfernung zwischen Hund und Spielzeug erweitert wird. In diesem Stadium nutzt der Hund noch seinen Jagdinstinkt, um sein Spielzeug zu finden. Er hält seinen Kopf hoch, um nach dem Spielzeug Ausschau zu halten. Danach folgt das Training, bei dem der Hund mit der Nase nach unten geht, nach dem Spielzeug fährtet. Dies erreicht man, indem man die Fährte erweitert, sie länger liegen lässt, so dass der vom Gras sich abhebende Geruch weniger leicht zu verfolgen ist. Bald lernt der Hund, dass er, um sein Ziel zu erreichen, über verschiedenes Gelände alle seine Sinne nutzen muss.

Über einige Wochen werden nur langsam Fortschritte gemacht. Die Fährte wird immer schwieriger zu verfolgen sein, aber der Hauptinhalt bleibt unverändert Spaß an der Arbeit! Jede Übung muss erfolgreich beendet werden, was man auch erreicht, wenn man im Anfangsstadium die Instinkte des Hundes korrekt einsetzt.

NACHSUCHE

Bei dieser Ausbildung muss der Hund verborgene Gegenstände, Personen, Sprengstoffe oder Drogen suchen. Die Prüfung möglicher Suchhunde erfolgt auf ähnliche Art wie die des Fährtenhundes und sollte die gleichen Qualitäten zeigen, besonders einen über dem Durchschnitt liegenden Apportierinstinkt. Verfügt ein Hund über solche Qualitäten, fällt es leicht, ihn so zu erziehen, dass er verborgene Gegenstände mit menschlichem Geruch, die versteckt wurden, nachsucht und aufspürt. Die Übung erklärt sich von selbst. Das Einzige, was man lehren muss, ist, in die Hand zu apportieren oder den Gegenstand durch Bellen anzuzeigen, wenn er zum Apportieren zu groß ist.

Auf ähnliche Art kann man einen Hund lehren, Gebäude und offenes Gelände auf versteckte Personen abzusuchen, gleich ob diese Personen sich verirrt haben oder sich verstecken. Diese Methode wurde recht erfolgreich für Hunde gewählt, die in nicht aggressiver Art die Fährtensuche durchführen.

Wiederum hält der Führer seinen Hund an der Leine, während der Trainer ihm das Spielzeug vorhält. Jetzt wird der Hund ermuntert, für das Spielzeug zu bellen und erhält dies sofort darauf als Belohnung. Dann erlaubt man dem Hund zuzusehen, wie der Trainer - mit dem Spielzeug in der Hand - in das Gebäude läuft, worauf Hund und Führer nahezu sofort folgen. Findet der Hund - immer noch angeleint - den Trainer, wird er wieder ermuntert, für sein Spielzeug zu bellen und erntet dabei natürlich wieder großes Lob.

Jetzt ist es nur noch erforderlich, die Übung über eine Reihe von Wochen immer schwieriger zu machen; nach und nach versteckt sich der Trainer allein außerhalb der Sicht des Hundes, wodurch der Hund ermuntert wird, seine Nase zu nutzen und nicht wie bisher allein die Augen.

Die Ausbildung eines Spezialhundes zur Suche nach Sprengstoffen und Drogen ist sehr mannigfaltig, lässt sich in einem kurzen Abschnitt nicht erklären. Das Prinzip jedoch, den Apportierinstinkt zu nutzen, bleibt unverändert. Eine mit Löchern versehene Plastikröhre enthält die Substanz, nach der der Hund suchen muss und wird zum Spielzeuggegenstand des Hundes, der zunächst in seiner Anwesenheit versteckt wird. Der Hund wird abgeleint und zur Suche aufgefordert. Hat er seinen Gegenstand gefunden, wird er tüchtig gelobt und mit ihm gespielt. Zu keiner Zeit gerät der Hund dabei mit irgendeiner gefundenen Substanz in direkten Kontakt, keinesfalls wird man ihm je gestatten, in irgendeinem Grad süchtig zu werden.

Ein Drogenhund bei der Ausbildung. In seinem Spielzeug ist die Substanz enthalten, die er finden muss. Es findet bei einer Vielfalt von Such- und Apportieraufgaben Anwendung.

Foto: The Rugby Advertiser.

Zwar arbeitet der Hund unter Kontrolle seines Führers, sein Führer muss aber zu seiner Leistung volles Vertrauen haben.

Foto courtesy: The Metropolitan Police.

Noch immer verstehen wir nicht, wie das olfaktorische System eines Hundes arbeitet. Ein normaler Deutscher Schäferhund besitzt etwa 220 Millionen olfaktorische sensorische Zellen, der Mensch dagegen nur fünf Millionen. Dadurch könnte man zur Schlussfolgerung gelangen, dass der Geruchssinn eines Hundes 44-mal besser sei als der des Menschen. Dies ist jedoch nicht der Fall. Man hat mich von den Ergebnissen eines Olfaktometers zuverlässig informiert, diese besagen, dass der Geruchssinn des Hundes über eine Million Mal besser ist als der menschliche, darüber hinaus besitzt der Hund die Fähigkeit, zwischen den einzelnen Bestandteilen eines Geruchsbildes zu unterscheiden.

Dies macht die Ausbildung auf Sprengstoffe und Drogen im Frühstadium schwierig, denn - wie wir schon wissen - könnte der Hund nach dem Inhalt des Plastikrohres seines Spielartikels suchen, nicht nach der Substanz selbst. In einem Experiment wurden die vier Bestandteile eines Sprengstoffes in separaten, sterilen Räumen deponiert, vier voll ausgebildete Sprengstoffsuchhunde wurden in jedes Zimmer zur Suche geschickt. Drei von vier Hunden zeigten nur einen Bestandteil an, ignorierten die übrigen. Wurden alle Bestandteile wieder zusammengesetzt und versteckt, fanden alle vier Hunde die Substanz. Sehr interessant.

Daraus schließen wir, dass der Spielgegenstand so früh wie möglich durch neue Sprengstoffe oder Drogen ersetzt wird. Wenn der Hund das Versteck findet, wird vom Hundeführer der Spielgegenstand eingeschmuggelt, mit dem der Hund dann spielen darf und tüchtig gelobt wird.

DER FÜHRER

Einen Hund so zu erziehen, dass er bestimmte Substanzen sucht, ist leicht. Meist dauert es bei einem korrekt vorbereiteten Hund nur Minuten. Die Ausbildung des Führers, dass er seinen Hund zu *lesen* vermag, ist eine andere Frage. Alle Hunde haben unterschiedliches Temperament und Wesensveranlagungen, sie verhalten sich natürlich bei der Suche wie beim Anzeigen verschieden. Der Führer muss lernen, sich bei Suchübungen zurückzuhalten, seinem Hund erlauben, unabhängig zu arbeiten. Dies ist das Grundprinzip, trotzdem muss er seinen Hund immer genau beobachten und lernen, jede Veränderung des hundlichen Verhaltens zu erkennen. Zeigt der Hund dabei in einem bestimmten Bereich mehr Interesse, muss der Führer auch über die Entschlusskraft verfügen, sich noch immer im Hintergrund zu halten, seinem Hund zu gestatten, auf seine Art das Problem auszuarbeiten. Zu viele unerfahrene Führer verfallen zu früh auf die Idee, ihrem

Beim Beißen lehren eines Hundes handelt es sich um eine Erweiterung seines Spielinstinkts. Wird der Hund immer selbstbewusster, muss klare Disziplin eingebaut werden.

Foto: The Rugby Advertiser.

Schützling zu helfen. Das Ergebnis ist eine falsche Anzeige des Hundes, der sich natürlich beeilt, seinem Herrn zu gefallen!

Zu den schwierigsten Aufgaben für den Trainer gehört es, dem Führer Vertrauen in die Fähigkeit seines Hundes zu geben. Letztendlich ist der Hund derjenige, mit den weit überlegenen Sinneskräften, und das ist der Grund, warum er als Helfer der Polizei Einsatz findet.

Diese Ausbildung bringt eine ganze Reihe von Schwierigkeiten, wichtig ist, dass ein wirklich qualifizierter Trainer immer gegenwärtig ist, um Probleme von Anfang an auszuschalten, ehe die Fehler nicht mehr korrigiert werden können. Der Führer muss erkennen lernen, wann sein Hund eindeutig positive Anzeichen gibt. Sind es Luftwirbel, Windrichtung, Zugluft oder andere Turbulenzen, welche die Anzeige auslösen? Es wurde schon beobachtet, dass ein Hund eine Substanz auf der gegenüberliegenden Seite des Zimmers anzeigte, einfach aufgrund der Luftbewegung! Alle derartigen Phänomene müssen berücksichtigt werden, wenn man die Anzeige des Hundes richtig liest. Nur viel Zeit und intensive Ausbildung gemeinsam als Team können zum guten Ergebnis führen.

POLIZEIHUNDEARBEIT

Wenn es um die Merkmale des idealen Polizeihundes geht, werden die meisten auf den ersten Blick glauben, dass noch eine wichtige Eigenschaft fehlt. Wo bleibt das Wort »Aggression«? Ist es nicht immer so, Allzweck-Polizeihunde sind *böse* - unangenehm?

Eine solche Meinung könnte nicht weiter von der Wahrheit abweichen. Ein wirklich böser und aggressiver Hund bedeutet auf unseren Straßen eine Gefahr.

Alles, was wir zu erreichen versuchen, ist eine kontrollierte Aggression, die wir nach Belieben wie einen Schalter ein- und ausschalten können.

Das Beißen lernen eines Hundes ist eine Erweiterung seines Spielinstinkts. Die meisten von uns haben zu irgendeiner Zeit mit ihrem Familienhund *Seilziehen* gespielt, in der Regel mit dessen Lieblingsspielzeug.

Auf ähnliche Art lehrt man den Hund seine Arbeit, dabei wird das Spielzeug durch ein Stück Sackleinen ersetzt und der Hund ermuntert, wiederum Seilziehen zu spielen. Man nennt dies *Sack beißen.* Dabei darf der Hund immer gewinnen, baut sehr schnell Selbstvertrauen und Besitztrieb gegenüber dem Sack auf. Nach und nach wird der Sack um den Arm des Ausbilders gezogen, der Hund ermuntert, in genau der gleichen Weise wie zuvor mit dem Sack auf dem Arm zu spielen. Es besteht keine Absicht des Hundes, den Trainer zu verletzen, keinerlei Aggression, aber manchmal kann dies schon etwas hart werden!

Gewinnt der Hund mehr und mehr Selbstvertrauen, muss in die Übung ein Element der Disziplin eingebaut werden, so dass der Ausbilder in der Lage ist, wann immer er will, den Hund zum Auslassen zu bringen.

Wahrscheinlich werden Sie jetzt einwenden, Sie hätten Polizeihunde beobachtet, die gegenüber Menschenansammlungen aggressiv waren - und dies ist wahr.

Jeder Hund, der sein Futter wert ist, wird seinen Führer schützen, ein Instinkt, über den mancher Führer schon recht froh war, wenn er sich einer feindlichen Menge gegenüber sah. Dabei sollte der Hund aber immer an kurzer Leine gehalten werden, um diese Aggression unter Kontrolle zu halten, bei dieser Übung auch nie übermäßig ermutigt werden.

Im Gesetz steht letztendlich, dass jedermann *so viel Kraft wie notwendig* einsetzen darf, um sich selbst zu verteidigen - alles andere wäre ein Vergehen und übertrieben.

INSTINKT

Nochmals abschließend, welche Instinkte werden bei der Erziehung von Polizeihunden benutzt:

- Apportiertrieb: Fährten verfolgen, Nachsuche von Personen oder Eigentum.
- Jagdtrieb: Fährtensuche und Suchen von Personen oder Eigentum.
- Spieltrieb: Fährtensuche, Suche nach Personen oder Eigentum, Beißen.
- Schutztrieb: Eingesetzt zur kontrollierten Aggression.

In diesem Musterbeispiel kontrollierter Aggression wird der Schutztrieb eingesetzt.

Foto courtesy: The Metropolitan Police.

Kapitel 11
JAGDHUNDE

Wie der Name schon sagt, der moderne Jagdhund wurde durch planmäßige Zucht entwickelt, um dem Jäger beim Verfolgen des Wildes zu helfen. Ohne die einzelnen Rassen zu nennen, kann man Jagdhunde bequem in vier Kategorien aufteilen, die das breite Aufgabengebiet auf der Jagd umfassen: Retriever; Stöberhunde (Spaniels); Pointer und Setter (Vorstehhunde); Allzweckjagdhunde die jagen, vorstehen und apportieren.

JAGDHUNDINSTINKTE
von Tenant Brownlee

In einer Hinsicht unterscheiden sich Jagdhunde nicht von anderen Hunderassen - alle domestizierten Hunde haben bestimmte Eigenschaften gemeinsam, die man auf ihre wilden Vorfahren zurückführen kann. Beispielsweise arbeiten sie am besten in der Meute, sind sich innerhalb der Meute ihres Status sehr bewusst. Sie sind schnell dabei, auf Reize durch Handlungen zu reagieren, manchmal in einem Ausmaß, dass sich ein konditionierter Reflex selbst bildet; und sie werden jede Gelegenheit nutzen, ihren Status in der Meute zu verbessern. Für die Arbeit eingesetzte Jagdhunde - im Gegensatz zu den für die Ausstellung gezüchteten, bei denen es im Arbeitstrieb zu einigen genetischen *Degenerationen* kam - zeigen ein sehr spezielles Verhaltensmuster, man kann dieses als überlebensbestimmt oder instinktiv bezeichnen. Über die Gene werden solche

Foto: Carol Ann Johnson.

Zu den Merkmalen der Hundeausbildung gehört, bestimmte Triebe zu stärken, andere zu modifizieren.

Foto: Graham Cox.

Verhaltensmuster oder Triebe bereits mit der Geburt im Wesen des Jagd-hundes programmiert und haben tief greifende Wirkungen auf seine Handlung und sein Verhalten über das ganze Leben.

Diese Verhaltensmuster kann man in ihrer Gesamtheit als eine Art von *Beutegreiferaggression* sehen, als eine Kombination von Zwängen, Wild zu erwittern, zu jagen, aufzustöbern, einzufangen, zu töten und zu apportieren. Jeder Jagdhund besitzt alle diese Triebe, in mehr oder weniger starkem Ausmaß, und jede Seite des Jagdhundewesens muss voll berücksichtigt werden. In der freien Wildnis sind dies Verhaltensmuster, die es dem Hund ermöglichen zu überleben. Erfolgreiche Arbeit führt für den Hund zur Belohnung - seiner Nahrung. Und Nahrung enthält eindeutig eine mächtige, positive Verstärkung, ein Jagdhund wird immer dazu neigen, Handlungen zu wiederholen, die dahin führen. Dies bedeutet aber auch, dass jede Jagdhundeausbildung in seinem Kopf stets an zweiter Stelle gegenüber den durch Züchtung verankerten Zwängen steht - eine Tatsache, die jeder Jagdhundeausbilder bestätigen wird.

Wir Menschen haben verschiedene Jagdhunderassen entwickelt, die unseren jagdlichen Aufgaben entsprechen. Dabei haben wir es als zweck-mäßig gefunden, für Ausbildung und Arbeit die Rassen zu klassifizieren und zu trennen, so dass jeweils mehrere Beutegreiferinstinkte den menschlichen Plänen folgen. Dies kann manchmal zu Erziehungsproble-men führen, denn wir müssen den Hund dafür akzeptieren, wofür er gezüchtet wurde, denn planmäßige Zucht über die Jahre kann in bestimmtem Umfang deutliche Auswirkungen haben. Wir müssen erken-nen, dass Jagdhunde nicht in menschlichen Begriffen zu denken vermö-gen, deshalb keinen Unterschied machen können zwischen dem, was der menschliche Ausbilder als richtig oder falsch ansehen mag. Für sie ist das alles eins. In seinem Kopf vermag ein Jagdhund das Jagen nicht vom Apportieren zu unterscheiden; ebenso wenig gibt es für ihn Unterschiede zwischen Aufstöbern und Einfangen der Beute. Vielmehr fließt bei der letzteren Aufgabe eine Handlung in die andere über, es ist unter bestimmten Umständen die Vorstufe zum Töten. Darüber sollten wir nicht überrascht sein, denn es handelt sich um nichts anderes, als wenn ein Meutehund beispielsweise einen Fuchs zur Strecke bringt. Würde man einen Jagdhund ohne menschliche Einflussnahme sich selbst überlassen, würde er also wie in freier Wildnis leben, würde er dabei in gleicher Art sein Futter finden.

AUSBILDUNG

Man kann die Jagdhundeausbildung auf zwei Arten angehen und jede ist auf den Verstand des Hundes ausgerichtet. Der eine Aspekt besteht darin, bestimmte angeborene Triebe zu bestätigen und andere zu modifizieren. Der andere Aspekt ist darauf gerichtet, dem Hund gewisse nicht Instinkt bezogene Handlungen beizubringen - diese bleiben aber immer gegenüber dem instinktiven Verhalten unterlegen. Am Platz zu bleiben, trotz Versuchung durch den in unmittelbarer Nachbarschaft aufflatternden Fasan, könnte ein Beispiel für einen Retriever sein; sofortiges Niederlegen auf Pfeifkommando ein anderes.

Bei bestimmten Jagdhunderassen wurde durch planmäßige Zucht darauf geachtet, dass der Trieb, Wild zu töten, in bestimmtem Umfang unterdrückt wird, teilweise ersetzt durch den Wunsch, totes oder verwundetes Wild zum Meuteführer zu tragen, also zum Ausbilder oder Besitzer. Trotzdem ist es nicht selten, dass der Wunsch zu Töten wieder in den Vordergrund tritt. Ich habe einen Springer Spaniel beobachtet, eine sanfte, liebevolle Hündin, von der ich wusste, dass sie ein *weiches Maul* hat, wie sie ein kleines Kaninchen aus einem Grasbüschel hob und - wahrscheinlich weil sie sich zu eng in der Nachbarschaft anderer Hunde befand - dieses vorsätzlich tötete. Das Fangen nicht angeschossener Beute - in englischer Jagdhundesprache *pegging* - kann zum echten Töten führen. Es wird oft beobachtet, dass wenn ein verwundeter Vogel den Hund zerkratzt oder mit dem Schnabel verletzt, dieser zur ultimativen Revanche fähig ist. In diesem Bereich des Jagdhundeverhaltens gibt es immer Unwegbarkeiten. Manchmal wird ein bisher völlig *weichmäuliges Tier* damit beginnen, totes Wild zu schädigen, verwundetes zu töten - ohne erkennbaren Grund. Und mehr als ein Jagdhund hat sich schon mit dem apportierten Vogel aus dem Staub gemacht, um sich eine Mahlzeit zu gönnen.

Auch über den Jagdtrieb sollte man etwas nachdenken, er ist entscheidend für das Einfangen von Wild. Nach meiner Meinung liegt dieser im Zentrum des Jagdhundeverhaltens. Das Kommando *Apport* ist nicht mehr als der Befehl, Wild zu jagen. Was den Hund angeht, bedeutet dies eine Belohnung, eine, die er nie ablehnt. Erfolgt das Kommando *Apport*, hat ein Jagdhund häufig keine Vorstellung, ob das Wild - sagen wir ein Fasan - tot ist oder verwundet. Ist es verwundet, ist die Wahrscheinlichkeit groß, dass der Hund es jagen muss, um es apportieren zu können - von diesem Gesichtspunkt aus muss man es aber als eine Jagd ansehen. Und trotzdem hat er während seiner Ausbildung erfahren, dass ihm das Jagen des Wildes nicht erlaubt ist. Dies kann zu einer schwierigen Balance führen.

Die Situation eines Jagdspaniels ist noch interessanter. Häufig wird der Hund in dichtem Unterholz Wild aufstöbern und aufjagen, denn seine Aufgabe ist es, das Wild für den Jäger sichtbar zu machen. Es verlangt ein

Jagen auf Sicht in kurzer Distanz. Sobald die Beute die Dickung verlässt, erwartet man von dem Hund, dass er sich ohne Kommando legt, beobachtet, wie das Wild flüchtet, während sein Führer die Flinte hebt. Wird das Kaninchen dabei angeschossen, aber nicht getötet, erwartet man nun von dem Hund, dass er es erneut jagt, dieses Mal, um es zu apportieren. Hier ist eine Situation gegeben, die im Kopf eines Hundes Verwirrung anstiften kann. Es spricht sehr viel für Jagdhund wie Ausbilder, dass ein voll erzogener und erfahrener Spaniel lernt, mit einer solchen Situation fertig zu werden. Tatsächlich verlangt man von dem Hund, dass er seinen Jagdinstinkt einschaltet, dann wieder ab - und dann wieder erneut beginnt zu jagen. Die schwache Stelle in dieser Kette liegt natürlich darin, dass wenn das Wild ausbricht oder hoch flattert, der Hund anhält. Dies wiederum verlangt Verstärkung einer nicht instinktiven Handlung in dem genetisch motivierten Verhaltensmuster des Tieres während der Ausbildung. In diesem Zusammenhang sei erwähnt, dass es sich hierbei um das größte Hindernis handelt, an dem manche Spaniel-Ausbildung scheiterte.

Den Trieb, Wild vorzustehen, findet man bei allen Jagdhunderassen, aber sehr viel ausgeprägter bei Pointer, Setter und Allzweckjagdhunden als bei Spaniels und Retrievern. Gerade bei Retriever-Welpen, nur wenige Wochen alt, kann man beobachten, wie sie kleine Gegenstände aufnehmen und tragen. Pointer-Welpen trifft man ebenso häufig an, wenn sie bei Gegenständen vorstehen, die ihre Neugier wecken. Trotzdem wird man auch Retriever und Spaniels manchmal dabei beobachten, dass sie Wild vorstehen, ehe sie es heraustreiben - einige Ausbilder verstärken dies noch. Andere zügeln dies, insbesondere bei Spaniels, denn sie wollen einen Hund, der direkt ohne zu zögern ins Unterholz geht. Die Empfindlichkeit des olfaktorischen Systems des Jagdhundes ist allgemein bekannt. Vorstehen ist natürlich eine direkte Folge davon. Es ist gar nicht ungewöhnlich, dass Hunde, wenn der Wind und die Witterungsverhältnisse günstig sind, Wild auf Abstand von etwa 30 Metern anzeigen.

NICHT INSTINKT GEBUNDENE GESCHICKLICHKEITEN

Es gibt keine echten Geheimnisse darum, wie der Jagdhundeausbilder seine Schüler unterrichtet, ihnen das Sitzen, Legen auf Distanz, Gehorsam auf Ruf und andere Übungen beibringt, die nicht auf natürlichen Instinkten beruhen. Insgesamt fallen sie alle unter den Oberbegriff Unterordnung, es gibt aber glücklicherweise weniger rigide Methoden als die traditionelle, auf Wettbewerb ausgerichtete *Unterordnungserziehung* (Obedience). Um auf der Jagd die vollen Eigenschaften zu entwickeln, erwartet man von einem Hund einen bestimmten Grad von Eigeninitiative, denn höchstwahrscheinlich arbeitet er über lange Zeit außerhalb der Sichtweite seines Führers. Dabei muss ein Retriever einem verwundeten Vogel nachfolgen (take a line), gerät dabei in enge Nachbarschaft zu vielen unverletzten Vögeln, darf aber nicht von seiner ursprünglichen Beute abweichen. Es gibt einige Spekulationen darüber, wie ein Hund dies tut. Dabei wurde behauptet, er folge dem *Blutgeruch*, aber viele angeschossene Fasane hinterlassen keine *physikalische Blutspur*, deshalb bedarf es wohl einer weiteren Erklärung. Man nimmt auch einen *Schockgeruch* an.

Wenn ein Spaniel auf Jagd geht, muss er zwischen den Geruchsverwehungen unterscheiden, die über den Wind auf ihn zugetrieben werden und feststellen, ob es sich lohnt, ihnen zu folgen. Unter solchen Umständen wäre ein hundlicher Automat wenig nützlich. Häufig werden Jagdhunde eindeutig den Richtungssignalen ihrer Führer den Gehorsam verweigern, einfach, weil ihre Nase ihnen sagt, wo das zu apportierende Wild liegt.

Wie andere Hundeausbilder nutzt auch der Jagdhundetrainer die Pavlow'sche Theorie beim Vermitteln nicht instinktgebundener Leistun-

Jagdhunde arbeiten häufig außer Sichtweite ihres Führers, müssen in bestimmtem Umfang Eigeninitiative entfalten, trotzdem unter Kontrolle bleiben. *Foto: Steve Nash.*

Der Apportierinstinkt ist stark genug, um den Jagdhund an der Arbeit zu halten, auch wenn er große Hindernisse überwinden muss.

Fotos: Steve Nash.

Mit einem Minimum an Beschädigung wird das Wild dem Führer apportiert.

Foto: Steve Nash.

gen, gebraucht hierfür positive Verstärkung und Belohnung. Einige Trainer beginnen schon früh im Leben des Welpen mit der Erziehung, und viele Jagdhunde sind schon sehr gut erzogene Tiere, ehe die ernsthafte Jagdhundeausbildung beginnt. Hierin ist viel Logik, denn es wäre kontraproduktiv zu versuchen, instinktgebundene Triebe zu modifizieren, wenn der junge Jagdhund nicht seinen Trainer als Rudelführer in seinem Leben betrachtete. Kommt beispielsweise ein Hund nicht fröhlich auf Anruf zu seinem Trainer, auch wenn er nichts im Fang trägt, hat es wenig Sinn zu versuchen, seine Fähigkeiten zum Apportieren zu verfeinern. Ebenso unvernünftig wäre es, einen Jagdhund Gehorsam auf Richtungssignale zu lehren, wenn der Trainer nicht in der Lage ist, durch Stimme oder Pfeife seinen Hund auf Distanz abzulegen. Es gibt noch einen weiteren, oft übersehenen Grund, jedem Jagdhund eine gute Grunderziehung in *Unterordnung* zu erteilen. Dadurch wird der Hund stärker auf seinen Trainer ausgerichtet, er wird zwar nie seine natürlichen Instinkte vergessen, ist aber in Anwesenheit von Wild weniger allein auf sich selbst konzentriert.

Das Ziel ist immer ein guter Mittelweg. Hat man den Hund erst einmal so ausgebildet, dass er bereitwillig auf Kommandos hört, muss er trotzdem bei der Arbeit auf Wild eine gewisse genetisch bedingte Selbstständigkeit zeigen, dabei Auge und Ohr für seinen Führer offen halten. Hier bedarf es eines offenen, aufgeweckten Hundeverstandes, eines Hundes, der auch seinem Besitzer gegenüber sehr unterordnungswillig ist.

Vorausgesetzt, eine richtige Sozialisierung der Junghunde hat stattgefunden, sind die meisten Jagdhunde sehr gut zu erziehen. Sie sind sehr liebevoll, binden sich eng an die Menschen, zeigen in der Regel unterwürfiges Verhalten, auch wenn sie Alphahunde mit einem Zug zur Dominanz sind, was manchmal zu einer echten Herausforderung werden kann. Ihre Ausbildung kann zu einem Kampf der Willensstärke werden, dabei ist es interessant, dass dies sowohl für Hündinnen wie Rüden gilt - der allgemeine Glaube, Hündinnen seien leichter zu behandeln als Rüden, ist nicht immer richtig. Es gibt einen Satz in einem Gedicht, das ich einmal gelesen habe, welches um die Torheit handelt, »einem Hund sein Herz zu schenken, damit er es zerreißt«. Dies verkörpert einen Grad von Anthropomorphismus (Vermenschlichung), der gegenüber Jagdhunden - tatsächlich gegenüber jeder Art von Hunden - bei einigen Menschen verankert ist. Nie darf man vergessen, dass im Grunde genommen auch Jagdhunde Tiere sind, die keinen Sinn für menschliche Werte besitzen. Obgleich sie empfindungsfähige Geschöpfe sind, müssen ihre eigenen Anforderungen gesehen werden, sie haben nie ein Schuldgefühl oder zeigen ein Bedauern. Natürlich wollen sie uns nie vorsätzlich aufregen, obgleich ich mich bei bestimmten Cocker Spaniels frage, ob dies wirklich wahr ist! Bedauerlicherweise können Menschen zum Jagdhund nicht *Sorry* (Es tut mir leid) sagen. Dies gilt aber auch in umgekehrter Richtung.

DER FÜHRER

Vernünftigerweise sollten wir uns nicht mit dem Verstand des Jagdhundes befassen, ohne uns auch mit seinem Führer und dessen Verstand zu beschäftigen, denn sie sind unauflösbar miteinander verbunden. Es dürfte nicht viele Menschen geben, die sich mit Jagdhunden befassen, ohne dass sie es von Zeit zu Zeit als angenehm empfanden, auch körperlichen Kontakt mit ihnen zu haben. Einige von ihnen - sie mögen es nicht gerne in der Öffentlichkeit zugeben - haben echtes Vergnügen daran, sie zu streicheln und liebevoll mit ihnen zu sprechen. Dies scheint durchaus richtig und angemessen zu sein. Gleichzeitig besteht aber die Gefahr, dem Hund menschliche Emotionen in einem Umfang zuzuschreiben, dass die Verbindung etwas einseitig wird, weshalb der Hund versucht, seine Stellung in der Rangordnung zu verbessern. Erinnern wir uns der Parameter des hundlichen Verstandes, fragen wir uns, wie man von einem Jagdhund erwarten kann, dass, wenn man ihm im häuslichen Umfeld bestimmte Freiheiten gestattet, er mehr oder weniger das tut, was er möchte, er dann plötzlich seine Haltung verändern kann, sobald die Arbeit beginnt und sich jetzt den Wünschen seines Führers unterordnen muss. Es ist allgemein bekannt, dass es im Hundebesitz wichtige psychologische Faktoren gibt, das gilt für Jagdhunde genauso wie für alle anderen Hunde im menschlichen Besitz. Wir haben schon früher erwähnt, dass es spezialisierte Entwicklungen bestimmter beutegreiferischer, hundlicher Instinkte sind, die das Wesen des Jagdhundes so bestimmen, wie es ist. Jeder Hundebesitzer, der diese Grundwahrheit ignoriert, tut dies einzig und allein auf eigene Gefahr.

Kapitel 12
ZUSAMMENFASSUNG

Dr. Roger Abrantes spricht in seinem Buch *The Evolution of Canine Social Behaviour* über »einen Kreuzzug, um den Wirrwarr der Begriffe in der Verhaltensforschung zu beseitigen«. Er sagt auch »es gibt große Verwirrungen, nicht nur in der Populärliteratur, sondern auch unter den Studenten - über die Definition einiger Theorien, die gebraucht werden, um Verhalten zu erklären.«

Beim Zusammentreffen und Sprechen mit den Haltern von Familienhunden - Liebhaberbesitzern - wenn Sie diesen Begriff bevorzugen - kamen wir zu dem Schluss, dass Dr. Abrantes völlig Recht hat. Hundebesitz pflegte im Allgemeinen nur eine weitere *Facette* (Farbenspiel) des Familienlebens zu sein. Natürlich kommt es zu Problemen, diese wurden aber zu Hause in der Familie geregelt - meist durch die Mutter! Aber in diesen Zeiten waren die Menschen - in der Stadt wie auf dem Land - der Natur viel näher als heute.

Heute sehen sich die Hundebesitzer zahlreiche Fernsehprogramme über Hundeerziehung und Verhalten an. Nicht alle Autoren haben die gleichen Ratschläge, sondern weichen beträchtlich voneinander ab, auch in den wissenschaftlichen Begriffen, die sie verwenden. Es gibt dann Bücher, Ausbildungsratgeber, Ausbildungsklassen und Verhaltensforscher, sie alle geben in einem beunruhigenden Rahmen der Terminologie sich widersprechende Ratschläge. Es wundert nicht, dass viele Menschen

Es steht in Ihrer Verantwortung, Ihrem Hund ein fröhliches und erfülltes Leben zu geben.

hinsichtlich des Verhaltens ihres Hundes verwirrt werden. Recht häufig erweist sich ein so genanntes Problemverhalten als ein Verhalten, das für einen Hund völlig normal ist, vom Hundebesitzer aber missverstanden wird.

In diesem Buch haben wir versucht, in einfachen Worten zu erklären, warum Hunde sich so verhalten, wie sie es tun. Wir hoffen, dass einige der Erzählungen über unsere eigenen Hunde dies noch klarer gemacht haben. Wenn Sie erst beginnen Ihren Hund zu verstehen, warum er auf bestimmte Situationen so reagiert, wie er es tut, werden Sie ihn sehr viel leichter erziehen können, und - erzogen muss er werden. In der heutigen westlichen Welt gibt es sehr viele *Antihundebewegungen*, die noch durch sich schlecht benehmende Hunde verstärkt werden. In unserem Buch haben wir die Grunderziehung - was wesentlich ist - behandelt. Hat Ihr Hund dies erst einmal gelernt, können Sie ihn je nach seinen Fähigkeiten *fortgeschrittener Erziehung* zuführen.

Wie andere Tiere - einschließlich Menschen - ist kein Hund perfekt. Man sagt, wir mögen unsere Freunde, weil wir sie kennen und ihre Fehler akzeptieren. Das Gleiche gilt für unsere Hunde. Vielleicht haben Sie gehofft, dass Ihr strahlender, übermütiger Junghund zu einem *Obedience*

Champion heranwächst, aber nun erlebt, dass er beim Spielen mit den Kindern viel glücklicher ist. Vielleicht hatten Sie auch einmal die geheime Hoffnung, dass aus Ihrem Sohn ein berühmter Chirurg werde, erlebten aber, dass er beim Reparieren von Autos sehr glücklich wurde! Aber in beiden Fällen werden Sie zweifelsohne die beiden genauso lieben wie zuvor.

Heute gestatten wir unseren Hunden nur noch selten, die Rolle auszufüllen, für die sie einmal gezüchtet wurden. Arbeitslosigkeit des Menschen ist ein großes Problem. Bedauerlicherweise kam es auch in der Welt der Hunde zu Beschäftigungslosigkeit. Nicht beschäftigte Hunde sind in aller Regel unglücklich, geraten in Schwierigkeiten. Der Psychologe Mihaly Csiksnentmihalyi hat über das Glück des Menschen viele Forschungen angestellt. Sie führten zu der Schlussfolgerung, dass das Verkümmern lassen von Geschicklichkeiten zu Langeweile und Angst führt und wahrscheinlich die größte Bedrohung des Glücks eines Menschen ist. Das Gleiche dürfte durchaus für Hunde gelten, denen man ein Ausleben ihrer ohne Zweifel vorhandenen Begabungen verweigert.

Die letzten drei Kapitel befassten sich mit *Hintergrundinformationen* über Auswahl und Erziehung von Behindertenbegleithunden, Gebrauchshunden und Jagdhunden. Viele von ihnen - mit Ausnahme der Führhunde, die eigens gezüchtet werden - stammen aus Tierheimen oder wurden von Privatfamilien aufgrund verschiedenartiger Probleme abgegeben. Höchstwahrscheinlich kamen sie deshalb in Schwierigkeiten, weil sie ungenügend bewegt, gelangweilt und frustriert waren. Obgleich es immer einige Hunde gibt, die sich mehr für ein Arbeitsleben als für ein Familienleben eignen, hätten sich viele fröhlich in die Familie eingefügt, wenn ihr Besitzer in der Lage gewesen wäre, sie richtig zu verstehen.

Halten Sie sich immer vor Augen, für welche Aufgabe ihr Hund ursprünglich gezüchtet wurde. Jagdhunde für die Arbeit vor der Flinte, Führhunde für die Jagd; Windhunde zum *coursing*, Gebrauchshunde für polizeiliche Arbeiten, Terrier für die Arbeit unter der Erde auf Füchse, Dachse und Kaninchen und vieles mehr. Für alle, die Sie zu sich nach Hause holen, gibt es zahllose Hundesportarten, eigens entwickelt für spezielle Rassen. Hier können die Hunde die Instinkte einsetzen, für die sie eigens gezüchtet wurden. Wir finden Jagdhundeprüfungen (Field Trials) für unsere Jagdhunde, es gibt für Hütehunde Hütewettbewerbe, eigene Terrier-Rennen, Schlittenhunderennen, Karrenziehen für Berner Sennenhunde und ähnliche Rassen, Polizeihundeprüfungen, Greyhound- und Afghanen-Rennen, um nur wenige aufzuzählen. Welcher Rasse Ihr Hund angehören mag, immer gibt es etwas, wo er eigene Instinkte und Initiativen auszuleben vermag.

Wenn Sie und Ihre Familie keinerlei Ehrgeiz haben, sich an diesen Spezialsportarten zu beteiligen, gibt es allgemeinere Veranstaltungen, wo Ihr Hund Gelegenheit hat, Körper und Charakter zu stählen, darunter Agility, Turnierhundsport, Frisbeefangen und mehr. Für Familienhunde wurde Agility immer populärer. Für kleine Hunde gibt es niedrigere Hindernisse, für Veteranen langsamere Parcours. Hunde, Besitzer und Zuschauer haben alle ihre Freude an diesen Sportarten.

Aber auch wenn Sie überhaupt keinen Sinn für Wettbewerbe haben, es gibt so vieles, mit dem Sie für Ihren Hund das Leben interessanter machen können. Die meisten Hunde, vor allen Dingen Jagdhunde, haben Freude am Schwimmen und Apportieren. Nehmen Sie Ihren Hund mit ans Flussufer und an den Strand, lassen Sie ihn aus dem Wasser apportieren und Freude daran haben. Den meisten Hunden kann man das Apportieren beibringen, einige zeigen dabei mehr Begeisterung als andere - hat man dies aber seinem Hund erst einmal beigebracht, eröffnet es endlose Gelegenheiten. Jetzt kann der Hund die Tageszeitung, Hausschuhe, Post und die eigene Leine apportieren. Es ist gar nicht schwierig ihm beizubringen, namentlich bezeichnete Dinge zu apportieren, das beeindruckt Besucher immer! Achten Sie darauf, dass er viel Spaß dabei hat - das ist für Sie wie Ihren Hund gut. Beim Spaziergang im freien Gelände sollten Sie mit Ihrem Hund spielen, ihn über umgestürzte Bäume, niedrige Mauern und Gräben springen lassen, alles, was es zu überspringen gibt. Lehren Sie ihn, auf der eigenen Spur zurückzulaufen, etwas zu suchen, was Sie fallen gelassen haben, beispielsweise einen Handschuh. Diese Übung kann sich auch im echten Leben als recht nützlich erweisen. Verstecken Sie Gegenstände in Heide oder langem Gras. Unser Chihuahua Fuzzy hat unendliche Freude daran, einen von uns angefassten Tannenzapfen zu suchen. Die Hündin gibt nie auf, solange es auch dauert, kehrt immer mit dem richtigen Zapfen zurück. Wenn mehrere Menschen gemeinsam unterwegs sind, kann man Spuren legen, Verstecken spielen, wobei der Hund nachsuchen darf.

So genannte Zwerghunde (Toy dogs) haben das gleiche Bedürfnis für körperliche wie mentale Übungen wie die großen. Der Vorteil ist aber, dass wenn ihr Besitzer nicht mehr über längere Strecken zu gehen vermag, man diesen Hund noch tüchtig bewegen kann, indem man mit ihm im Garten Ball spielt.

Niemand hat Ihnen einen Hund aufgezwungen - Sie selbst haben ihn gewählt. Wir haben unserem Hund das Recht genommen, sich selbst zu versorgen, haben ihn zu einem Mitglied unseres menschlichen Rudels gemacht. Deshalb ist es unsere Verantwortung, unsere Hunde zu betreuen, ihnen zu gewähren was sie brauchen - Fütterung, Auslauf und Erziehung.

Zusammenfassung

In aller Regel sind Hunde intelligente Tiere, vom Menschen nimmt man aber an, er sei die intelligenteste Kreatur auf Erden, selbst wenn es Zeiten gibt, wo man hieran berechtigt zweifeln könnte. Sicherlich ist es nicht zu viel verlangt, dass wir uns darum bemühen, unseren Hund zu verstehen. Unsere Hunde bemühen sich auch sehr darum, uns zu verstehen - und dies ist bestimmt nicht immer einfach.

In jüngerer Zeit hat sich die Haltung des Menschen gegenüber den Hunden beträchtlich verändert, obwohl der Hund selbst sich wenig veränderte. Es ist heute sehr viel wichtiger als Jahre zuvor, dass unser Hund sich gut benimmt. Wie ein gut erzogenes Kind erfreut sich auch der richtig erzogene Hund mehr seines Lebens als der schlecht erzogene. Man kann ihn überall mitnehmen, Freunde besuchen, ihn mit anderen Hunden und Menschen gemeinsam bewegen lassen, weil man sich seines Verhaltens sicher ist. In der westlichen Welt gibt es sehr viele Antihundgefühle, schlecht erzogene Hunde führen zu immer neuen Problemen.

Vergessen Sie nie, gemeinsam mit Ihrem Hund Freude zu haben. Schauen Sie sich um, wenn Sie mit Ihrem Hund im Park spazieren gehen, am Strand laufen, immer werden Sie feststellen, dass die glücklichsten und freundlichsten Menschen jene sind, die eigene Hunde besitzen.